中國學術思想 研究輯刊

三十編

林慶彰 主編

第3冊

《詩經》敘事與一代王朝的焦慮
——小、大《雅》讀注(下)

白鳳鳴 著

花木蘭文化事業有限公司

國家圖書館出版品預行編目資料

《詩經》敘事與一代王朝的焦慮——小、大《雅》讀注（下）／
白鳳鳴 著 — 初版 — 新北市：花木蘭文化事業有限公司，
2019〔民 108〕
目 4+246 面：19×26 公分
（中國學術思想研究輯刊 三十編：第 3 冊）
ISBN 978-986-485-858-3（精裝）
1. 詩經　2. 注釋
030.8　　　　　　　　　　　　　　108011707

ISBN-978-986-485-858-3

9 789864 858583

中國學術思想研究輯刊
三十編　第三冊　　　　　　　　　　ISBN：978-986-485-858-3

《詩經》敘事與一代王朝的焦慮
——小、大《雅》讀注（下）

作　　　者　白鳳鳴
主　　　編　林慶彰
總 編 輯　杜潔祥
副總編輯　楊嘉樂
編　　　輯　許郁翎、王筑、張雅淋　美術編輯　陳逸婷
出　　　版　花木蘭文化事業有限公司
發 行 人　高小娟
聯絡地址　235 新北市中和區中安街七二號十三樓
　　　　　　電話：02-2923-1455 ／傳眞：02-2923-1452
網　　　址　http://www.huamulan.tw 信箱 hml 810518@gmail.com
印　　　刷　普羅文化出版廣告事業
封面設計　劉開工作室
初　　　版　2019 年 9 月
全書字數　549506 字
定　　　價　三十編 18 冊（精裝）新台幣 39,000 元　　版權所有・請勿翻印

《詩經》敘事與一代王朝的焦慮

——小、大《雅》讀注（下）

白鳳鳴　著

目

次

上　冊

下　冊

大雅・文王

　　「天下」本「天下人」之天下，而儒家卻將「天下」說成是既得利益集團之天下。他們甄選、去存並解釋先前的「典籍」不用說，編「歷史」也編故事。秦漢之後的歷史證明，王權政治與專制政權存在一天，儒家就一天不能停歇。中國歷史之寫作也注定爲其意識形態所統治。

　　自春秋始，他們薪火相傳，不斷推進。至漢，龐大而複雜的系統工程完工，基本操作規程編定，一切工具和支持系統俱備。之後的維護和升級弄作又很多，清儒時期又達到了一個新的巔峰。

　　《詩》、《書》、《周禮》、《儀禮》、《禮記》、《易》、《左傳》、《公羊傳》、《穀梁傳》、《論語》、《孝經》、《爾雅》、《孟子》十三經中言「天下」之屬，居功者當首推《尚書》和《詩經》，這也是原本一部詩歌選集爲什麼要冠之以「經」的最直接原因。

　　儒家在《商書》、《周書》的前面編造虞、夏《書》以支持周人擁「天下」之合理性，從邏輯推論之需講，十篇《周書》也抵不得一篇虞、夏《書》。

　　《書序》「昔在帝堯，聰明文思，光宅天下。將遜於位，讓於虞舜，作《堯典》」，僞孔傳：「言聖德之遠著。」「虞舜側微，堯聞之聰明，將使嗣位，歷試諸難，作《舜典》」，傳：「爲庶人，故微賤。嗣，繼也。試以治民之難事。」「皋陶矢厥謨，禹成厥功，帝舜申之。作《大禹》、《皋陶謨》、《益稷》」，傳：「矢，陳也。陳其成功。申，重也，重美二子之言。謨，謀也。」孔穎達疏：「皋陶爲帝舜陳其謀，禹爲帝舜陳已成所治水之功，帝舜因其所陳從而重美之。」

　　以上《虞書》凡五篇。其中《大禹謨》爲梅賾僞文；《堯典》、《舜典》本

《堯典》一篇，《皋陶謨》、《益稷》本《皋陶謨》一篇，梅賾各一析爲二。據陸德明《尚書音義》、閻若璩《尚書古文疏證》，《舜典》篇首又由南朝（齊）建武年間的姚方興「妄以二十八字橫安於中」（即「曰若稽古，帝舜，曰重華，協於帝。濬哲文明，溫恭允塞，玄德升聞，乃命以位」）。

「禹別九州，隨山濬（jùn 濬）川，任土作《貢》」，傳：「（禹）分其圻界。九州，《周公職錄》云：『黃帝受命，風后受圖，割地布九州。』……刊其木，深其流。任其土地所有，定其貢賦之差。此堯時事，而在《夏書》之首，禹之王以是功。」

「啓與有扈戰於甘之野，作《甘誓》」，傳：「夏啓嗣禹位，伐有扈之罪。啓，禹子，嗣禹爲天子也。」

「太康失邦，昆弟五人須（傳：「須，馬云：『止也。』」）於洛汭，作《五子之歌》」，傳：「（太康）啓子也。盤於遊田，不恤民事，爲羿所逐，不得反（返）國。太康五弟與其母待太康於洛水之北，怨其不反，故作歌。」（故事頗生動，其四「明明我祖，萬邦之君。有典有則，貽厥子孫。關石和鈞，王府則有」是其旨意所在）

「羲和湎淫，廢時亂日，胤往征之，作《胤征》」，傳：「羲氏、和氏，世掌天地四時之官，自唐虞至三代，世職不絕。承太康之後，沉湎於酒，過差非度，廢天時，亂甲乙。胤國之君受王命往征之。」

以上《夏書》凡四篇。其中《五子之歌》、《胤征》爲僞文。以虞、夏《書》所說，「天下」自古屬帝王所有，由帝王而政權，而不是由眾生推選創立政權。夏「得禹而九州寧」（《史記·匈奴傳》），既如此，「夏后氏」之首領，捨禹而又其誰呢？〔註1〕……

周人推翻殷商政權，其理由在《尚書》中已講得很充分了，姬家「王有天下」理所當然，世人不要再有什麼懷疑和想不通！而王朝既爲姬家之王朝，無論「家天下」如何變化，其身世人物，總還是再需有些說法的——「曾孫」們在中後期的艱難和困境中依然想到了這一點，這是周人的風格！於是便又有了《詩》之所謂「正經」十八篇，即「文王之什」者《文王》、《大明》、《緜》、《棫樸》、《旱麓》、《思齊》、《皇矣》、《靈臺》、《下武》、《文王有聲》，「生民之什」者《生民》、《行葦》、《既醉》、《鳧鷖》、《假樂》、《公劉》、《泂酌》、《卷阿》。在「詩史」的意義上，「詩」中所言多數沒有在金文、甚至《周書》中得到證實——欺世不唯孔儒，盜名實自周人。

　　但作爲「正大雅」，從漢儒到清儒，兩千年間強勢的傳、箋、注、疏（正義），其影響已遠遠超過了文本本身。《毛序》「《文王》，文王受命作周也」，《鄭箋》：「受天命而王天下，制立周邦。」朱熹引呂祖謙「信非周公不能作也」。那麼，是作於「天下未集」之時，還是三年東征日子裏的「戰地詩歌」？東征歸來在忙於分封的同時，以「詩」之形式「戒乎後世之君臣而又以昭先王之德於天下」（《詩集傳》），「元聖」周公，就眞是了得！〔註2〕

文王在上，於昭于天。

　　《毛傳》：「在上，在民上也。於，歎辭。昭，見也。」《鄭箋》：「文王初爲西伯，有功於民，其德著見於天，故天命之以爲王，使君天下也。」又朱熹《集傳》：「昭，明也。」

周雖舊邦，其命維新。

　　《毛傳》：「乃新在文王也。」《鄭箋》：「大王聿來胥宇而國於周，王跡起矣，而未有天命。至文王而受命。言新者，美之也。」大（太）王，指古公亶父，文王的祖父。聿，助詞。胥宇，《緜》二章「爰及姜女，聿來胥宇」，《毛傳》：「胥，相。宇，居也。」《孔疏》：「自來相土地之可居者。」《滕文公上》：「詩云『周雖舊邦，其命惟新』，文王之謂也。」維：助語氣。

有周不顯，帝命不時！

　　《毛傳》：「有周，周也。不顯，顯也。顯，光也。不時，時也。時，是也。」是，善。《鄭箋》：「周之德不光明乎？光明矣。天命之不是乎？又是矣。」朱熹《集傳》：「不顯，猶言豈不顯也……不時，猶言豈不時也。」又馬瑞辰《通釋》以爲時當讀爲「承」，繼承；曾運乾《毛詩說》以爲句當爲「帝命丕承」。有：《孔疏》：「以『周』文單，故言『有』以助之。《烝民》曰『天監有周』，《時邁》曰『明昭有周』，皆同也。」

文王陟降，在帝左右。

　　《毛傳》：「言文王升接天，下接人也。」《鄭箋》：「在，察也。文王能觀知天意，順其所爲，從而行之。」王國維《與友人論〈詩〉〈書〉中成語書》：「古人言陟降，猶今人言往來，不必兼陟與降二義。《周頌》『念茲皇祖，陟降庭止』（按：《閔予小子》），『陟降厥士，日監在茲』

（《敬之》句。《訪落》有「紹庭上下，陟降厥家」句），意以降爲主，而兼言陟者也。《大雅》『文王陟降，在帝左右』，此以陟爲主而兼言降者也。故陟降者，古之成語也。」（《觀堂集林》卷二）朱熹《集傳》：「蓋以文王之神在天，一升一降，無時不在上帝之左右，是以子孫蒙其福澤，而居有天下也。」「周公追述文王之德，明周家所以受命而代商者，皆由於此，以戒成王。此章言文王既沒，而其神在上，昭明於天。是以周邦雖自后稷始封，千有餘年，而其受天命，則自今始也。」朱熹對首句「在上」二字理解與毛、鄭不同。

亹亹文王，令聞不已。

亹亹（wěi）：《毛傳》：「勉也。」勤勉。令聞：朱熹《集傳》：「善譽也。」參見《小雅・賓之初筵》四章「飲酒孔嘉，惟其令儀」注。不已：意指善譽之悠久。

陳錫哉周，侯文王孫子。

陳：朱熹《集傳》：「猶敷也。……是以上帝敷錫於周，維文王孫子，則使之本宗百世爲天子，支庶百世爲諸侯。」戴震《考證》：「蓋陳，布也。」又馬瑞辰《通釋》：「陳錫即申錫也。申，重也。重錫言錫之多。」錫：賜。哉：《毛傳》：「載。」《鄭箋》：「哉，始。……乃由能敷恩惠之施，以受命造始周國。」又戴震《考證》：「古字載與栽通，栽猶殖也。言文王能布大利於天下，以豐殖周國。」又于省吾《新證》：「哉、才、在古通……在猶於也，謂申錫於周也。《集傳》謂『上帝敷錫於周』，言其上帝，非也。陳錫指文王言。」（p33）一說哉，語助詞。《周語上》芮良夫曾引「陳錫哉周」。侯：《毛傳》：「維也。」助詞。又《鄭箋》：「侯，君也。」意即使爲君，使爲侯。

文王孫子，本支百世。

《毛傳》：「本，本宗也。支，支子也。」《鄭箋》：「其子孫，適（嫡）爲天子，庶爲諸侯，皆百世。」馬瑞辰《通釋》：「本如木之有本，支即枝也。莊六年《左傳》引《詩》正作『本枝百世』。」〔註3〕

凡周之士，不顯亦世。

《毛傳》：「不世顯德乎！士者世祿也。」《鄭箋》：「凡周之士，謂其臣有

光明之德者，亦得世世在位，重其功也。」《孔疏》：「維文王孫之與子，不問本宗支子，皆得百世相繼。言由文王功德深厚，故福慶延長也。文王之德，不但德及子孫而已，凡於周爲臣之士，豈不有顯德乎？言其皆有顯德，而亦得繼世食祿。」「以士者，男子成名之大號，下至諸侯及王朝公卿大夫，總稱亦可以兼士也。凡爲總辭，顯爲光明，故言謂其臣有光明之德者，亦得世世在位，以重其功勞故也。」朱熹《集傳》：「而又及其臣子，使凡周之士，亦世世修德，與周匹休（匹配）焉。」〔註4〕王引之《釋詞》卷三：「不顯亦世，言其世之顯也。『不』與『亦』皆語助耳。」本詩下章起首句在字面上承上章後一句，類現代漢語中的「頂針」修辭法，後《下武》、《既醉》也有同樣的手法，至少可以說明三首詩在創作時代上的大體一致性。于省吾認爲其在《大雅》中是比較晚的作品。（《新證》p143）

世之不顯，厥猶翼翼。

不：王引之《釋詞》：「語詞。世之不顯，世之顯也。」厥：其。猶：《鄭箋》：「謀。」翼翼：《毛傳》：「恭敬。」又朱熹《集傳》：「翼翼，勉敬也。」

思皇多士，生此王國。

《毛傳》：「思，辭也。皇，天。」《鄭箋》：「思，願也。周之臣既世世光明，其爲君之謀事忠敬翼翼然，又願天多生賢人於此邦。此邦能生之，則是我周之幹事之臣。」《孔疏》：「所以得有此臣者，天以周德至盛，欲使群賢佐之，故皇天命多眾之士，生之於我周王之國。我周王之國能生此賢人，收而用之，則維是我周家幹事之臣。」又朱熹《集傳》：「皇，美。……美哉此眾多之賢士，而生於此文王之國也。」

王國克生，維國之楨。

克：能。維：助判斷。或曰助語氣。楨（zhēn）：本意爲築牆時夾板兩端所立之木，兩端者爲楨，兩旁者爲幹。引爲支柱，骨幹。《毛傳》：「楨，榦（幹）也。」胡承珙《後箋》：「舍人注《爾雅》云：『楨，正也。築牆所立兩木也。榦，當牆之兩邊障土者也。』是楨與榦爲兩物。《爾雅》、《毛傳》蓋以皆築牆之物，故渾言之曰：楨，榦也。」

濟濟多士，文王以寧。

　　濟濟：《毛傳》：「多威儀也。」朱熹《集傳》：「美哉此眾多之賢士，而生於此文王之國也。文王之國，能生此眾多之士，則足以為國之榦，而文王亦賴以為安矣。蓋言文王得人之盛，而宣其傳世之顯也。」〔註5〕

穆穆文王，於緝熙敬止。

　　穆穆：恭敬莊嚴。《毛傳》：「穆穆，美也。」朱熹《集傳》：「穆穆，深遠之意。」《大克鼎》有「穆穆朕文且師華父」句。參見《小雅·瓠葉》〔註2〕。緝熙：《毛傳》：「光明也。」又朱熹《集傳》：「緝，續。熙，明。亦不已之意。」敬：敬慎。止：語助詞。又戴震《考證》：「緝熙者，續其光明不已也。敬止者，言敬慎在止居不慢也。」〔註6〕

假哉天命，有商孫子。

　　假：《毛傳》：「固也。」朱熹《集傳》：「假，大。」商：指商王朝。

商之孫子，其麗不億。

　　麗：《毛傳》：「數也。」不：助詞。馬瑞辰《通釋》：「不億即億，猶云子孫千億耳。」億為泛指，言其多。古以十萬為億。《孔疏》：「穆穆然而美者，文王也。既有天子之容矣，於呼美哉！又能於有光明之德者而敬之。其敬光明之德者而甚堅固哉！言尊賢愛士，心能堅固，故天命之，使臣有商之孫子而代殷也。商之孫子，其數至多，不徒止於一億而已。言其數過億也。雖有過億之數，以紂為惡之故，至於上帝既命文王之後，維歸于周而臣服之。明文王德盛之至也。」

上帝既命，侯于周服。

　　侯：乃。服：臣服。《夏官·職方氏》鄭玄注：「服，服事天子也。《詩》云『侯服于周』。」參見《小雅·采菽》四章「樂只君子，殿天子之邦」注。朱熹《集傳》：「言穆穆然文王之德，不已其敬如此，是以天命集焉。以有商孫子觀之，則可見矣。蓋商之孫子其數不止於億，然以上帝之命集於文王，而今皆維服於周矣。」

侯服于周，天命靡常。

　　《毛傳》：「則見天命之無常也。」《鄭箋》：「無常者，善則就之，惡則

去之。」于省吾《新證》：「這是說，周之興與殷之亡，表明天命無常，係上帝所命，大勢已定，無可移易。」（p94）《大明》一章有「天難忱斯，不易維王」句。《周書・康誥》「肆汝小子封，惟命不於常」，孔穎達疏：「汝小子封，當念天命之不於常也。惟行善則得之，行惡則失之。汝念此無常哉！」

殷士膚敏，祼將于京。

殷士：殷雖有「士」，但此處殷士當指周滅商後殷商的高層臣屬。《毛傳》：「殷士，殷侯也。」《孔疏》：「以商之族類變爲周臣，如是則見天命之無常。去惡就善，是無常也。命既無常，故殷之諸臣多士皆有壯美之德，見時之疾，於周祭宗廟則助其灌鬯之禮，而行之於京師。言其知命服周之無貳心也。因其服周之事，而言文王之寬。此殷士其爲祼獻行禮之時，常服其殷所服黼衣而尋冠也。文王若以強服之，則當改其衣冠，令之從己。今仍服殷冠，明其自來歸從，文王以德服之，不以強也。」如此，則周初所謂「士」，包括周「宗室」子弟、盟邦首領、歸周殷士三部分。膚：《毛傳》：「美。」《豳風・狼跋》一章「公孫碩膚，赤舄幾幾」，《毛傳》：「膚，美也。」馬瑞辰《通釋》：「膚，當讀如『膚革充盈』之膚。碩膚者，心廣體胖之象。」《禮記・禮運》有「四體既正，膚革充盈，人之肥也」句。敏：《毛傳》：「疾也。」敏捷。又于省吾《新證》：「膚敏乃黽勉的轉語。……是說殷士助祭於周，但興亡之感，不能無動於衷，只有俯首就範，黽勉從事而已。」（p94）黽勉，勤勉努力，《小雅・十月之交》有「黽勉從事，不敢告勞」句。祼：《毛傳》：「灌鬯也。周人尚臭（xiù 嗅）。」鬯：以鬱金香草和黑黍釀成的祭祀降神用酒。《孔疏》：「殷臣壯敏，來助周祭，祼將是也。王肅亦云：『殷士自殷以其美德來歸周助祭，行灌鬯之禮也。』然宗廟之祭，以祼爲主。」參見陳夢家《西周銅器總論・祼瓚篇》。（《西周銅器斷代》，p456～p459）將：祀。〔註 7〕又《毛傳》：「將，行。」奉行。參見《小雅・正月》九章「載輸爾載，將伯助予」、《楚茨》二章「或剝或亨，或肆或將」、六章「爾殽既將，莫怨具慶」注。京：《毛傳》：「大也。」《孔疏》：「桓九年《公羊傳》曰：『京師者何？天子之居也。京者何？大也。師者何？眾也。』天子之居，必以眾大之辭言之。此京亦謂京師，故訓爲大也。」

厥作祼將，常服黼冔。

> 厥：其。黼：朱熹《集傳》：「黼裳也。」參見《小雅‧采菽》一章「又何予之？玄袞及黼」注。冔：《毛傳》：「殷冠也。夏后氏曰收，周曰冕。」夏后氏，即指夏王朝。冔音見《小雅‧大東》〔註3〕。

王之藎臣，無念爾祖。

> 藎：《毛傳》：「進也。」進御，為君王所御幸。朱熹《集傳》：「王，指成王也。藎，進也。言其忠愛之篤，進進無已也。無念，猶言豈得無念也。爾祖，文王也。言商之孫子而侯服于周，以天命之不可常也。故殷之士，助祭於周京，而服商之服也。於是呼王之藎臣而告之曰：得無念爾祖文王之德乎？蓋以戒王而不敢斥言，猶所謂『敢告僕夫』云爾。」《左傳‧襄公四年》有「獸臣司原，敢告僕夫」句。又于省吾《新證》：「此詩係殷士助祭於周京，既已成為進御於周王的臣屬，故周人勸其棄舊圖新，以不要懷念商人的先祖為言。」（p94）

無念爾祖，聿脩厥德。

> 聿：助詞。德：參見《小雅‧賓之初筵》四章「醉而不出，是謂伐德。飲酒孔嘉，維其令儀」注。

永言配命，自求多福。

> 《毛傳》：「永，長。」《鄭箋》：「長，猶常也。」言：助詞。配命：朱熹《集傳》：「配，合也。命，天理也。」意即順合天命。又王國維《與友人論〈詩〉〈書〉中成語書二》：「配命謂天所畀之命，亦一成語。『永言配命』猶云永我畀命，非我長配天命之謂也。」（《觀堂集林》卷二）按：王氏於「言」字從《毛傳》「我也」之訓，本書不取。畀，予。

殷之未喪師，克配上帝。

> 《毛傳》：「帝乙已（以）上也。」《鄭箋》：「師，眾也。殷自紂父之前，未喪天下之時，皆能配天而行，故不亡也。」見《殷本紀》。

宜鑒于殷，駿命不易。

> 《毛傳》：「駿，大也。」不易：朱熹《集傳》：「言其難也。」又《鄭箋》：「宜以殷王賢愚為鏡。天之大命，不可改易。」宜鑒于殷，《禮記‧大學》引《詩》作「儀鑒於殷」，鄭玄注：「言殷王帝乙以上，未失其

民之時，德亦有能配天者，謂天享其祭祀也。及紂爲惡，而民怨神怒，以失天下。監視殷時之事，天之大命，得之誠不易也。」同一「易」字，鄭玄兩解不一。朱熹《集傳》：「言欲念爾祖，在於自修其德，而又常自省察，使其所行無不合於天理，則盛大之福，自我致之，有不外求而得矣。又言殷未失天下之時，其德足以配乎上帝矣。今其子孫乃如此，宜以爲鑒而自省焉，則知天命之難保矣。《大學》傳曰：『得眾則得國，失眾則失國。』此之謂也。」又于省吾《新證》：「『自求多福』的自字，係承『無念爾祖』言之。這是說，你們只要修德事周，自己能夠求到多福的享受，不要別有用心。」（p95）

命之不易，無遏爾躬。

遏：《毛傳》：「止。」躬：身。

宣昭義問，有虞殷自天。

《毛傳》：「義，善。虞，度也。」宣：《鄭箋》：「偏（遍）。」朱熹《集傳》：「宣，布。」王引之《述聞》：「宣，明也。宣昭，猶言明昭，《周頌・時邁》『明昭有周』、《臣工》篇『明昭上帝』是也。……言明昭善名於天下。」《孔疏》：「毛以爲，戒成王，言天之大命既不可改易，故常須戒懼。此事當垂之後世，無令止於汝王之身而已，欲令後世長行之。長行之者，常布明其善，聲聞于天下。又度殷之所以順天，言殷王行不順天，爲天所去，當度此事，終當順天也。」

上天之載，無聲無臭。

載：《毛傳》：「事。」臭：通「嗅」。

儀刑文王，萬邦作孚。

《毛傳》：「刑，法。孚，信也。」法，取法。《鄭箋》：「天之道，難知也。耳不聞聲音，鼻不聞香臭，儀法文王之事，則天下咸信而順之。」《周頌・我將》有「儀式刑文王之典，日靖四方」句。《孔疏》：「既言行當順天，因說天難仿傚……王欲順之，但近法文王之道，則與天下萬國作信。言王用文王之道，則皆信而順之矣。」又朱熹《集傳》：「儀，象。……言天命之不易保，故告之使無若紂之自絕於天，而布明其善譽於天下。又度殷之所以廢興者，而折之於天。然上天之事，無聲無

臭，不可得而度也。惟取法於文王，則萬邦作而信之矣。」又于省吾
《新證》：「殷者依之借字……『有虞殷自天』應讀作『又虞依自天』，
天乃『天命』的省語，承上『命之不易，無遏（害）爾躬』爲言……
這是說，天命之不易，無害爾身，應宣昭義問（訓令聞），而揆度之以
依於天，言事事以天爲準。《閟宮》『其德不回，上帝是依』，言上帝猶
言天，故《文王》的『克配上帝』，《思文》作『克配彼天』。」（p96）

〔註 1〕史遷在《夏本紀》中續其事爲：「禹之父曰鯀，鯀之父曰帝顓頊，
顓頊之父曰昌意，昌意之父曰黃帝。禹者，黃帝之玄孫而帝顓頊之孫也。」大
約覺得還是有些不力，所以就又有了《五帝本紀》。用史遷自己的話說是：「《尙
書》獨載堯以來，而百家言黃帝，其文不雅馴，薦紳（裴駰集解：「薦紳即縉紳
也」）先生難言之。孔子所傳宰予問《五帝德》及《帝系姓》，儒者或不傳。余
嘗西至空峒（tóng），北過涿鹿，東漸於海，南浮江淮矣，至長老皆各往往稱黃
帝、堯、舜之處，風教固殊焉，總之不離古文者近是。予觀《春秋》、《國語》，
其發明《五帝德》、《帝系姓》章矣，顧弟（張守節正義：「顧，念也。弟，且也。
太史公言博考古文，擇其言表見之不虛，甚章著矣，思念亦且不須更深考論」）
弗深考，其所表見皆不虛……」

事情到了這個份上，文章想要「不虛」已很難，歷史就這樣應政治所需而以
「文學」的形式被「創造」了。他西、北、東、南走了一圈（假定眞去了），觀察
觀察「風教」，採訪一下當地的「長老」，「五帝」之歷史遂被認定。「《書》缺有間
矣，其軼乃時時見於他說」——史遷於「太史公曰」中時常加入幾句貌似不經意
的、言之鑿鑿「後記」，既然「時時見於」，何不列明究竟有哪些「他說」呢？

造帝王、聖人者，《尙書》以及先秦諸子自不用說，《世本》造，《竹書紀年》
造，《易經·繫辭》造、《國語》造，《禮記》造，《山海經》也造……但皆不及《史
記》顯得迫切而直奔主題。

周人分封，史遷說「追思先聖王，乃褒封神農之後於焦，，黃帝之後於祝，
帝堯之後於薊，帝舜之後於陳，大禹之後於杞」（《周本紀》）；三十世家中除《陳
涉世家》等少數外，皆有他者無可企及和替代的爲王一方之根基與依據：《齊太
公世家》「太公望呂尙者，東海上人。其先祖嘗爲四嶽，佐禹平水土，甚有功。
虞夏之際封於呂，或封於申」，《陳杞世家》「陳胡公滿者，虞帝舜之後也」，《宋

微子世家》「微子開者，殷帝乙之首子而紂之庶兄也」，《楚世家》「楚之先祖出自帝顓頊高陽」，《越王句踐世家》「越王句踐，其先禹之苗裔，而夏后帝少康之庶子也……」

〔註2〕于省吾《澤螺居詩經新證》：「舊說多謂此詩為周公所作，殊有未合。此詩詞句調暢，押韻流利，在章法上前一章的末句與下一章的首句所用的『蟬聯格』，較之西周中葉常見用韻的金文，已經達到進一步的發展。此詩著作時代不僅不是周初，也不是西周中葉，而是屬於西周晚期。詩人稱頌周人之崛興，歸功於文王，連帶追述周人克殷後勸服殷士，並以殷事為借鑒而作。」（p95）

「天命神授」之王權，既需要「歷史」，也需要「歷史」中的「政治超人」。一如「歷史」之寫作，「政治超人」的塑造，也是儒家傳播其思想的重要手段且在解「經」中大量運用。

以《毛詩正義》、朱熹《詩集傳》、《書序》等，「制禮作樂」的「周公」也作「書」、作「詩」（「召公」也作「書」、作「詩」）。「周公」不但作《文王》，還作《小雅・棠棣》，甚至還作《豳風・七月》、《鴟鴞》、《東山》等；不但作「詩」，更作《周書・牧誓》、《金縢》、《大誥》、《康誥》、《多士》、《無逸》、《君奭》、《立政》、《周官》……無所不能的「周公」，還操琴度曲，還作《周易》之爻辭，甚至還作專釋經義之工具書《爾雅》，等等。參見劉立志《周公作詩傳說的文化分析》。（《南京師大學報》社科版，2010年第2期）

〔註3〕此處「本支百世」和《公劉》四章「君之宗之」雖為詩歌語言，但釋放出了已相對成熟的宗法制度之信息。由此可推論《大雅》相關篇什產生的時間不會太早，至少不是周初的詩。由《詩經》和相關金文並《禮記・喪服小記》、《大傳》等，學者們於宗法制度作出了不同的表述：

趙光賢《從典章制度方面考察周代社會性質》：「『本支百世』是說文王既然為君，他的子孫就是百世不遷的大宗。」

「在周代典章制度中最主要、最根本的東西，應當說是宗法制度。……宗法是貴族階級的一種繼承法，也是繼統法。實行這種繼承法，必須首先分清嫡庶，嚴格地加以區別。嫡子是嫡妻之子，庶子是諸妃妾之子。根據這種制度，只有稱為宗子的嫡長子才有繼承權，只有宗子才有繼承一切爵位、財產的權利，所以宗子的地位特別高。只有宗子才是傳宗繼統的人，才有祭祀祖先的權利。……嫡子死，不能立庶子，而應立孫，叫承重孫。……所謂別子就是諸侯的嫡長子之弟，受封為卿大夫的人，他的嫡子，世世奉他為祖，叫做大宗。『別

子爲祖』就是說別子是大宗之祖。別子的宗子世世代代繼承下去，所以說『繼別爲宗』，這宗是大宗。別子的地位是百世不變的，別子的庶子，雖也是別子之後，但是他們沒有宗子的地位，只能算是小宗，這小宗是五世而遷的。那就是說，五世之後，同族人即沒有宗族關係，有喪事也不服喪服。此外，繼禰、繼祖、繼曾祖、繼高祖的諸宗都是小宗。……根據漢儒的解釋，宗法制度是卿大夫士的繼統法，與天子諸侯無關。所以他們把君統與宗統分開，以爲天子諸侯的繼統爲君屬於君統，卿大夫士的繼統才是宗統，而宗法制度是單指後者說的。……在西周人看來，周王是天下共主，也就是同姓諸侯與王朝卿士的大宗，而諸侯在其封國之內，也是同族的大宗。周人稱鎬京爲宗周，認爲天下的大宗在此，否則宗周之稱便不可解。」（《周代社會辨析》，p99～p102）

劉家和《關於中國古代文明特點的分析》：「宗法制度很像一棵大樹：樹的主幹就是大宗，世世代代由嫡長子繼承；樹的分枝就是小宗。不過，分枝又是有系統的：大枝對於從它分出的小枝來說，又可以算是大宗，小枝對於大枝來說自然是小宗，不過小枝還有由它分出的更小的枝。這樣可以依次分爲五個層次。……周王是天下的大宗，諸侯對天子是小宗；但諸侯在自己的國內是大宗，大夫對諸侯是小宗；大夫在自己的領地裏是大宗，大夫的庶子又是小宗，等等。……在《詩經》裏，在許多青銅器銘文裏，周王和諸侯都是當作大宗的。《詩經·大雅·公劉》說到周邦的人以公劉作爲自己的國君和大宗（「君之宗之」），是最明顯的實例。《何尊銘文》：『王誥宗小子於京室。』《駒形盉尊銘文》：『王弗忘厥舊宗小子。』這說明周王和臣下保持著宗法的關係。《駒形盉尊銘文》：『王傭下不其則萬年保我萬宗』。《盉尊銘文》：『天子不叚不其保我萬邦』。在這兩個同屬一個主人的器物銘文中，前者的『王』就是後者的『天子』，前者的『萬宗』就是後者的『萬邦』。這就是說，周王朝作爲大邦要保護各個小邦（諸侯國家），周王作爲各國的大宗要保護各個小宗（仍是諸侯國家）。所以，這裡『邦』（國）和『家』被認爲是同一的。在西周，分封諸侯的制度和宗法制度是相輔相成的。」（《古代中國與世界》，北京師範大學出版社，2010年，p355）

李峰《地方封國及地方政府》：「西周家族實行的嫡長子繼承制稱爲『宗法』制度，周王被稱爲『大宗』，通常由王后所生的長子繼承，而地方諸侯作爲其他周王子的後代，構成了『小宗』。小宗必須服從位於周都、以周王爲代表的大宗。宗法制度的實質在於它通過一種親族結構進行權力和財產繼承。西周金文表明，西周時期可能確實實行了這個制度。」（《西周的政體——中國早期的官僚制度和國

家》，p246）

白鋼（主編）《中國政治制度史》言「周天子與同姓諸侯，實際是一個宗族的放大」：「周天子嫡長子相傳，是爲天下大宗。而各國諸侯是別子，對天子而言是小宗。但在諸侯國內而言，諸侯是天子的庶子，『別子爲祖』，他的嫡長子『繼別爲宗』，成爲世代相傳的『大宗』。而卿、大夫爲諸侯的庶子，只能繼禰，對諸侯的大宗而言就成了『小宗』了。」（p112）

自漢迄今，歷世學者對《喪服小記》、《大傳》有關文字的理解和闡釋不盡相同，特別是宗法系統中是否包括天子和諸侯，即「君統」、「宗統」是否統一等問題，一直並在討論之中。鄭子良《再論「宗統」與「君統」》「證實兩周時期天子、諸侯之臣屬雖在名義上仍奉天子、諸侯爲大宗，維繫著『親親』的關係，但實際上更強調他們在宗法上的分離，突出『尊尊』的政治關係」。（《四川大學學報》哲社版，2011年第2期）不同時期，情況或不盡相同吧。

參見《白虎通義・宗族》、王國維《殷周制度論》、金景芳《論宗法制度》（初發表於《東北人民大學人文科學學報》1956年第2期）、劉家和《宗法辨疑》（《古代中國與世界》，p166～p179）。

〔註4〕「凡周之士，不顯亦世」，說明此處的「士」是周之「宗室」子孫。毛、鄭、朱憑空將其「士」與「顯德」、「光明之德」、「修德」扯在一起；四章「商之孫子，其麗不億」，本言商之遺民之眾，《毛傳》「盛德不可爲眾也」（孔穎達疏「言德盛則難爲眾，故雖多而服周，深美文王，言非眾所敵」）。如此解《詩》，《詩》何以堪？

〔註5〕此章所謂文王之「士」，最多也即勞事者「士子」之稱（見《小雅・北山》一章「偕偕士子，朝夕從事」注），即便鄭玄、孔穎達、朱熹也只以「賢人」「群賢」「賢士」籠統言之。然而後世解《詩》者卻能夠將《周書・君奭》「惟文王尙克修和我有夏，亦惟有若虢叔，有若閎夭，有若散宜生，有若泰顚，有若南宮括」和《周本紀》「西伯曰文王……士以此多歸之」聯繫起來。「歷史」如此慣性「發展」，「疑古」也多餘。

〔註6〕「緝熙」於《雅》《頌》凡五見：本詩及《周頌・維清》「維清緝熙，文王之典」、《昊天有成命》「於緝熙，單厥心」、《載見》「俾緝熙于純嘏」、《敬之》「學有緝熙於光明」。又有《酌》「時純熙矣，是用大介」之「熙」。

「緝熙」似爲成語，但漢、宋所解不一。《傳》、《箋》就「緝熙」圍繞「光明」作注，朱熹、嚴粲以熙爲「明」，以緝爲「繼」、「續」。《敬之》之「緝熙」清

人馬瑞辰以爲緝爲績，績之言積，「緝熙者積漸之明」「光明者廣大之明」，很大程度上也是對宋人之說的引申。

章太炎《小學略說》：「宋人釋經，不信《爾雅》，豈知古書訓詁不可逞臆妄造……《爾雅》：『緝熙，光也。』毛《傳》：『緝熙，光明也。』朱以緝繩（lú）之緝，因解爲繼續也。按《敬之篇》『學有緝熙於光明』者，即言光明更光明。於與乎通，與微乎微之語意相同。」（《國學講演錄》）

高亨《周頌考釋》：「緝熙當爲奮發前進之義。緝當爲揖，《廣雅・釋詁》：『揖，進也。』《爾雅・釋詁》：『熙，興也。』」屈萬里《詮釋》：「緝熙，繼續也……言爲學當繼續不已以進於光明也。」比較而言，諸說中高亨於「緝熙」的感覺較確。「緝熙」並有「積極」、「勉力」、「向上」之意。

又《左傳・襄公二十九年》吳季札觀樂言《大雅》曰：「廣哉，熙熙乎！」杜預注：「熙熙，和樂（lè）聲。」《老子》二十章「眾人熙熙，如享太牢，如登春臺」，朱謙之引馬敍倫曰「熙」爲「嬰（yí）」之借字。《說文》：「嬰，說（悅）樂也。」

〔註7〕李宗侗在《希臘羅馬古代社會研究序》中認爲「祼將」是一種祭名，分言則曰祼曰將，合言則曰祼將。「鄭君注《周禮・小宰》，亦以祼將爲祼送，並謂祼送即送祼。鄭之訓送與毛之訓行似乎同意。若將真訓送，作詩的人應當說將祼，不應說祼將。我以爲祼將是一種祭名。分言則曰祼曰將，合言則曰祼將。殷士祼將於京，正與《左傳》僖二十四年所說『天子有事膰焉』相合。宋人正是接續殷士的職務。」事，指祭祀。膰，祭祀用熟肉，此處用爲動詞，送祭肉給宋。宋成公訪楚，返，途徑鄭國，鄭文公將設宴款待，問其卿皇武子禮，答：宋是商之後裔，於周則爲客，天子祭祀時，還要送給他們祭肉。（《中國古代社會新研　歷史的剖面》，p24）

大雅・大明

　　《堯典》云「聰明文思，光宅天下」的帝堯有意讓位，大臣放齊薦帝子丹朱，未可。驩兜薦共工，也未可。眾人又薦鯀，但其治水九年，無甚成效（儒家所塑造的眾多觀念性人物其形象在典籍中相互並不完全統一）。最後決定選擇虞舜時，堯同時決定將自己的兩個女兒嫁給兩人。〔註1〕

　　既有《堯典》之故事，大殷王朝之大任來嫁于周而「生此文王」，其筆法也就顯得意味深長。聰智如孟子者心領神會，〔註2〕便在《離婁下》中開篇就寫道：「舜生於諸馮，遷於負夏，卒於鳴條，東夷之人也。文王生於岐周，卒於畢郢，西夷之人也。地之相去也千有餘里，世之相後也千有餘歲。得志行乎中國，若合符節，先聖後聖，其揆（kuí，道理，準則）一也。」

　　「亞聖」孟子以「先聖後聖」之定位，給予了《大明》最好的詮釋。至於文王利用殷商王朝委任自己為西部方伯，就勢創建自己的「革命」根據地——直至擁兵自重，其子武王率師攻佔朝廷，儒家就變成了於周人「承天命」的申述，並在「道德」的層面上為西周政權尋找說法。〔註3〕

　　這樣，《大明》一類的「頌歌」就顯得很有用，但需要進一步的「解讀」。你看，殷屬摯國任姓之女因王季「維德之行」而來嫁，生此文王自然又「小心翼翼」、「厥德不回」，文王與「俔（qiàn）天之妹」又「天作之合」生武王，「天下」讓這樣的姬家掌管，有何不好呢？

　　至漢儒，看到《大明》一類字句，則近乎陶醉。《毛傳》：「《大明》，文王有明德，故天覆命武王也。」鄭玄注：「二聖相承，其明德日以廣大，故曰『大明』……摯國中女曰大任，從殷商之畿內，嫁為婦於周之京，配王季，而與之共行仁義之德，同志意也……文王之有德，亦由父母也……天降氣於

大姒，厚生聖子武王，安而助之，又遂命之爾，使協和伐殷之事……」更有那調門奇高的《詩譜序》。〔註4〕

明明在下，赫赫在上。

明明：《毛傳》：「察也。」嚴粲《詩緝》：「重言明者，至著也。赫赫，顯而可畏之意。……明明在下，君子善惡不可掩也。赫赫在上，天之予奪為甚嚴也。在下而明明，則達乎上，在上而赫赫，則監乎下。天人相與之際，甚可畏也。」

天難忱斯，不易維王。天位殷適，使不挾四方。

《毛傳》：「忱（chén），信也。紂居天位，而殷之正適也。挾（jiā 浹），達也。」《孔疏》：「紂居天之大位，而又殷之正適，以其為惡之故，天乃絕而棄之，使其教令不通達於四方，為四方所共叛，而天命歸文王。是為天命難信也。以天之難信，而文王能得天之意，言此所以厚美周也。」維：助語氣。適：通「嫡」。又朱熹《集傳》：「不易，難也。天位，天子之位也。殷適，殷之適嗣也。挾，有也。……達於上下，去就無常，此天之所以難忱，而為君之所以不易也。紂居天位為殷嗣，（天）乃使之不得挾四方而有之。」又于省吾《新證》：「位、立古同字。金文位字皆作立。……適、敵聲同古通……言天立殷敵，使不能挾有四方也。天立殷敵，與《皇矣》『天立厥配』同一句法。天字乃貫二句為言，天立殷敵，天使不挾有四方也。」（p33、p34）《周頌·敬之》有「天惟顯思，命不易哉」句；《周書·康誥》「惟命不於常」，《召誥》「嗚呼！皇天上帝，改厥元子，茲大國殷之命。惟王受命，無疆惟休，亦無疆惟恤」，《君奭》「天命不易，天難諶，乃其墜命，弗克經歷」，孔穎達疏：「天命不易，言甚難也。天難信，惡則去之，不常在一家，是難信也。天子若不稱天意，乃墜失其王命，不能經久歷遠，其事可不慎乎？」參見《文王》五章「侯服于周，天命靡常」注、《殷本紀》。

摯仲氏任，自彼殷商，來嫁于周，曰嬪于京。乃及王季，維德之行。

摯：殷屬小國，任姓。《晉語四》「重耳婚媾懷嬴」言任為黃帝之子二十五宗十二姓之一。仲：「伯、仲、叔、季」之仲，即排行第二者。《毛

傳》：「摯國任姓之中女也。」曰：助詞。嬪：《毛傳》：「婦。」用爲動詞。《鄭箋》：「京，周國之地，小別名也。及，與也。」《孔疏》：「周是大名，明京是其中小別也。當時殷商爲天下大號，而言『自彼』爲有所從來之辭，以商對周，故知自其畿內也。」朱熹《集傳》：「京，周京也。曰嬪于京，疊言以釋上句之意。」王季：即季歷，即位稱公季，武王滅商後追尊爲王季。古公亶父（太王）之子，文王之父。朱熹《集傳》：「將言文王之聖，而追本其所從來者如此，蓋曰自其父母而已然矣。」維：爲。或曰助語氣。德：參見《小雅‧賓之初筵》四章「醉而不出，是謂伐德。飲酒孔嘉，維其令儀」注。三章「德」同。

大任有身，生此文王。

大任：即上之「仲氏任」，摯君之女。「大任」爲其後之尊稱。有身：即有身孕。

維此文王，小心翼翼。

《鄭箋》：「小心翼翼，恭慎貌。」維：助語氣。

昭事上帝，聿懷多福。

昭：《毛傳》：「明。」《孔疏》：「明事上天之道。」聿：助詞。懷：朱熹《集傳》：「來。」

厥德不回，以受方國。

厥：其。回：《毛傳》：「違也。」朱熹《集傳》：「回，邪也。」邪僻。方國：《鄭箋》：「四方來附者。」《康誥》僞孔傳：「惟汝大明父文王，能顯用俊德……」

天監在下，有命既集。

監：朱熹《集傳》：「視。」參見《小雅‧節南山》一章「國既卒斬，何用不監」注。集：《毛傳》：「就。」《孔疏》：「鳥止謂之集，是集爲依就之義，故以集爲就也。」朱熹《集傳》：「將言武王伐商之事，故此又推其本，而言天之監照，實在於下，其命既集於周也。」

文王初載，天作之合。

載：《毛傳》：「識。」初載，意初識物事之齡，即指童少時期。又朱熹

《集傳》：「載，年。」又馬瑞辰《通釋》：「載爲始即爲生……『文王初載』，載正訓生，即謂文王初生耳。」《豳風・七月》二章「春日載陽，有鳴倉庚」，朱熹《集傳》：「載，始也。」合：《毛傳》：「配也。」《鄭箋》：「謂生大姒。」《孔疏》：「《大戴禮》稱文王十三生伯邑考，十五生武王，發明大姒之小於文王才一二歲耳。若然，文王初生，已有天命之意。……此則美文王之聖，有賢妃之助，故言天將有命，爲生大姒。」

在洽之陽，在渭之涘。

洽（hé）：古水名，在今陝西合陽縣。陳奐《傳疏》：「《毛詩》本作合，秦漢間乃製部字。今《詩》作洽者，後人意加水旁耳。」陽：山南水北謂之陽。渭：即渭水。涘（sì）：水邊。均指「大邦」之地。《孔疏》：「氣勢之處，正謂洽陽、渭涘是也。名山大川，皆有靈氣。《嵩高》曰：『維嶽降神，生甫及申。』水亦靈物，氣與山同。詩人述其所居，明是美其氣勢，故云爲生賢妃於氣勢之處，使之必有賢才也。《思齊》云『大姒嗣徽音』，則文王之妻爲大姒也。此云『天作之合』，下言『文王親迎』，故知謂生大姒也。」

文王嘉止，大邦有子。

《毛傳》：「嘉，美也。」《鄭箋》：「文王聞大姒之賢，則美之曰：大邦有子女可以爲妃，乃求婚。」止：之，指代詞，指大邦有子之「子」。參見《周本紀》。古公亶父與大姜生王季，王季與大任生文王，文王與大姒生武王。

大邦有子，伣天之妹。

伣：朱熹《集傳》：「譬也。」比若。天之妹：《鄭箋》：「既使問名，還則卜之，又知大姒之賢，尊之如天之有女弟。」

文定厥祥，親迎于渭。

朱熹《集傳》：「文，禮。祥，吉也。言卜得吉，而以納幣之禮，定其祥也。」渭：指渭水邊。

造舟爲梁，不顯其光。

《毛傳》：「造舟然後可以顯其光輝。」不：王引之《釋詞》：「《傳》曰

『然後可以顯其光輝』，則『不』爲語詞。」一說不，通「丕」，大。

有命自天，命此文王，于周于京。

　　《鄭箋》：「天爲將命文王，君天下於周京之地。」

纘女維莘，長子維行，篤生武王。

　　纘（zuǎn）：《毛傳》：「繼也。」意能繼大任之德。又馬瑞辰《通釋》：「纘
　　女謂好女，猶言淑女、碩女、靜女，皆美德之稱。詩言莘國有好女，
　　倒其文則曰『纘女維莘』。」莘：古諸侯國名，姒姓。故址在今陝西渭
　　南。《毛傳》：「莘，大姒國也。」維：助語氣。長子：長女。維行：《毛
　　傳》：「能行大任之德。」又朱熹《集傳》：「行，嫁。」篤：朱熹《集
　　傳》：「厚也。……言天既命文王於周之京矣，而克纘大任之女事者，
　　維此莘國以其長女，來嫁於我也。天又篤厚之，使生武王。保之助之
　　命之，而使之順天命以伐商也。」

保右命爾，燮伐大商。

　　右：祐，助。燮（xiè）：《毛傳》：「和也。」即順和其天命。又陳奐《傳
　　疏》：「和伐大商，言天人合伐殷也。」

殷商之旅，其會如林。矢于牧野，維予侯興。

　　《毛傳》：「旅，眾也。如林，言眾而不爲用也。矢，陳。興，起也。
　　言天下之望周也。」《鄭箋》：「殷盛會其兵眾，陳於商郊之牧野，而天
　　乃予諸侯有德者當起爲天子，言天去紂，周師勝也。」一說矢，通「誓」。
　　牧野：商都朝歌南七十里外地名，在今河南淇縣南。維：肯定語氣。
　　侯：助詞。

上帝臨女，無貳爾心。

　　《毛傳》：「言無敢懷貳心也。」《鄭箋》：「臨，視也。女，女武王也。天
　　護視女，伐紂必克，無有疑心。」一說臨，保。

牧野洋洋，檀車煌煌，駟騵彭彭。

　　《毛傳》：「洋洋，廣也。煌煌，明也。騵馬白腹曰騵（yuán）。」〔註5〕

彭彭：朱熹《集傳》：「強盛貌。」參見《小雅・北山》三章「四牡彭彭，王事傍傍」注。

維師尚父，時維鷹揚。

《毛傳》：「師，大師也。尚父，可尚可父。鷹揚，如鷹之飛揚也。」大師，即「太師」，軍隊最高長官。鷹之飛揚，言其勇猛。《鄭箋》：「尚父，呂望也，尊稱焉。鷹，鷙鳥也」又朱熹《集傳》：「太公望爲太師而號尚父也。」即呂尚。馬瑞辰《通釋》：「『父』與『甫』同。甫爲男子美稱，尚父，其字也，猶山甫、孔父之屬。連『師』稱之，猶大師皇父之屬。」「大師皇父」爲《常武》句。時：通「是」，如此。維：助語氣。《楚辭・天問》「蒼鳥群飛，孰使萃之」，王逸注：「蒼鳥，鷹也。萃，集也。言武王伐紂，將帥勇猛如鷹鳥群飛，誰使武王集聚之者乎？《詩》曰：『惟師尚父，時惟鷹揚』也。」馬瑞辰《通釋》：「『鷹揚』古以指眾帥，蓋謂以師尚父爲眾帥之長，則群帥莫不奮發如鷹揚也。」參見《齊太公世家》。

涼彼武王，肆伐大商，會朝清明。

涼：《毛傳》：「佐也。」肆：《毛傳》：「疾也。」朱熹《集傳》：「肆，縱兵也。」《風俗通義・皇霸》引《詩》肆作「襲」。會：適會。朝：指黎明時分。句指適會凌晨天色清明之時。《呂氏春秋・貴因》、《說苑・權謀》、《韓詩外傳》言武王伐紂天雨，于省吾《新證》以爲清明猶「晴明」。「《漢紀・孝成帝紀》稱『天清晏然無雲』，《孝武帝紀》作『天晴晏然無雲』。是古言清明猶後世之言『晴明』。上句言『肆伐大商』，毛傳訓肆爲疾，武王伐紂以少擊眾，利於速戰速決，其言『會朝晴明』，謂得天時之助。」（p97）以上三章參見《周書・牧誓》、僞《泰誓》、《武成》及《周本紀》。

〔註1〕「女於時（按：時，是，指代舜），觀厥刑於二女。釐降二女於嬀汭，嬪於虞」，僞孔傳：「女，妻。刑，法也。堯於是以二女妻舜，觀其法度接二女，以治家觀治國。降，下。嬪，婦也。舜爲匹夫，能以義理下帝女之心於所居嬀水之汭，使行婦道於虞氏……杜預注《左傳》云：『水之隈（wēi）曲曰汭。』」（《閔公二年》）《五帝本紀》「舜居嬀汭」。

〔註 2〕其後文人性情者就顯得輕薄。屈原《湘君》、《湘夫人》，《列女傳・有虞二妃》、《山海經》所紀、西晉張華《博物志・史補》、南朝（梁）任昉《述異志》等關於娥皇、女英隨舜南巡以及歷世無數「湘竹淚」、「竹成斑」者詩，實無足觀。

〔註3〕《論語・泰伯》「三分天下有其二，以服事殷。周之德，可謂至德也已矣」，何晏注引包咸曰：「殷紂淫亂，文王爲西伯而有聖德，天下歸周者三分有二，而猶以服事殷，故謂之至德。」（鄭玄《周南・召南譜》引「三分有二」，據《禹貢》言「故雍、梁、荊、豫、徐、揚之人咸被其德而從之」）

《孟子・公孫丑上》「以德行仁者王，王不待大（趙岐注：「以己之德，行仁政於民，小國則可以致王，若湯、文王是也」）。湯以七十里，文王以百里。以力服人者，非心服也，力不贍也；以德服人者，中心悅而誠服也，如七十子之服孔子也。《詩》云：『自西自東，自南自北，無思不服。』此之謂也」。此乃儒家！他們認爲不可於歷史作出別的詮釋。

而《呂氏春秋・行論》又編有一個很無恥的故事：「昔者紂爲無道，殺梅伯而醢之，殺鬼侯而脯之，以禮諸侯於廟。文王流涕而諮之。紂恐其畔（叛），欲殺文王而滅周。文王曰：『父雖無道，子敢不事父乎？君雖不惠，臣敢不事君乎？孰王而可畔也？』紂乃赦之。天下聞之，以文王爲畏上而哀下也。《詩》曰：『惟此文王，小心翼翼。昭事上帝，聿懷多福。』」在《殷本紀》中，史遷將被「醢之」「脯之」的梅伯、鬼侯換成了「九侯」與「鄂侯」。參見《小雅・采薇》〔註1〕。

〔註4〕就在毛亨、毛萇逐篇「序」《詩》、「傳」《詩》的前後，被「割勢」後還在辱痛中的史遷，也正佝僂著身子，自「三皇」、自「五帝」始，「卒述陶唐以來」偉大的「史記」了。爲「高祖」劉邦立傳曰：「……父曰太公，母曰劉媼。其先劉媼嘗息大澤之陂，夢與神遇。是時雷電晦冥，太公往視，則見蛟龍於其上。已而有身，遂產高祖。高祖爲人，隆準而龍顏……」（《高祖本紀》）「修辭」比周人要高明多了（但他對「今上」武帝便不敢過渡編撰）。中國漢時的「學術」景致。

〔註5〕馬，西、東周各方、各層級政權不可或缺之物。《詩經》中關於馬的稱謂（或名或狀），豐富而詩性，後期的《風》詩和《魯頌》更甚：

駥（音 lái，《夏官・庾人》：「馬八尺以上爲龍，七尺以上爲駥。」《說文》同。《釋畜》邢昺疏引鄭玄「牝者，色驪；牡者，色玄」）——《鄘風・定之方中》

鴇（音 bǎo 犒，《釋畜》：「驪白雜毛，犒。」郭璞注：「今之烏驄〔cōng〕」）

——《鄭風・大叔于田》

驖（《說文》：「驖，馬赤黑色。」徐灝箋：「深黑色帶赤者謂之驖驪」）——《秦風・駟驖》

騏（音 zhù，《說文》：「騏，馬後左足白也」）、騧、騧（音 guā，《說文》：「騧，黃馬黑喙。」《釋畜》：「白馬黑喙，騧。」郭璞注：「今之淺黃色者爲騧馬」）——《秦風・小戎》

皇（騜，《釋畜》：「黃白，騜」）、駁（《說文》：「駁，馬色不純。」《釋畜》：「駵白，駁」）——《豳風・東山》

駉駉（音 jiōng，《毛傳》：「駉駉，良馬腹幹肥張也」）、驈（音 yù，《釋畜》：「驪馬白跨，驈」）、騅（音 zhuī，《釋畜》：「蒼白雜毛，騅。」《說文》：「騅，馬蒼黑雜毛」）、駓（音 pī，《釋畜》：「黃白雜毛，駓。」郭璞注：「今之桃花馬」）、騨（音 tuó，《釋畜》：「青驪驎，騨。」郭璞注：「色有深淺，斑駁隱粼〔鱗〕，今之連錢驄。」《說文》：「騨，青驪白鱗」）、騢（音 xiá，《釋畜》：「彤白雜毛，騢。」《說文》：「騢，馬赤白雜毛，謂色似鰕〔xiá〕魚也」）、驔（音 diàn，《說文》：「驔，驪馬黃脊」）、魚（《釋畜》：「二目白，魚。」王引之《述聞・爾雅下》：「二目毛色白曰魚」）——《魯頌・駉》

駜（音 bì，《說文》：「駜，馬飽也。」馬肥壯有力）、駽（音 xuān，《釋畜》：「青驪，駽」）——《魯頌・有駜》

……

當魯僖公的「寫作班子」完成「馬頌」時，已是「春秋五霸」時期，周天子的「天下」和諸侯之「國」間已恩怨三、四百年。「馬」的不斷升級，是以詩歌的形式在細微之處展示各「新時期」之風采力量，實也是一種精神沿襲和宣示。昂昂驕馬，繁鬣（《釋畜》郭璞注：「繁鬣，兩被〔披〕毛，或曰美髦鬣」）臨風，一種生生不息、進取不止之象徵。

漢儒釋《詩》皆無涉於此義。圍繞鞏固中央集權、皇權以及上下尊卑秩序的解「經」、作文，只《禮記・月令》（天子）春駕「倉〔蒼〕龍」，夏「赤騮」，秋「白駱」，冬「驖驪」，還是對陰陽五行論的附會。即便在極具儀式感的《儀禮・觀禮》佈設中，「奉束帛，匹馬卓上，九馬隨之，中庭西上」云云，除強調「天子乘龍」外，也並無關於馬的細分講究。在帝王專制政治之下，漢人的文化和精神品格，在多個維度上遠遜於周人。

大雅・緜

從「史詩」的角度講,「正大雅」之相關篇目的排序應該是《生民》、《公劉》、《緜》——勉強再次其序,則《皇矣》、《大明》、《文王》、《文王有聲》、《思齊》等;《詩譜序》據《堯典》、《皋陶謨》、《多方》等也是「周自后稷播種百穀,黎民阻饑,茲時乃粒,自傳於此名也。陶唐之末,中葉公劉亦世修其業(《孔疏》「后稷至於大王,公劉居其中」),以明民共財(「明民,謂使衣服有章。共財,謂使之同有財用」)。至於太王、王季,克堪顧天(「爲天所祐,已有王跡,是能顧天也」)……」

但周人作詩之目的與《尚書》同,是爲了「據盛隆而推原天命」,是一種思想構建而不是史記。所以《詩經》的編定與論說,也就依了政治而非歷史所需,更非文學所需。

《周本紀》言周太王古公亶父爲公劉九世孫,《小大雅譜》「公劉至於大(太)王、王季,歷及千載,越異代,而列世載其功業,爲天下所歸」。自《生民》至《公劉》至《緜》,周人在隴東黃土高原和渭河谷地間緩慢移動,在漫長和遠廣的時空裏完成了「遊團—部落—酋邦—國家」(塞維斯)之過程。古公亶父時期的周原算不上是「國家」,但周人作詩「上述祖考之美」的心情可以理解。只是史遷在《周本紀》中畫蛇添足,作了一個古公亶父「積德行義」之注腳,詩歌僅有的一點文學色彩也頓時黯然。〔註1〕

無論《詩經》中的「周民族史詩」還是《周本紀》,其頌辭之於「太王」古公亶父、「公季(王季)」季歷、「文王」昌者多而其配偶大姜、大任、大姒者少。儒家覺得不太完好,就設法以另外的文本增補,西漢《列女傳》中就有了《周室三母》故事。〔註2〕

緜緜瓜瓞，民之初生，自土沮漆。

緜緜：《毛傳》：「不絕貌。」瓞（dié）：小瓜。瓜瓞，即大瓜小瓜之多貌。《鄭箋》：「瓜之本實，繼先歲之瓜，必小，狀似瓝（bó），故謂之瓞。緜緜然若將無長大時。興者，喻后稷乃帝嚳之冑，封於邰。其後公劉失職，遷於豳，居沮、漆之地，歷世亦綿綿然。至大王而德益盛，得其民心而生王業，故本周之興，自於沮、漆也。」朱熹《集傳》：「大曰瓜，小曰瓞。瓜之近本初生者常小，其蔓不絕，至末而後大也。」民：指周民言。生，興。土：當作杜，水名。《漢書·地理志》「右扶風」：「杜陽，杜水南入渭。」顏師古注：「《大雅·緜》詩曰『民之初生，自土、漆、沮』，《齊詩》作『自杜』，言公劉避狄而來居杜與漆、沮之地。」沮、漆：皆古水名，其流域爲周之發祥地。沮水今無考。一說沮通「徂」，往。王引之《述聞》：「沮當爲徂，往也。自土徂漆，猶下文言自西徂東，言公劉去邰遷邠自杜水往至於漆水也。」漆：《地理志》「右扶風」：「漆，水在縣西。」漆即漆縣，秦置，治今陝西彬縣一帶。漆縣以水爲名，《說文》：「漆，水，出右扶風杜陽岐山，東入渭。」段注：「漆水出豳地。……實出今之邠（彬）州西南流至麟游扶風間入渭也。」杜陽爲秦置縣，故址在今陝西麟游縣西北。以「杜陽」之名看，其南應有「杜水」。又《毛傳》：「土，居也。」

古公亶父，陶復陶穴，未有家室。

古公亶父，即周文王祖父古公，名亶父，後尊稱太王。《毛傳》：「古，言久也。」《鄭箋》：「古公，據文王本其祖也。諸侯之臣，稱其君曰公。」陶復陶穴：《毛傳》：「陶其土而復之，陶其壤而穴之。」《鄭箋》：「復者，復於土上。鑿地曰穴，皆如陶然。」《孔疏》：「穴在地下，則知復在地上，俱稱爲陶，故知皆如陶然。下乃言『至于岐下』，故知此本其在豳時也。本其在豳，則是未遷。」又于省吾《新證》：「《說文》：『復，地室也。詩曰：陶復陶穴。』復與穴爲對文，復亦穴也。復，窋之叚字。……朱駿聲云：『凡直穿曰穴，旁穿曰復，地覆於上，故曰復也。』按復與穴，總稱之曰穴。分言之，逕直而簡易者曰穴，復出而多歧者曰復。」（p34）「燒土製器謂之陶，燒製穴底與穴壁也謂之陶。『陶復陶穴』的陶字應作動詞用，是說住穴與復穴的內部都用陶冶出來的紅燒土所築成。……『陶復』之復，即《禮記·月令》『仲春之月』所說的竇窖，

竇窖係開掘於住穴之內，用以儲藏穀物。……《詩・緜》的『陶復陶穴』，係周人詠太王在豳穴居之事，太王處於商代末葉，其住穴與復穴均用陶冶之土所築成，自然要比新石器時代的穴居更爲完善。」（p98、p99）按：「仲春之月」當爲「仲秋之月」。原文爲：「是月也，可以築城郭，建都邑，穿竇窖，修困倉。」鄭玄注：「爲民將入物當藏也。穿竇窖者，入地隋（橢）曰竇，方曰窖。」又《淮南子・時則訓》高誘注：「穿竇所以通水，不欲地濕也；穿窖所以盛穀也。」家室：《毛傳》：「室內曰家。未有寢廟，亦未敢有家室。」

古公亶父，來朝走馬。

《鄭箋》：「『來朝走馬』，言其辟惡早且疾也。」《孔疏》：「避狄之難，其來以早朝之時，疾走其馬。」又于省吾《新證》：「朝、周古音近字通。……然則『來朝走馬』，應讀作來周走馬。謂太王自豳遷於岐周，而養馬於斯也。三章云『周原膴膴』，正言來周後而見周原之膴膴也。……以走馬爲驅馬，不知如是解，則成後世俚言矣，周初決無此等語例也。」（p34、p35）

率西水滸，至于岐下。

率：《毛傳》：「循也。」《孔疏》：「循西方水厓漆、沮之側，東行而至於岐山之下。」

爰及姜女，聿來胥宇。

爰、聿：皆助詞。姜女：姜姓女子。指古公亶父妻大（太）姜。太姜即王季（季歷）之母，文王祖母。《周本紀》：「古公有長子曰太伯，次子虞仲。太姜生少子季歷，季歷娶太任，皆賢婦人。」參見《大明》二、三章。胥、宇：《毛傳》：「胥，相。宇，居也。」《孔疏》：「於是與其妃姜姓之女曰大姜者，自來相土地之可居者。言大（太）王既得民心，避惡早而且疾，又有賢妃之助，故能克成王業。」

周原膴膴，董荼如飴。

《鄭箋》：「廣平曰原。周之原地，在岐山之南，膴膴然肥美。其所生菜，雖有性苦者，皆甘如飴也。」膴，參見《小雅・小旻》五章「民雖靡膴，

或哲或謀，或肅或艾」注。堇（jīn）、荼：《毛傳》：「堇，菜也。荼，苦菜也。」按：堇和荼是兩種不同的野菜。堇，即「甜堇」，有苦菜的地方也多生甜堇，甜堇與苦菜在野菜類中皆為上品，適口而富含蛋白質、糖類等營養成份。馬瑞辰《通釋》：「《說文》：『堇，草也。根如薺。葉似細柳，蒸食之甘。』而《爾雅》言苦堇者，古人語反，猶甘草一名大苦也。詩人蓋取苦堇之名與苦荼同類，遂並稱之。」

爰始爰謀，爰契我龜。

爰：「於是」。是，代詞。參見《小雅·斯干》二章「爰居爰處，爰笑爰語」注。謀：《鄭箋》：「此地將可居，故於是始與豳人之從己者謀。謀從，又於是契灼其龜而卜之，卜之則又從矣。」契：刻。朱熹《集傳》：「契，所以然火而灼龜者也。……或曰，以刀刻龜甲欲鑽之處也。」「然火而灼龜」，即用點燃的荊木條鑽灼龜殼。

曰止曰時，築室于茲。

曰：助詞。止：息，引為居住。時：《鄭箋》：「是。……可止居於是。」是，代詞。又王引之《述聞》：「時亦止也，古人自有復語耳。」茲：此。

迺慰迺止，迺左迺右。迺疆迺理，迺宣迺畝。

《鄭箋》：「時耕曰宣。……民心定，乃安隱其居，乃左右而處之，乃疆理其經界，乃時耕其田畝。」朱熹《集傳》：「慰，安。止，居也。左右，東西列之也。疆，謂畫其大界。理，謂別其條理也。宣，布散而居也。或曰，導其溝洫也。畝，治其田疇也。」參見《小雅·信南山》一章「我疆我理，南東其畝」注。

自西徂東，周爰執事。

朱熹《集傳》：「自西水滸而徂東也。周，遍也。言靡事不為也。」徂：往。爰：《毛傳》：「於也。」或曰爰，助詞。參見《小雅·正月》三章「瞻烏爰止，于誰之屋」注。

乃召司空，乃召司徒，俾立室家。

《鄭箋》：「俾，使也。司空、司徒，卿官也。司空掌營國邑，司徒掌徒

役之事，故召之使立室家之位處。」參見《小雅・節南山》一章「赫赫師尹，民具爾瞻」、《十月之交》六章「擇三有事，亶侯多藏」注。

其繩則直，縮版以載，作廟翼翼。

朱熹《集傳》：「繩，所以爲直。凡營度位處，皆先以繩正之。既正則束版而築也。縮，束也。載，上下相承也。言以索束版，投土築訖，則升下而上、以相承載也。君子將營宮室，宗廟爲先，廐庫爲次，居室爲後。翼翼，嚴正也。」

捄之陾陾，度之薨薨。

捄（jū）：朱熹《集傳》：「盛土於器也。」陾陾（réng）：《毛傳》：「眾也。」又俞樾《平議》：「陾陾、薨薨、登登、馮馮皆以聲言，百堵皆興則眾聲並作，鼛鼓之聲，轉不足以勝之矣。」度：朱熹《集傳》：「投土於版也。」版即築牆所用夾板。薨薨：朱熹《集傳》：「眾聲也。」

築之登登，削屢馮馮。

登登：《毛傳》：「用力也。」朱熹《集傳》：「登登，相應聲。」削屢，朱熹《集傳》：「牆成而削治重複也。」即整理削去隆起不平整的部分。馮馮（píng）：朱熹《集傳》：「牆堅聲。」即削理時因所築之牆堅實而發出的聲音。

百堵皆興，鼛鼓弗勝。

堵：《鄭箋》：「五版爲堵。」百堵言其多。參見《小雅・鴻雁》二章「之子于垣，百堵皆作」注。鼛：《毛傳》：「鼓也，長一丈二尺。」《小雅・鼓鍾》三章有「鼓鍾伐鼛，淮有三洲，憂心且妯」句。

迺立皋門，皋門有伉。

皋門：《毛傳》：「王之郭門曰皋門。」即外城門。伉：《毛傳》：「高貌。」有伉，即伉伉。

迺立應門，應門將將。

《毛傳》：「王之正門曰應門。將將，嚴正也。美大（太）王作郭門以致皋門，作正門以致應門焉。」郭門，外城的門。《鄭箋》：「諸侯之宮，外門曰皋門，朝門曰應門，內有路門。天子之宮，加以庫、雉。」路

門，宮室最裏層正門。《天官・閽人》鄭玄注引鄭司農：「王有五門：外曰皋門，二曰雉門，三曰庫門，四曰應門，五曰路門。」參見《禮記・明堂位》。

迺立冢土，戎醜攸行。

《毛傳》：「冢，大。戎，大。醜，眾也。冢土，大社也。起大事，動大眾，必先有事乎社而後出，謂之宜。美大王之社，遂為大社也。」社，祀土地神者，即社壇。《白虎通義・社稷》：「王者所以有社稷何？為天下求福報功。人非土不可立，非穀不食。土地廣博，不可遍敬也；五穀眾多，不可一一祭也。故封土立社，示有土也；稷，五穀之長，故立稷而祭之也。」社壇「天子廣五丈，諸侯半之」。醜，參見《小雅・吉日》一章「升彼大阜，從其群醜」注。〔註3〕攸：主語和動詞間連詞，乃，於是。

肆不殄厥慍，亦不隕厥問。

肆：連詞。朱熹《集傳》：「肆，故也，猶言遂也，承上起下之辭。」殄：朱熹《集傳》：「絕。」厥：其。慍（yùn）：《毛傳》：「恚（huì）。」怨怒。問：通「聞」，譽聞。參見《文王》七章「宣昭義問，有虞殷自天」注。朱熹《集傳》：「言大王雖不能殄絕混夷之慍怒，亦不隕墜己之聲聞。」又《孟子・盡心下》引《詩》趙岐注：「言文王不殄絕畎夷之慍怒，亦不能殞失文王之善聲問也。」陳奐《傳疏》：「大王赫怒整旅，至文王而不絕其所怒也。」馬瑞辰《通釋》：「此二句正言文王事混夷之事。言始事混夷，雖不能絕其慍怒，亦不以以大事小而失其譽聞。」畎夷、混夷，即指犬戎。參見《小雅・采薇》一章：「靡室靡家，獫狁之故」注。

柞棫拔矣，行道兌矣。

柞：柞樹。棫：一種叢生有刺的灌木，一稱白桵（ruí）。棫音見《小雅・裳裳者華》讀注。拔：朱熹《集傳》：「挺拔而上，不捲曲蒙蔽也。……大王始至此岐下之時，林木深阻，人物鮮少，至於其後生齒漸繁，歸附日眾，則木拔道通。」一說拔，翦除。俞樾《平議》：「蓋太王始遷之時，土廣人稀，樹木充塞。其後生齒日繁，以次開闢，向柞棫之區，今擢除既盡而成道路。」兌：《毛傳》：「成蹊也。」朱熹《集傳》：「兌，

通也，始通道於柞棫之間也。」

混夷駾矣，維其喙矣。

《毛傳》：「駾（tuì），突。喙（huì），困也。」《鄭箋》：「（混夷）見文王之使者，將士眾過己國，則惶怖驚走，奔突入此柞棫之中而逃，甚困劇也。」又朱熹《集傳》：「喙，息也。……混夷畏之而奔突竄伏，維其喙息而已。」喙即張口喘息貌。維：助詞，加強語氣，突出「喙」之狀。

虞芮質厥成，文王蹶厥生。

虞、芮：皆古國名。虞故城在今山西平陸東北，芮故城在今山西芮城（一說芮故城在今陝西大荔）。《毛傳》：「虞、芮之君，相與爭田，久而不平，乃相謂曰：『西伯（按：即文王，曾任商王朝西部「方伯」）仁人也，盍往質焉？』乃相與朝周。入其竟，則耕者讓畔，行者讓路。入其邑，男女異路，斑白不提挈（qiè）。入其朝，士讓爲大夫，大夫讓爲卿。二國之君，感而相謂曰：『我等小人，不可以履君子之庭。』乃相讓，以其所爭田爲閒田而退。天下聞之，而歸者四十餘國。」見《周本紀》。質、成：朱熹《集傳》：「質，正。成，平也。」蹶：《毛傳》：「動也。」生：馬瑞辰《通釋》：「生、性古通用。……『文王蹶厥生』謂文王有以感動其性也。」又朱熹《集傳》：「生，猶起也。……言混夷既服，而虞芮來質其訟之成。於是諸侯歸周者眾，而文王由此動其興起之勢。」

予曰有疏附，予曰有先後，予曰有奔奏，予曰有禦侮。

《毛傳》：「率下親上曰疏附，相道前後曰先後，喻德宣譽曰奔奏，武臣折衝曰禦侮。」折衝：使敵方的衝車折返。衝車，衝擊敵陣或城壘之戰車。予：《鄭箋》：「詩人自我也。文王之德所以至然者，我念之曰：此亦由疏附、先後、奏奔、禦侮之臣力也。疏附，使疏者親也。奔奏，使人歸趨之。」

〔註 1〕「古公亶父復修后稷、公劉之業，積德行義，國人皆戴之。薰育戎狄攻之，欲得財物，予之。已復攻，欲得地與民。民皆怒，欲戰。古公曰：『有民立君，將以利之。今戎狄所爲攻戰，以吾地與民。民之在我，與其在彼，何異？

民欲以我故戰，殺人父子而君之，予不忍爲。』乃與私屬遂去豳，度漆、沮，踰（yú）梁山，止於岐下。豳人舉國扶老攜弱，盡復歸古公於岐下。及他旁國聞古公仁，亦多歸之。於是古公乃貶戎狄之俗，而營築城郭室屋，而邑別居之。作五官有司。民皆歌樂之，頌其德。」這段話除「薰育戎狄攻之，欲得財物，予之」外，餘皆不稽。史遷託古公亶父言漢儒語，時間跨度大概一千年。

〔註2〕「三母者，大姜、大任、大姒。大姜者，王季之母，有臺氏之女。大王娶以爲妃。生大伯、仲雍、王季。貞順率導，靡有過失。大王謀事遷徙，必與大姜。君子謂大姜廣於德教。《詩》云：『爰及姜女，聿來胥宇。』此之謂也。大任者，文王之母，摯任氏中女也。王季娶爲妃。大任之性，端一誠莊，惟德之行。及其有娠，目不視惡色，耳不聽淫聲，口不出敖言，能以胎教。溲於豕牢，而生文王。文王生而明聖，大任教之，以一而識百，卒爲周宗。君子謂大任爲能胎教。古者婦人妊子，寢不側，坐不邊，立不蹕（按：音bì，站立不正），不食邪味，割不正不食，席不正不坐，目不視於邪色，耳不聽於淫聲。夜則令瞽誦詩，道正事。如此，則生子形容端正，才德必過人矣。故妊子之時，必愼所感。感於善則善，感於惡則惡。人生而肖萬物者，皆其母感於物，故形音肖之。文王母可謂知肖化矣。大姒者，武王之母，禹后有莘姒氏之女。仁而明道。文王嘉之，親迎于渭，造舟爲梁。及入，大姒思媚大姜、大任，且夕勤勞，以進婦道。大姒號曰文母，文王治外，文母治內。大姒生十男：長伯邑考、次武王發、次周公旦、次管叔鮮、次蔡叔度、次曹叔振鐸、次霍叔武、次成叔處、次康叔封、次聃季載。大姒教誨十子，自少及長，未嘗見邪僻之事。及其長，文王繼而教之，卒成武王周公之德。君子謂大姒仁明而有德。詩曰：『大邦有子，俔天之妹，文定厥祥，親迎于渭，造舟爲梁，不顯其光。』又曰：『大姒嗣徽音，則百斯男。』此之謂也。頌曰：周室三母，大姜任姒，文武之興，蓋由斯起。大姒最賢，號曰文母。三姑之德，亦甚大矣！」

《列女傳》版本眾多，「增補」、「增輯」、「訂正」者不必說，刊行的過程中便是刻工們興致所至，也極有可能添上去幾個字的，更有「周以仁厚立國，母后之力居多」之類的「點評」竄入。大任到豬圈裏撒尿時生「文王」，事情並不怎麼體面，但《晉語四》中的胥臣「聞」其事，便有「溲於豕牢，而生文王」嵌入其中。中國此類「傳記性史書」確切的作者和成書年代永遠無法考證，也無需考證。

（《漢書‧楚元王傳》中載劉向「採取《詩》、《書》所載賢妃貞婦，興國顯家可法則，及孽嬖亂亡者，序次爲《列女傳》，凡八篇，以戒天子」，只能說明劉

向已始編撰，約在西漢元帝劉奭、成帝劉驁時。而宣帝劉詢時似乎還無需「戒天子」）

〔註3〕于省吾《澤螺居詩經新證》以爲單訓戎爲「大」，醜爲「衆」可，但「戎醜」二字連用則不得以爲大衆。「戎醜係指戎狄醜虜言之。《逸周書・謚法解》：『怙惡肆行曰丑（醜）。』《泮水》『屈此群醜』，鄭箋謂『醜，惡也』；《常武》『仍執醜虜』，醜虜謂醜惡之虜。古者『內諸夏而外夷狄』，故斥夷狄爲戎醜。……此詩先言『作廟翼翼』，後言『迺立冢土』，宗廟與大社均係都邑中的建設重點，爲有大事祭告之所。重點建設既經完成，則統治四方的力量愈益加強，故以『戎醜攸行』爲言。……典籍中多訓『行』爲『去』，『戎醜攸行』，言戎狄醜虜因而遁去，下文之『混夷駾矣，維其喙矣』，即承此而言。」（p99）

朱鳳瀚在《關於周民族的形成》中也認爲「戎醜」指當地土著。「所謂『攸行』，是言其被周人以武力逐走。」（《商周家族形態研究》，p230）

大雅・棫樸

《文王世子》「文王謂武王曰：『女何夢矣？』武王對曰：『夢帝與我九齡。』文王曰：『女以爲何也？』武王曰：『西方有九國焉，君王其終撫諸？』文王曰：『非也。古者謂年齡，齒亦齡也。我百，爾九十，吾與爾三焉。』文王九十七乃終，武王九十三而終」。《周書・金縢》、《史記・周本紀》、《封禪書》、《魯周公世家》等皆紀武王克商的第二年就死了，難道他於商郊牧野「左杖黃鉞，右秉白旄以麾」（《牧誓》）時已是九十二歲之耄耋老人？「九十七」本儒生無聊之筆，〔註1〕解經者靈機一動，遂將之與「周王壽考」一聯繫，便認定《棫樸》中的周王就是文王，詩作者就是周公。〔註2〕

而文王時周人又哪裏能夠有什麼「六師」？周公又哪裏能顧得作「詩」？多幾首和少幾首「詩」，於周人奪取新政權來說實在無關緊要——一百首「詩」也抵不上一次武裝行動。

詩人懷赤子之心，愛王也愛王朝，盡情地暢想周王及左右之政治風景。《棫樸》類「頌歌」之熱情，大抵來自「成康之治」——時間也不過五十年左右。而在稍後之昭、穆七十多年的所謂「擴張時期」，朝中諸事，實際上已是按住葫蘆起來瓢，亂象紛呈。

芃芃棫樸，薪之槱之。

芃芃：《毛傳》：「木盛貌。」參見《小雅・何草不黃》四章「有芃者狐，率彼幽草」注。棫：見《緜》八章「柞棫拔矣，行道兌矣」注。樸：《毛傳》：「枹（bāo）木也。」枹，一種落葉喬木，種子含澱粉。一說樸，叢生貌。朱熹《集傳》：「樸，叢生也。言根枝迫迮（zé）相附著也。」

樸音見《小雅・裳裳者華》讀注。薪：柴，此用爲動詞。棫：《毛傳》：「積也。山木茂盛，萬民得而薪之。賢人眾多，國家得用蕃興。」《鄭箋》：「白桵相樸屬而生者，枝條芃芃然，豫（預）斫以爲薪。至祭皇天上帝及三辰，則聚積以燎之。栖音西，字亦作『槱』，弋九反。」樸屬，附著叢生貌。《春官・大宗伯》「以禋祀祀昊天上帝，以實柴祀日、月、星辰，以槱燎祀司中、司命、風師、雨司」，鄭玄注：「槱，積也。《詩》：『芃芃棫樸，薪之槱之。』」

濟濟辟王，左右趣之。

濟濟：端莊敬愼貌。參見《文王》三章「濟濟多士，文王以寧」注。辟：《鄭箋》：「君也。君王，謂文王也。」趣：《毛傳》：「趨也。」朱熹《集傳》：「蓋德盛而人心歸附趨向之也。」

濟濟辟王，左右奉璋。

《毛傳》：「半圭曰璋。」參見《小雅・斯干》七章「載衣之裳，載弄之璋」注。《鄭箋》：「祭祀之禮，王祼以圭瓚，諸臣助之。」祼：祼之祭。見《文王》五章「殷士膚敏，祼將于京」注。圭瓚：一種玉製祭祀用酒器，狀如勺，以圭爲柄。《白虎通義・考黜》：「玉瓚者，器名也，所以灌鬯之器也，以圭飾其柄，灌鬯貴玉器也。」用鬱金草和黑黍釀成的酒。

奉璋峨峨，髦士攸宜。

《毛傳》：「峨峨，盛壯也。髦，俊也。」《鄭箋》：「士，卿士也。奉璋之儀峨峨然，故今俊士之所宜。」

淠彼涇舟，烝徒楫之。

淠（pì）：《毛傳》：「舟行貌。」涇：涇水。烝：眾。《鄭箋》：「烝，眾也。淠淠然涇水中之舟，順流而行者，乃眾徒船人以楫棹之故也。」棹（zhào），搖船用具，此用爲動詞。

周王于邁，六師及之。

《鄭箋》：「于，往。邁，行。及，與也。周王往行，謂出兵征伐也。二千五百人爲師。」六師：見《小雅・瞻彼洛矣》一章「韎韐有奭，以作

六師」注。

倬彼雲漢，為章于天。

倬：高遠深廣貌。《毛傳》：「倬，大也。」參見《小雅・甫田》一章「倬彼甫田，歲取十千」注。雲漢：《毛傳》：「天河也。」章：朱熹《集傳》：「文章也。」指星漢燦爛貌。

周王壽考，遐不作人。

《毛傳》：「遐，遠也，遠不作人也。」《鄭箋》：「周王，文王也。文王是時九十餘矣，故云『壽考』。『遠不作人』者，其政變化紂之惡俗，近如新作人也。」《孔疏》：「作人者，變舊造新之辭。故云變化紂之惡俗，近如新作人也。」又朱熹《集傳》：「作人，謂變化鼓舞之也。」又屈萬里《詮釋》：「謂成就人才也。二語言周王壽高，歷事既久，何能成就人才乎？言其成就也。」一說「遐不」，胡不，何不。參見《小雅・隰桑》四章「心乎愛矣，遐不謂矣」注。

追琢其章，金玉其相。

《毛傳》：「追，雕也。金曰雕，玉曰琢。相，質也。」朱熹《集傳》：「追之琢之，則所以美其文者至矣。金之玉之，則所以美其質者至矣。」至，言程度。又《鄭箋》：「相，視也，猶觀視也。追琢玉使成文章，喻文王為政，先以心研精，合於禮義，然後施之。萬民視而觀之，其好而樂之，如睹金玉然。言其政可樂也。」

勉勉我王，綱紀四方。

勉勉：朱熹《集傳》：「猶言不已也。……勉勉我王，則所以綱紀四方者至矣。」綱紀：《鄭箋》：「以罔罟喻為政，張之為綱，理之為紀。」罔罟，漁獵之網具。《易・繫辭下》：「（包犧氏）作結繩而為罔罟，以佃以漁。」佃（tián），通「畋」，畋獵。

〔註1〕關於文王之「高壽」，除包括《文王》者在內的《詩經》箋、疏以及偽《武成》經、傳外，又見《逸周書・世俘解》、《帝王世紀》等。《漢書・律曆志

下》之《世經》有引文獻中的文王「年表」，實於考研古年無證。

〔註2〕《毛序》：「《棫樸》，文王能官人也。」朱熹《詩集傳》：「此詩前三章言文王之德，爲人所歸。後二章言文王之德，有以振作綱紀天下之人，而人歸之。自此以下至《假樂》，皆不知何人所作，疑多出於周公也。」何出於「周公」，朱熹沒有說，他也說不來。

大雅・旱麓

　　漢人將詩中的「君子」解爲古公亶父和王季，宋人解爲文王，爲的是將其與「德」聯繫起來，以爲他們是「德」的秉承者。

　　古公亶父「復修后稷、公劉之業」種糧食艱難生存於豳地，又迫於薰育戎狄之威，度漆、沮逾梁山，逃到岐下，他哪裏知道「德」、「德教」是什麼？

　　王季（季歷）所以爲王，《周本紀》「長子太伯、虞仲知古公欲立季歷以傳昌，乃二人亡如荊蠻，文身斷髮，以讓季歷」，他若有「德」，也不該如此當仁不讓——史遷雖以「立子立嫡」原則（爲文王之名正）作周史，但也只是說王季「修古公遺道，篤於行義」，沒見他有什麼「德」。

　　王季之子，即後來的「文王」昌，之所以出現「多歸之」、「皆向之」、「盍往歸之」者，也並不是他眞能「篤仁，敬老，慈少，禮下賢者」，而是得益於商王任他爲「西伯」。起初他武力征服了西部各方諸侯，是擁有重權的諸侯之長「方伯」。後來集結反攻朝廷，算何「德」？〔註1〕

　　假定《大雅》之「正篇」多祭祀時「受釐陳戒之辭」的說法成立，〔註2〕那麼，在煙霧繚繞和鐘鼓奏鳴聲裏的一次次的「陳戒」中，周人在經營「天下」時遇到的諸多棘手問題也在步步升級。「禮樂」已無濟於事，「天命」和「德」也就越發顯得蒼弱不堪。

　　於「豈弟君子」之熱切呼喚，可見《旱麓》之於西周中早期。〔註3〕那時豐鎬廟堂鐘鼓聲聲，工祝高唱；南山上草木茂盛，青霧繚繞。在盛夏知了的鳴叫聲裏，周之「君子」們往來奔波，躊躇滿志，意氣風發⋯⋯而如此「曾記否」的背後，是周室於後期政權傷心透肺的淒涼感。

瞻彼旱麓，榛楛濟濟。

《毛傳》：「旱，山名也。麓，山足也。濟濟，眾多也。」《鄭箋》：「旱山之足，林木茂盛者，得山雲雨之潤澤也。喻周邦之民獨豐樂者，被其君德教。」榛、楛：皆木名。朱熹《集傳》：「榛似栗而小，楛似荊而赤。」榛為樺木科榛屬植物，落葉灌木或小喬木。榛、楛音見《小雅‧裳裳者華》讀注。

豈弟君子，干祿豈弟。

《毛傳》：「干，求也。言陰陽和，山藪殖，故君子得以干祿樂易。」山藪，指山林。《鄭箋》：「君子，謂大王、王季。以有樂易之德施於民，故其求祿亦得樂易。」大（太）王，即古公亶父，文王祖父。王季，文王父。又朱熹《集傳》：「君子，指文王也。此亦以詠歌文王之德。言旱山之麓，則榛楛濟濟然矣。豈弟君子，則其干祿也豈弟矣。干祿豈弟，言其於祿之有道，猶曰『其爭也君子』云爾。」語見《論語‧八佾》。豈弟：同「愷悌」。見《小雅‧蓼蕭》讀注。又《周語下》「單穆公諫景王鑄大錢」引《詩》申述：「夫旱麓之榛楛殖，故君子得以易樂干祿焉。若夫山林匱竭，林麓散亡，藪澤肆既，民力雕（彫）盡，田疇荒蕪，資用乏匱，君子將險哀之不暇，而何易樂之有焉？」干祿，求祿仕。肆既，竭盡。

瑟彼玉瓚，黃流在中。

《毛傳》：「玉瓚（zàn），圭瓚也。黃金所以飾流鬯也。九命然後錫之以秬鬯、圭瓚。」〔註4〕《鄭箋》：「瑟，潔鮮貌。黃流，秬鬯也。圭瓚之狀，以圭為柄，黃金為勺，青金為外，朱中央矣。……以黑黍米搗鬱金草，取汁而煮之，和釀其酒，其氣芬香調暢，故謂之秬鬯。」《孔疏》：「以器是黃金，照酒亦黃，故謂之黃流也。」《禮記‧郊特牲》「周人尚臭（xiù），灌用鬯臭……灌以圭璋，用玉氣也」，鄭玄注：「灌，謂以圭瓚酌鬯始獻神也。」《祭統》「君執圭瓚祼尸，大宗執璋瓚亞祼」，注：「圭瓚、璋瓚，祼器也，以圭、璋為柄，酌鬱鬯曰祼。」〔註5〕

豈弟君子，福祿攸降。

攸：所。降：《鄭箋》：「下也。」引為「賜予」。朱熹《集傳》：「言瑟然之玉瓚，則必有黃流在其中。豈弟之君子，則必有福祿下其躬。明寶器

不薦於褻味，而黃流不注於瓦缶，則知盛德必享於祿壽，而福澤不降於淫人矣。」薦，進獻。淫人，指邪惡者。

鳶飛戾天，魚躍于淵。

《毛傳》：「言上下察也。」《鄭箋》：「鳶，鴟之類，鳥之貪惡者也。飛而至天，喻惡人遠去，不為民害也。魚跳躍於淵中，喻民喜得所。」（《禮記·中庸》引詩鄭玄注：「言聖人之德至於天，則鳶飛戾天，至於地，則魚躍於淵，是其著明於天地也。」）鳶：鷂鷹。戾：至。參見《小雅·四月》七章「匪鶉匪鳶，翰飛戾天」注。

豈弟君子，遐不作人。

《鄭箋》：「言大王、王季之德近於變化，使如新作人。」朱熹《集傳》：「言鳶之飛，則戾於天矣。魚之躍，則出於淵矣。豈弟君子，而何不作人乎？言其必作人也。」參見《棫樸》四章「周王壽考，遐不作人」注。

清酒既載，騂牡既備。

《毛傳》：「言年豐畜碩也。」《鄭箋》：「既載，謂已在尊中也。祭祀之事，先為清酒，其次擇牲，故舉二者。」載，陳。騂牡：指赤黃色的公牛。

以享以祀，以介景福。

《毛傳》：「言祀所以得福也。」介：《鄭箋》：「介，助。景，大也。」助，引為祈。參見《小雅·小明》五章「神之聽之，介爾景福」注。

瑟彼柞棫，民所燎矣。

瑟：《鄭箋》：「眾貌。」又朱熹《集傳》：「瑟，茂密貌。」燎：朱熹《集傳》：「爨也。」爨，燒火做飯。嚴粲《詩緝》：「柞棫瑟然茂密，則民取以為薪而燎之矣。」爨音見《小雅·楚楚者茨》三章「執爨踖踖，為俎孔碩，或燔或炙」注。

豈弟君子，神所勞矣。

勞（lào）：《鄭箋》：「勞來，猶言祐助。」來即「徠」。朱熹《集傳》：「勞，慰撫也。」又《左傳·僖公十二年》引《詩》「愷悌君子，神所勞矣」，

杜預注：「愷，樂也。悌，易也。言樂易君子，爲神所勞來，故世祀也。」
世祀，世代祭祀，言政權之延續。

莫莫葛藟，施于條枚。

莫莫：《毛傳》：「施（yì）貌。」《鄭箋》：「葛也藟也，延蔓於木之枚本
而茂盛。喻子孫依緣先人之功而起。」又朱熹《集傳》：「莫莫，盛貌。」

葛藟：葛與藟兩種藤本蔓生植物。枚：枝幹。

豈弟君子，求福不回。

不回：《鄭箋》：「不回者，不違先祖之道。」又朱熹《集傳》：「回，邪
也。」參見《小雅・小旻》一章「謀猶回遹，何日斯沮」注。

〔註1〕《殷本紀》中的一件事側面反映了「西伯」姬昌的爲人：「（紂）以
西伯昌、九侯、鄂侯三公。九侯有好女，入之紂。九侯女不憙淫（一作「無不
憙淫」、「憙淫」），紂怒，殺之，而醢（剁成肉醬）九侯。鄂侯爭之強，辨之疾，
並脯（做成肉乾）鄂侯。西伯昌聞之，竊歎……」是非面前他躲到一邊保全了
自己。關於「西伯」統領西方諸侯，當時崇侯（虎）其實是意識到了有大問題
的，反對「紂」王的做法。「紂」王囚「西伯」於伯羑（yǒu）裏，但「西伯之
臣」閎夭等人設法找來有莘氏的美女，驪戎、有熊等地的寶馬和珍奇寶物獻之
──「撈人」十分成功，「紂」王釋放了「西伯」不說，還賜之以弓矢斧鉞，「使
西伯得征伐」。而崇侯虎，「紂」王出賣了他，《周本紀》敘寫了他後來的下場。
又見《尙書大傳》。參見《大明》〔註3〕、《小雅・采薇》〔註1〕。

李贄實在看不下去史遷編閎夭等人向「紂」王行賄的故事，《史綱評要・紂》：
「腐儒處此，必以爲寧守正而死，斷不肯獻美女珍寶，因嬖臣以進矣。夫使文王
此時死於羑里，與螻蟻何異？八百年帝業全仗此一物。則此一物者，眞開國元勳
也。嗚呼，此文王所以爲至聖，散宜生之徒所以爲大賢也歟！」

〔註2〕「受釐」是漢說，祭祀天地後祭餘之肉歸致皇帝以示受福。「釐」，
即「胙」。《屈原賈生列傳》「孝文帝方受釐」，徐廣曰：「祭祀福胙也。」應劭云：
「釐，祭餘肉也。音僖。」朱熹在《詩集傳・小雅》序言中曰「正人雅」是「受
釐陳戒之辭」。

〔註3〕或曰《旱麓》是「歌頌周文王祭祖得福、知道培養人才的詩」(程俊英《詩經譯注》),但血緣政治之下的周人不認爲他們會缺乏「人才」。春秋末和戰國時期的政權才於「人才」有了渴求,其時「天下」已不再爲周室所獨有。

〔註4〕以《周禮》言,周代官員品秩有一至九命,九命爲最高者。《春官·典命》:「上公九命爲伯,其國家、宮室、車旗、衣服、禮儀皆以九爲節。伯侯七命……子男五命……王之三公八命,其卿六命,其大夫四命;及其出封,皆加一等,其國家、宮室、車旗、衣服、禮儀亦如之。凡諸侯之適(嫡)子,誓於天子,攝其君,則下其君之禮一等;未誓,則以皮帛繼子男。公之孤四命,以皮帛視小國之君,其卿三命;其大夫再命,其士一命,其宮室、車旗、衣服、禮儀各視其命之數。侯伯之卿、大夫、士亦如之。子男之卿再命,其大夫一命,其士不命,其宮室、車旗、衣服、禮儀各視其命之數。」又見《禮記·王制》。

〔註5〕臧振《玉瓚考辨》認爲「瓚」並非如鄭玄所言是「以玉爲柄的金(或銅)勺」。「與『以羹澆飯』爲『饡』一樣,『瓚』即『以酒澆玉』。此章並不難解,可直譯爲:『那潔淨溫潤的玉器,灌以金黃鬱香的鬯酒獻給神靈。善良快樂的君子,得到神降的福祿。』在這裡,我們將『瓚』順其自然地譯爲澆灌的『灌』,立即明瞭:『瓚』本特指以鬯酒澆玉獻祭於神靈,此儀式即文獻中常見之『祼』祭儀式。」「《詩·大雅·江漢》:『釐爾圭瓚,秬鬯一卣,告于文人,錫山土田。』圭瓚與秬鬯是周王同時賜給召公的,讓他用於祭告祖先文王,感謝得到山川土田。若按圭瓚爲『勺』的說法,這圭自然不須獻祭,僅用於酌秬鬯向坎壇……凡賜秬鬯,一般來說同時也賜予圭瓚。」「如果說祼祭之玉是勺柄,『以玉禮神』是『用玉氣』,那麼,整個中國古玉文化都會變得難以解說。」(《考古與文物》2005年第1期)饡音 zàn。參見《小雅·天保》四章「吉蠲爲饎,是用孝享」注。

大雅・思齊

　　《毛序》：「《思齊》，文王所以聖也。」《孔疏》：「言文王所以得聖，由其賢母所生。文王自天性當聖，聖亦由母大賢，故歌詠其母。」由《詩經》而《周本紀》，及至賈誼《新書・保傅》、《胎教》、《烈女傳・母儀傳》、《大戴禮記・保傅》等系列，周室「祖考之美」獲得了全面的「文字」支持。

　　《周語中》「齊、許、申、呂由大姜」，韋昭注：「四國皆姜姓也，四嶽之後、大姜之家也。」「昔摯、疇之國也由大任」，注：「摯、疇二國任姓，奚仲仲虺之後、大任之家也。」「杞、繒由大姒」，注：「杞、繒二國姒姓，夏禹之後、大姒之家也。」韋昭想讓太王之妃、王季之母大姜，王季之妃、文王之母大任，文王之妃、武王之母大姒的出身血統同樣也能「高貴」起來，所以編造「四嶽之後」、〔註1〕「仲虺之後」、「夏禹之後」之說，仿傚的是史遷造「五帝本紀」的手法。

　　從《殷本紀》、《周本紀》、僞《泰誓中》經、傳以及《漢書》、《後漢書》中的歌贊之詞，到宋《元和姓纂》、《通志・氏族略》、《太平御覽》等中的相關說辭，包括朱熹等人關於「周室三母」之言說，皆源自《詩經》中的「史詩」。

　　殷商還有一個武丁妻婦好墓呢，有鼎、甗、盤、鉞等大量的出土文物為證。周人如果說大姜時沒有可能，大任時也不太具備條件，那麼至文王妻、武王的母親大姒時候呢？

　　然而至今還沒有發現任何關於「周室三母」之紀的實物──《大雅・緜》、《思齊》、《大明》等就是「周室三母」最直接的資料了。春秋末開始，儒家不惜「作言造語，妄稱文武」（《莊子・盜跖》），但他們犯了一個低級的錯誤

──忽略了於其配偶的「宣傳」（與孔子有關）。

　　好在活「文字」總是有的，還要看漢儒。他們提出了「后妃之德」（《詩大序》）說。只是在頌揚「文德之母」的過程中，有一個令儒家難堪的細節：周武王說他有十位能治亂之臣，孔子忙糾正：九個，另一個是「婦人」！〔註2〕

思齊大任，文王之母。

　　思：語助詞。齊：《毛傳》：「莊。」陸德明《釋文》：「齊……本作齋（zhāi）。齋，莊也。」意莊敬。宋玉《登徒子好色賦》有「宭春風兮發鮮榮，潔齋俟兮惠音聲」句。大任：一作「太任」，王季（季歷）妻，文王母。《廣雅·釋詁》：「太，大也。」參見《大明》二、三章注。

思媚周姜，京室之婦。

　　媚：《毛傳》：「愛也。」意可愛、美好、美麗。周姜：即大姜，一作「太姜」，古公亶父妃，王季母，文王祖母。參見《緜》二章「爰及姜女，聿來胥宇」注。京室：《毛傳》：「王室也。」又朱熹《集傳》：「京，周也。」參見《大明》二章「摯仲氏任，自彼殷商，來嫁于周，曰嬪于京」注。

大姒嗣徽音，則百斯男。

　　大姒：一作「太姒」，文王妻，武王母。朱熹《集傳》：「上有聖母，所以成之者遠。內有賢妃，所以助之者深也。」嗣：承續。陳奐《傳疏》：「言大姒能嗣大任之美音也。」徽：《鄭箋》：「美也。嗣大任之美音，謂續行其善教令。」徽音，即指美的品德和聲譽。百男：《毛傳》：「大姒十子，眾妾則宜百子也。」〔註3〕

惠于宗公，神罔時怨，神罔時恫。

　　惠：《鄭箋》：「順也。」宗公：《毛傳》：「宗神也。」即宗廟先公。罔：無。朱熹《集傳》：「鬼神歆之無怨恫者。」時：通「是」，代詞。恫：《毛傳》：「痛也。」意傷怨。《孔疏》：「神無有是怨恚文王者，神無有是痛傷文王者。」

刑于寡妻，至于兄弟，以御于家邦。

《毛傳》：「刑，法也。寡妻，適（嫡）妻也。御，迎也。」《鄭箋》：「寡妻，寡有之妻，言賢也。御，治也。文王以禮法接待其妻，至於宗族。以此又能爲政治於家邦也。《書》曰：『乃寡兄勖（xù）。』又曰：『越乃御事。』勖，勉力。〔註4〕兄弟：指宗族兄弟。朱鳳瀚《關於周民族的形成》：「這是說文王能尊奉、順從於祖廟中的先公先王，因而得到神的祐助，他能以身作則，成爲妻子與兄弟之榜樣，並以此之道治理其家邦……此二詩（按：指此詩和《皇矣》七章「帝謂文王，詢爾仇方，同爾兄弟」）中『兄弟』未必是指的兄弟個人，而是指同宗的小宗分支。這表明文王時期宗法制度已經形成，所以周人在克商以前所建立的國家與商王國類似，即皆是以王的同姓宗親爲主要支柱，以家族宗法制度爲政治之本。《禮記・大學》之所謂『家齊而後國治』，實是早期國家政治的共同特點，西周早期分封親戚以作蕃衛的統治方式，仍可以理解爲這種原始的政治觀念的發展。」（《商周家族形態研究》，p235）參見《常棣》一章「凡今之人，莫如兄弟」注。又朱熹《集傳》：「刑，儀法也。寡妻，猶言寡小君也。御，迎也。言文王順於先公，而鬼神歆之無怨恫者，其儀法內施於閨門而至于兄弟，以御于家邦也。」朱熹「兄弟」之解與鄭玄不同。

雝雝在宮，肅肅在廟。

《毛傳》：「雝雝，和也。肅肅，敬也。」《孔疏》：「文王之德行，雝雝然甚能和順，在於室家之宮；其容肅肅然能恭敬，在於先祖之廟。」朱熹《集傳》：「雝雝，和之至也。肅肅，敬之至也。」王國維《與友人論〈詩〉〈書〉中成語書》（二）：「宮、廟互文。非辟廱之謂也。」（《觀堂集林》卷二）

不顯亦臨，無射亦保。

《毛傳》：「以顯臨之，保安無厭也。」王引之《釋詞》：「《傳》云『以顯臨之』，則『不』爲語詞。」又于省吾《新證》「不，應讀丕，亦，猶惟也。……不顯惟臨，無射惟保，言神靈之丕顯，保之無厭也。」（p35）丕，大。臨，《鄭箋》：「視也。」王國維《與友人論〈詩〉〈書〉中成語書》（二）：「臨猶保也。《大明》云『上帝（帝）臨女』，《雲漢》云

『上帝不臨』，『上帝不臨』猶《書·多士》云『上帝不保』也。然則詩《思齊》蓋臨、保互文。」射（yì）：讀爲斁（yì），厭。朱熹《集傳》：「射與斁同，厭也。」

肆戎疾不殄，烈假不瑕。

肆：連詞，故。《毛傳》：「戎、大也。故今大疾害人者不絕之而自絕也。烈，業。假，大也。」《鄭箋》：「厲、假皆病也。瑕，已也。文王於辟廱，德如此，故大疾害人者，不絕之而自絕。爲厲假之行者，不已之而自已，言化之深也。」又馬瑞辰《通釋》：「『烈』即『癘』之叚借。『假』即『瘕（jiǎ）』之假借……蠱、假亦一聲之轉，《隸釋》載漢《唐公房碑》作『歷蠱不遐』……詩兩『不』字皆句中助詞，『肆戎疾不殄』即言戎疾殄也，『烈假不瑕』即言厲蠱之疾已也。《傳》云『不絕之而自絕』，《箋》云『不已之而自已』，失之迂矣。」又于省吾《新證》言《漢石經》「假」作罟；烈、厲古通。「罟、辜古通。《小明》『畏此罪罟』，《瞻卬》『罪罟不收』，《召旻》『天降罪罟』，罪罟即罪辜。《十月》作『無罪無辜』……是『厲辜』謂大罪。『厲辜』與『戎疾』爲對文，病之大者謂之『戎疾』，罪之大者謂之『厲辜』。肆戎疾不殄，烈假不瑕，應訓爲『故大疾殄絕，太罪遐遠』。」（p36。）〔註5〕又朱熹《集傳》：「疾，猶難也。大難，如羑里之囚，及昆夷，獫狁之屬也。殄，絕。烈，光。假，大。瑕，過也。此兩句與『不殄厥慍，不隕厥問』相表裏。……承上章言文王之德如此，故其大難雖不殄絕，而光大亦無玷缺。」

不聞亦式，不諫亦入。

《毛傳》：「言性與天合也。」朱熹《集傳》：「聞，前聞也。式，法也。……雖事之無所前聞者，而亦無不合於法度。雖無諫諍之者，而亦未嘗不入於善。《傳》所謂『性與天合』是也。」又王引之《釋詞》：「不，語詞。不聞，聞也。不諫，諫也。式，用也。入，納也。言聞善言則用之，進諫則納之。」

肆成人有德，小子有造。

朱熹《集傳》：「冠以上爲成人。小子，童子也。」周代貴族男子二十

歲行冠禮，即成人禮。《穀梁傳·文公十二年》：「男子二十而冠，冠而列丈夫。」句中「小子」當強調年少之意。德：參見《小雅·賓之初筵》四章「醉而不出，是謂伐德。飲酒孔嘉，維其令儀」注。造：《毛傳》：「爲也。」《鄭箋》：「子弟皆有所造成。」

古之人無斁，譽髦斯士。

《毛傳》：「古之人無厭於有名譽之俊士。」《鄭箋》：「古之人，謂聖王明君也。口無擇言，身無擇行，以身化其臣下，故令此士皆有名譽天下，成其俊乂之美也。」俊乂（yì），亦作俊艾，指才德出眾者。又朱熹《集傳》：「古之人，指文王也。……文王之德見於事者如此，故一時人材（才），皆得其所成就。」斁，厭。髦：指俊士。輔廣曰：「聖人之德，必見於作成一世之人才者，然後爲至。」（《欽定詩經傳說匯纂》）參見《文王》三章「濟濟多士，文王以寧」注。又于省吾《新證》以爲「譽」、「與」古通，「古之人無斁，與髦斯士，言古之人無所厭斁者，惟俊傑是與也。」與，許與。（p37）〔註6〕

〔註1〕「四嶽」，儒家利用人們對於自然的敬畏（《虞書·舜典》中的舜也是向五嶽而巡守），爲尋求帝王政治之理由的一個創設。將亙古而巨大的山嶽——自然的概念偷換到人，其用心何其良苦！

但「四嶽」究竟是指一個帝王的「先祖」，還是四個帝王的「先祖」，還是四方多個帝王的「先祖」，文獻語焉不詳。《堯典》「諮！四嶽」，僞孔傳：「四嶽，即上羲和之四子，分掌四嶽之諸侯，故稱焉。」「……湯湯洪水方割，蕩蕩懷山襄陵，浩浩滔天。下民其諮，有能俾乂（傳：「俾，使。乂，治也」）？（四嶽）僉曰：『於，鯀哉！』」，傳：「僉（qiān），皆也。」《五帝本紀》「皆曰鯀可」，《夏本紀》「群臣四嶽皆曰鯀可……」

《舜典》「月正元日，舜格於文祖，詢於四嶽，闢四門」，孔穎達疏：「告廟既訖，乃謀政治於四嶽之官。所謀開四方之門，大爲仕路致眾賢也。」「舜曰：『諮！四嶽……』僉曰：『伯禹作司空。』」傳：「四嶽同辭而對。」

僞古文《周書·周官》「唐虞稽古，建官惟百。內有百揆四嶽，外有州牧侯伯」，疏：「唐堯虞舜考行古道，立官惟數止一百也。『內有百揆四嶽』者，『百揆』，揆度百事，爲群官之首，立一人也；『四嶽』，內典四時之政，外主太嶽之

事，立四人也。『外有州牧侯伯』，牧，一州之長；侯伯，五國之長，各監其所部之國。」以上者言「四嶽」不是一個「先祖」。

《周語下》（太子晉諫靈王壅穀水）「共（工）之從孫四嶽佐之」，韋昭注：「四嶽，官名，主四嶽之祭，爲諸侯伯。」「祚四嶽國，命以侯伯」，注：「堯以四嶽佐禹有功，封之於呂，命爲侯伯，使長諸侯也。」「此一王四伯……」，注：「一王，謂禹。四伯，謂四嶽也，爲四嶽伯，故稱四伯。」意「四嶽」是一個「先祖」。但「一王四伯」之一、四，又實在像是兩個對言的數字。

又《齊太公世家》「太公望呂尚者……其先祖嘗爲四嶽」，《左傳·隱公十一年》「夫許，大嶽之胤也」，《莊公二十二年》「姜，大嶽之後也，山嶽則配天」，《襄公十四年》「謂我諸戎是四嶽之裔冑……」以及《山海經》所紀，等等。（參見童書業《四嶽考》）

無論是「一」，還是「四」，所有「四嶽」者要表明的一點是：帝王的先祖和先祖的先祖就是「王」，一方「天下」原本就是帝王的。在中國文化語境中，無有可能產生如古希臘奧林匹斯眾神者公平正義女神、智慧女神、美與愛之女神等，有的只是儒家捏造的一串串列入「世紀」、「世本」的帝王的「先祖」名單。

〔註2〕《泰伯》：「舜有臣五人而天下治。武王曰：『予有亂臣十人（何晏注：「馬曰：『……謂周公旦、召公奭、太公望、畢公、榮公、太顛、閎夭、散宜生、南宮适，其一人謂文母。』」）。』孔子曰：『……唐、虞之際，於斯爲盛。有婦人焉，九人而已（注：「孔曰：『唐者，堯號。虞者，舜號。……言堯、舜交會之間，比於周，周最盛，多賢才，然尚有一婦人，其餘九人而已。』」）。』」

孔子排斥和仇視「婦人」的心理不得而知，包括「大姒」在內，他似乎也不能接受。《孔子世家》「紇（hé）與顏氏女野合而生孔子，禱於尼丘得孔子」。「野合」不說，其時叔梁紇已是老年，所以在孔子出生不久後也就死掉了。孔子要懷恨的也應該是那個「其先宋人也」的糟老頭子，而不是含辛茹苦將他拉扯大的母親（稍大後的孔子也不曾正經地勞動過一天，「長九尺有六寸」的他曾經一天該要吃多少飯）。母親始終不願提及，甚至不告訴孔子叔梁紇具體的埋葬地點，她對自己的「丈夫」厭惡極了（但是小時候就「常陳俎豆，設禮容」的孔子在母親死後，還是到處打聽將其合葬在一起）。魯定公十四年（前496年），孔子「由大司寇行攝相事」，參預國政三個月，殺了少正卯不說，全魯國「男女行者別於塗（途）」；《論語·子罕》和《衛靈公》中他也曾兩次說到「吾未見好德如好色者也」的話。孔子將男性於女性的擔當、責任、關愛，統統理解爲「好

色」。

「亞聖」孟子，在《梁惠王下》中對齊宣王說：「昔者太王好色，愛厥妃。《詩》云：『古公亶父，來朝走馬。率西水滸，至于岐下。爰及姜女，聿來胥宇。』當是時也，內無怨女，外無曠夫。王如好色，與百姓同之，於王何有？」美太王，卻將《緜》中的古公亶父娶姜女而立家室也稱作「好色」；憤言「以順爲正者，妾婦之道也！」（《滕文公下》）同樣以「妾婦」爲言作貶損。

（西漢董仲舒炮製「三綱」之一的「夫爲妻綱」、「丈夫雖賤皆爲陽，婦人雖貴皆爲陰」之「理論」、「哲學」，以及後世以「女人」者蔑稱女性，皆與孔子最初「女子」「婦人」言論相關）

〔註 3〕《管蔡世家》：「武王同母兄弟十人。母曰太姒，文王正妃也。其長子曰伯邑考，次曰武王發，次曰管叔鮮，次曰周公旦，次曰蔡叔度，次曰曹叔振鐸，次曰成叔武，次曰霍叔處，次曰康叔封，次曰冉季載。冉季載最少。同母兄弟十人，唯發、旦賢，左右輔文王，故文王捨伯邑考而以發爲太子。及文王崩而發立，是爲武王。伯邑考既已前卒矣。」

又《僖公二十四年》杜預注：「周公傷夏、殷之叔世（按：叔世，猶末世，指衰亂時代），疏其親戚，以至滅亡，故廣封其兄弟。……十六國皆文王子也。」《昭公二十八年》孔穎達疏：「僖二十四年傳數『文之昭也』有十六國，此言武王兄弟之國十五人者，人異故說異耳，非武王封十五周公始加一也。」如是則武王兄弟不止十人。除史籍所列，其他爲大姒所生還是庶出，庶出何者，無考。從「詩歌」的意義上講，「百斯男」不過舉成數而言，意子孫眾多。

〔註 4〕文王雖曾爲殷商王朝在西部的「方伯」，勢力掌控範圍較大，但同姓宗族仍爲其重要的統治基礎。鄭玄「寡妻，寡有之妻，言賢也」之說是經學之比附牽強，而《毛傳》「適（嫡）妻」說是則正確的。

鄭玄所引前者見《康誥》。曾運乾《尙書正讀》：「寡兄，大兄也。伯邑考卒，武王爲大兄。大兄稱寡兄者，猶《詩・思齊》適妻稱寡妻，《顧命》大命稱寡命也。」管、蔡既伐，以殷遺民封康叔，周公發《康誥》誡其勤勉而爲，言及文王開創的基業能繼承下來，是武王努力的結果；後者《大誥》原文爲「王若曰：『猷！大誥爾多邦，越爾御事』」，猷，發語詞。越，與。語本爲周公的話——武王死，成王立，因其年幼而周公攝政。元年（約前 1063 年）管、蔡、武庚聯合東夷叛亂，周公出征前向諸侯邦君和眾大臣發《大誥》者誥詞。僞孔傳：「順大道以誥大卜眾國，及於御治事者盡及之。」孔穎達疏：「周公雖攝王政，其號令大事則假成王爲辭。

言王順大道而爲言曰，我今以大道誥汝天下眾國，及於眾治事之臣。」

〔註5〕于省吾對此句在《澤螺居詩經新證》卷上、中兩處所解不一。後者以爲癘、厲字通，厲、烈音近；《唐公房碑》作「癘蠱不遐」之「蠱」爲「巫蠱」，是原始宗教用巫師做法對付敵人的一種手段。「『肆戎疾不殄』與『歷蠱不遐』相對爲文。這是說，故大的疾病已殄絕，則小的疾病不生可知；猛厲的『蠱難』已遐遠，則輕的災禍不至可知。此詩係頌揚文王而追溯其祖母太姜、母太任和他的配偶太姒而作，小序以爲『文王所以聖也』。二章言『神罔時怨，神罔時恫』，三章言『肆戎疾不殄，厲蠱不遐』，意謂得於神祐，因而大疾殄絕，厲蠱遐遠，前後語義貫通。」（p100、p101）蠱音 gǔ。此句古奧晦澀，所解各異，當在把握整體詩旨的同時恰當理解。

〔註6〕《澤螺居詩經新證》卷中又言「譽」乃「與」的借字訓爲「以」，髦應讀爲「勉勵」之勉，髦、勉雙聲。「《思齊》一詩，先言大任之善事周姜，而大姒又能嗣續大任的徽音；後言文王之治家、齊國、祀神、納諫，事事皆勤勞無厭，故能使成人有德，小子有爲。下接以『古之人無厭，以勉斯士』，這是說，古之人勤勞從事而無厭斁，可用以勉勵斯士，即總結經驗，告誡後生之義。『古之人』指大任、大姒和文王言之；『斯士』指後進的成人和小子言之。『古之人無厭，以勉斯士』，與《燕燕》『先君之思，以勖寡人』，詞義相仿。」（p102、p103）《邶風‧燕燕》四章毛傳：「勖，勉也。」

大雅・皇矣

　　《毛序》：「《皇矣》，美周也。天監代殷莫若周，周世世修德莫若文王。」
朱熹《詩集傳》：「此詩敘太王、太伯、王季之德，以及文王伐密伐崇之事也。」

　　《詩》未涉太王長子泰伯和次子虞仲，孔子說「泰伯，其可謂至德也已
矣。三以天下讓，民無得而稱焉」（《泰伯》）。「讓」是因為太王和太任又生下
了「聖子文王昌」，《周本紀》的安排是：「長子太伯、虞仲知古公欲立季歷以
傳昌，乃二人亡如荊蠻，文身斷髮，以讓季歷。」

　　《吳太伯世家》「太伯之奔荊蠻，自號勾吳，荊蠻義之，從而歸之千餘
家，立為吳太伯。太伯卒，無子，弟仲雍（按：即虞仲）立……」《左傳・
僖公五年》借宮之奇之口又言：「大伯、虞仲，大王之昭也。大伯不從（杜
預注：「不從父命，俱讓適吳。仲雍支子別封西吳，虞公其後也。穆生昭，
昭生穆，以世次計。故大伯、虞仲於周為昭」），是以不嗣。虢仲、虢叔，王
季之穆也，為文王卿士，勳在王室，藏於盟府……」

　　這樣安排就無需惋惜，也不必覺得不公！關於季歷之「德」，史遷似乎沒
有采詩，〔註1〕只「古公卒，季歷立，是為公季。公季修古公遺道，篤於行義，
諸侯順之……」

　　但文王之「德」，就很有必要張揚了，他是周政權的早期領導人和奠基
者。周人和儒家覺得《周頌》、《大雅》所言顯然遠遠還不夠。於是有了《尚
書・周書》者《泰誓下》（偽）、《武成》（偽）、《大誥》、《康誥》、《酒誥》、《梓
材》、《召誥》、《洛誥》、《無逸》、《君奭》、《蔡仲之命》（偽）、《立政》、《顧
命》、《康王之誥》、《畢命》（偽）、《君牙》（偽）、《冏（jiǒng）命》（偽）、《文
侯之命》等，《逸周書》者《大匡解》、《程典解》、《酆保解》、《大開解》、《小

開解》、《文敬解》、《文傳解》等，《孟子》者《梁惠王下》、《離婁上》等，《易經》者《繫辭下》（第十一章）等，《禮記》者《文王世子》等，《帝王世紀》，《呂氏春秋》者《制樂》、《異用》等，《戰國策》者《秦策》、《魏策》等，《史記》者《周本紀》、《齊太公世家》等，《左傳》者襄公四年、三十一年……以至於《六韜》之類《文伐》者，也在力挺文王之「德」。

與「周公」相比，「文王」在文獻中的政治符號化傾向更甚。如果《詩》與《周本紀》所紀戰爭為史實，那麼據其武力征服「歌功」尚可，「頌德」就是儒家的一種政治弄作了。

「文王」其實是不能稱作「王」的，他只是作為商王朝在西部的諸侯之長「方伯」；其「以服事殷」所率領的也並不是「王師」。他賄賂「紂」王取得「專征」權後，凌駕於朝廷之上（「獻洛西之地」表明已形成割據政權），以強凌弱並殘酷地殺伐密須、耆（黎）、邘、崇等無辜之國。「三分天下有其二」（《泰伯》）是他稱霸一方「另立中央」的結果，﹝註2﹞孔子卻言其有「至德」；《詩大序》「文王之化」，朱熹《詩經傳序》「化自北而南也……」

儒家苦心孤詣對「文王」偉大形象之塑造，雖則解決了周王世系「根正苗紅」的問題，但遺憾的是，無論春秋戰國諸王還是秦漢中央集權後的歷世皇帝，他們於「文王」的「榜樣性」毫無興趣，倒是離經畔道對蓄謀、反叛、暴力推翻王朝政權無師自通。

皇矣上帝，臨下有赫。

　　皇：《毛傳》：「大。」陳奐《傳疏》：「皇，美大之稱。」臨：《鄭箋》：「視也。……天之視天下，赫然甚明。」《孔疏》：「此在上之天，能照臨於下，無幽不燭，有赫然而善惡分明也。」《周頌‧我將》有「畏天之威，于時保之」句。

監觀四方，求民之莫。

　　莫：《毛傳》：「定也。」﹝註3﹞

維此二國，其政不獲。

　　維：助語氣。二國：《毛傳》：「殷、夏也。」不獲：朱熹《集傳》：「謂其失道也。」于省吾《新證》謂獲（獲）當為「矱（yuē）」，指規矩，法度。（p90）參見《小雅‧楚茨》三章「獻酬交錯，禮儀卒度，笑語卒獲」注。

維彼四國，爰究爰度。

　　四國：《毛傳》：「四方也。」即四方之國。爰：於是。是，代詞。究、
　　度：朱熹《集傳》：「究，尋。度，謀也。」

上帝耆之，憎其式廓。

　　《毛傳》：「耆，惡也。廓，大也。憎其用大位，行大政。」意「式」，
　　用。一說式，助詞。《鄭箋》：「憎其所用爲惡者浸大也。」浸大，漸盛。
　　又朱熹《集傳》：「(或曰) 耆，致也。憎，當作增。式廓，猶言規模也。
　　苟上帝之所欲致者，則增大其疆境之規模也。」又林義光《通解》：「耆
　　讀爲恉 (zhǐ)。……恉之言指，謂意之所向也。言上帝究度四國之後，
　　意向於周，以爲可作民主。」

乃眷西顧，此維與宅。

　　朱熹《集傳》：「此，謂岐周之地也。……於是乃眷然顧視西土，以此岐
　　周之地，與大王爲居宅也。」維：爲。與，予。

作之屏之，其菑其翳。

　　《毛傳》：「木立死曰菑，自斃爲翳。」斃，即指樹木倒地者。翳 (yì)：
　　同「殪 (yì)」，樹木枯死，倒伏於地。朱熹《集傳》：「作，拔起也。屏，
　　去之也。」

修之平之，其灌其栵。

　　《毛傳》：「灌，叢生也。」栵 (liè)：小木叢生者。又朱熹《集傳》：「栵，
　　行 (háng) 生者也。」

啟之辟之，其檉其椐。

　　檉 (chēng)：《毛傳》：「河柳也。」椐 (jū)：一種多結節的小樹。

攘之剔之，其檿其柘。

　　攘：除去。檿：朱熹《集傳》：「山桑也。與柘皆美才，可爲弓幹，又可
　　蠶也。」按：《考工記・弓人》：「凡取幹之道七，柘爲上，檍次之，檿桑
　　次之。」柘 (zhè)：一種落葉灌木或小喬木，材質堅密，葉可蠶。

帝遷明德，串夷載路。

　　遷：《毛傳》：「徙就文王之德也。」陳啟源《稽古編》：「帝遷明德，言
　　天去殷即周，徙就文王之路。」一說遷，升遷。俞樾《平議》：「言帝

因文王之明德而登進之也。」德：參見《小雅・賓之初筵》四章「醉而不出，是謂伐德。飲酒孔嘉，維其令儀」注。四、七章「德」同。串夷：《鄭箋》：「串夷即混夷，西戎國名也。」參見《小雅・采薇》一章「靡室靡家，玁狁之故」注。載路：朱熹《集傳》：「（或曰）謂滿路而去。所謂混夷駾矣者也。」駾，奔突逃竄。參見《緜》八章「混夷駾矣，維其喙矣」注。

天立厥配，受命既固。

厥：其。配：馬瑞辰《通釋》：「謂立君以配天也。古以受天命爲天子，爲配天。」參見《大明》一章「天位殷適，使不挾四方」注。

帝省其山，柞棫斯拔，松柏斯兌。

省：視察。山：指岐山。棫：一種有刺的叢生灌木。斯：助詞。拔：翦除。兌：《毛傳》：「易直也。」朱熹《集傳》：「此亦言其山林之間，道路通也。」「松柏斯兌」即道路通於松柏之間。參見《緜》八章「柞棫拔矣，行道兌矣」注。

帝作邦作對，自大伯王季。

作：《鄭箋》：「爲也。天爲邦，謂興周國也。」對：《毛傳》：「配也。」《鄭箋》：「作配，謂爲生明君也。是乃自大伯、王季時則然矣。大伯讓於王季而文王起。」言周於克商之前已然建國。大，讀如太。太伯、王季分別爲太王（古公亶父）之長子、少子。《周本紀》：「古公有長子曰太伯，次曰虞仲。太姜生少子季歷，季歷娶太任，皆賢婦人，生昌，有聖瑞。古公曰：『我世當有興者，其在昌乎？』長子太伯、虞仲知古公欲立季歷以傳昌，乃二人亡如荊蠻，文身斷髮，以讓季歷。」周文王名昌。

維此王季，因心則友。則友其兄，則篤其慶，載錫之光。

維：助語氣。因心：朱熹《集傳》：「非勉強也。」則：而。友：《鄭箋》：「善兄弟曰友。」兄：朱熹《集傳》：「謂大（太）伯也。」按：兄或仍指宗族之兄。參見《常棣》一章「凡今之人，莫如兄弟」注。篤：《鄭箋》：「厚。」慶：福。載：乃。錫：賜。光：光榮。又《毛傳》：「因，親也。善兄弟曰友。慶，善。光，大也。」《鄭箋》：「篤，厚。載，始

也。王季之心，親親而又善於宗族，又尤善於兄大伯，乃厚明其功美，始使之顯著也。大伯以讓爲功美，王季乃能厚明之，使傳世稱之，亦其德也。」

受祿無喪，奄有四方。

朱熹《集傳》「其德如是，故能受天祿而不失，至於文王而奄有四方也。」奄，覆，全部。《鄭箋》：「世世受福祿，至於覆有天下。」

維此王季，帝度其心。

朱熹《集傳》：「度，能度物制義也。」使其心有節度。

貊其德音，其德克明。

貊：《韓詩》及《左傳‧昭公二十八年》、《禮記‧樂記》引作「莫」。貊音見《小雅‧賓之初筵》讀注。于省吾《新證》：「懋、莫、勉古同聲。……『莫其德音』者，勉其德音也。」（p19）「茂、貊、勉三字雙聲，故通用……『貊其德音』，係上帝獎勸文王之詞……欲其保有『令聞』，故以『德音』勸勉之。」（p134）懋、茂古今字。又《毛傳》：「貊，靜也。」朱熹《集傳》：「謂其莫然清靜也。」德音：指好的教令、聲名。參見《小雅‧鹿鳴》二章「我有嘉賓，德音孔昭」、《南山有臺》四章「樂只君子，德音是茂」注。克：能。

克明克類，克長克君。

類：善。長、君：與下句「王」皆用爲動詞。朱熹《集傳》：「克長，教誨不倦也。克君，賞慶刑威也。言其賞不僭，故人以爲慶。刑不濫，故人以爲威也。」僭，過。《商頌‧殷武》有「不僭不濫，不敢怠遑」句。

王此大邦，克順克比。

《鄭箋》：「王，君也。」用爲動詞。《孔疏》：「爲君王於此周之大邦。」《毛傳》：「慈和徧（遍）服曰順，擇善而從曰比。」朱熹《集傳》：「比，上下相親也。」

比于文王，其德靡悔。

《鄭箋》：「王季之德，比於文王，無有所悔也。必比於文王者，德以聖人爲匹。」又朱熹《集傳》：「比於，至於也。悔，遺恨也。……至於文王，而其德尤無遺恨，是以既受上帝之福，而延及於子孫也。」又《毛

傳》:「經緯天地曰文。」

既受帝祉，施于孫子。

祉:《鄭箋》:「福也。」施(yì):延。〔註4〕

帝謂文王，無然畔援，無然歆羨，誕先登于岸。

《毛傳》:「無是畔道，無是援取，無是貪羨。岸，高位也。」無，勿。畔，通「叛」。《鄭箋》:「畔援，猶拔扈也。」拔扈即「跋扈」。陸德明《釋文》引《韓詩》:「畔援，武強也。」朱熹《集傳》:「歆，欲之動也。羨，愛慕也，言肆情以徇物也。」《漢書·賈誼傳》有「貪夫徇財」句。徇，曲從。誕:語助詞。又《鄭箋》:「誕，大。」

密人不恭，敢距大邦，侵阮徂共。

密:即密須國，姞(佶)姓，在今甘肅靈臺縣西南。周滅商後改封姬姓(後遷今河南新密一帶)。阮:商諸侯國，在今甘肅涇川一帶，後為周文王所滅。共:商諸侯國，在今甘肅涇川縣北。又朱熹《集傳》:「共，阮國之地名，今涇州之共池是也。」徂:往，至。《毛傳》:「國有密須氏，侵阮遂往侵共。」〔註5〕參見《緜》四章「自西徂東，周爰執事」注。

王赫斯怒，爰整其旅，以按徂旅。

赫怒:盛怒貌。斯:王引之《釋詞》:「猶然也。」爰:於是。其旅:指周之師旅。按:《毛傳》:「止也。」《孟子·梁惠王下》引詩作「遏」。徂旅:指密師之往共者。《今本竹書紀年》帝辛三十二年:「密人侵阮，西伯帥師伐密。」《禮記·文王世子》孔穎達疏引《書傳》:「文王受命一年，質虞芮之訟，二年伐鬼方，三年伐密須，四年伐犬夷，五年伐耆，六年伐崇，七年而崩。」並見《周本紀》。參見《周語上》「密康公母論小丑備物終必亡」、《帝王世紀》「密須之人自搏(縛)其君而歸文王」。

以篤于周祜，以對于天下。

篤:厚。祜:福。參見《小雅·信南山》四章「曾孫壽考，受天之祜」注。對:《鄭箋》:「答也。」朱熹《集傳》:「以厚周家之福，而答天下之心。」又《毛傳》:「對，遂也。」陳奐《傳疏》:「對為遂，遂又為

安。《孟子》云：『文王一怒而安天下之民』，即其義也。」句自《梁惠王下》。

依其在京，侵自阮疆，陟我高岡。

依：王引之《述聞》：「兵盛貌。依其者，形容之辭，言文王之眾，依然其在京地。依之言殷也。馬融注《豫卦》曰：『殷，盛也。』《小雅‧出車篇》『楊柳依依』，薛君《韓詩章句》曰：『依依，盛貌。』《車舝篇》『依依平林』，《毛傳》曰：『依，茂木貌。』木盛謂之依，猶兵盛謂之依也。」按：「楊柳依依」爲《出車》前一篇《采薇》句，王誤。京：《毛傳》：「大阜也。」又《鄭箋》：「京，周地名。」又朱熹《集傳》：「京，周京也。」侵：攻伐。朱熹《集傳》：「言文王安然在周之京，而所整之兵，既過密人，遂從阮疆而出以侵密。」又戴震《考證》：「疑侵當作『寢兵』之寢，息兵也。字形相似，又因上文侵阮而遂致訛。」指戰事結束。以戴震說「陟我高岡」當句讀於「無矢我陵」前。陟：《鄭箋》：「登也。」

無矢我陵，我陵我阿。無飲我泉，我泉我池。

矢：《毛傳》：「陳也。」朱熹《集傳》：「人無敢陳兵於陵。」陵：大的土山。與「依其在京，侵自阮疆，陟我高岡」並參見《小雅‧天保》三章「如山如阜，如岡如陵」注。阿：大陵。朱熹《集傳》：「所陟之岡，即爲我岡，而人無敢陳兵於陵、飲水於泉以拒我也。」參見《小雅‧菁菁者莪》〔註4〕。

度其鮮原，居岐之陽，在渭之將。

《鄭箋》：「度，謀。鮮，善也。……乃始謀居善原廣平之地，亦在岐山之南，居渭水之側。」陽：山南水北謂之陽。將：《毛傳》：「側也。」朱熹《集傳》：「於是相其高原而徙都焉。」

萬邦之方，下民之王。

《鄭箋》：「方，猶鄉（向）也。爲萬國之所鄉，作下民之君。」

帝謂文王，予懷明德。

朱熹《集傳》：「予，設爲上帝之自稱也。懷，眷念也。明德，文王之明

德也。」又《毛傳》：「懷，歸也。」

不大聲以色，不長夏以革。

色，指屬色。《毛傳》：「不大聲見於色。」長（zhǎng）、革：《毛傳》：「革，更也。不以長大有所更。」長，依仗。胡承珙《後箋》：「長大者，似是雄長擴大之謂。言文王雖三分有二，然不恃此以紛更由己。皆所以起下文伐崇之舉乃順天行誅，而非有陵暴紛更之意。」夏：《鄭箋》：「諸夏也。天之言云：我歸人君有光明之德，而不虛廣言語，以外作容貌，不長諸夏以變更王法者。」一說夏、革，指撲責之具。馬瑞辰《通釋》引「汪氏德鉞」曰：「夏謂夏楚，撲作教刑也；革謂鞭革，鞭作官刑也。」《禮記·學記》「夏、楚二物，收其威也」，鄭玄注：「夏，榎（tāo）也；楚，荊也。二者所以撲撻犯禮者。」榎，木名，即山楸。

不識不知，順帝之則。

《鄭箋》：「其爲人不識古，不知今，順天之法而行之者。此言天之道，尚誠實，貴性自然。」《左傳·僖公九年》引《詩》楊柏峻注：「此言不假後天知識，而自法合乎天帝之準則。」

帝謂文王，詢爾仇方，同爾兄弟。

詢：《鄭箋》：「謀也。」仇：《毛傳》：「匹也。」仇方：《鄭箋》：「謂旁國。諸侯爲暴亂大惡者，女當謀征討之，以和協女兄弟之國，率與之往。親親則多志齊心一也。」兄弟之國，即指同姓國。參見《小雅·沔水》一章「嗟我兄弟，邦人諸友」注。又戴震《考證》：「仇方，大國也。兄弟，眾與國也。以崇強暴不易伐，故詢之大國與匹己者，而連合眾與國然後興師。」〔註6〕同：會集。《豳風·七月》有「二之日其同，載纘武功」句。

以爾鉤援，與爾臨衝，以伐崇墉。

鉤援：《毛傳》：「鉤梯也，所以鉤引上城者。」臨、衝：《毛傳》：「臨，臨車也。衝，衝車也。」《孔疏》：「臨者，在上臨下之名。衝者，從旁衝突之稱。」按：衝車用以衝擊敵陣和城門。類《左傳·襄公十一年》所紀鄭國向晉侯賄賂的「廣車」。崇：諸侯國名，商之與國，末代國君爲崇侯虎。《周本紀》張守節正義：「皇甫謐云夏鯀封（按：即鯀之封地）。虞、夏、商、周皆有崇國，崇國蓋在豐鎬之間。詩云『既伐于崇，作邑于豐』，是國之地也。《集解》徐廣曰：『豐在京兆鄠（hù）縣東，

有靈臺。鎬在上林昆明北，有鎬池，去豐二十五里。皆在長安南數十里。』《括地志》云：『周豐宮，周文王宮也，在雍州鄠縣東三十五里。鎬在雍州西南三十二里。』」鄠縣故治在今西安戶縣北。《鄭箋》：「當此之時，崇侯虎倡紂爲無道，罪尤大也。」《左傳·僖公十九年》：「文王聞崇德亂而伐之，軍三旬而不降。退修教而復伐之，因壘而降。」並見《殷本紀》。墉（yōng）：城牆。

臨衝閑閑，崇墉言言。

閑閑：王引之《述聞》：「閑閑、茀茀，亦皆謂車之強盛。」言言：《毛傳》：「高大也。」又《鄭箋》：「言言，猶孽孽，將壞貌。」

執訊連連，攸馘安安。

執：執拿。訊：指被抓獲而要訊問的俘虜。參見《小雅·出車》六章「執訊獲醜，薄言還歸」注。連連：朱熹《集傳》：「屬續狀。」攸：《毛傳》：「所也。」現於動詞前，形成名詞性詞組。馘（guó）：《毛傳》：「獲也。不服者，殺而獻其左耳曰馘。」〔註7〕安安：朱熹《集傳》：「不輕暴也。」

是類是禡，是致是附，四方以無侮。

是：於是，乃。類、禡：《毛傳》：「於內曰類，於野曰禡。」指出師之祭祀。朱熹《集傳》：「類，將出師祭上帝也。禡，至所征之地而祭始造軍法者，謂黃帝及蚩尤也。」〔註8〕致、附：朱熹《集傳》：「致，致其至也。附，使之來附也。」侮：怠慢不敬。朱熹《集傳》：「言文王伐崇之初，緩攻徐戰，告祀群神，以致附來者，而四方無不畏服。及終不服，則縱兵以滅之，而四方無不順從也。夫始攻之緩、戰之徐也，非力不足也，非示之弱也，將以致附而全之也。及其終不下而肆之也，則天誅不可以留，而罪人不可以不得故也。此所謂文王之師也。」

臨衝茀茀，崇墉仡仡。

茀茀：《毛傳》：「強盛也。」茀音見《小雅·采芑》一章「路車有奭，簟茀魚服，鉤膺鞗革」注。仡仡（yì）：高貌。

是伐是肆，是絕是忽，四方以無拂。

肆：《毛傳》：「疾也。」朱熹《集傳》：「肆，縱兵也。」參見《大明》

八章「涼彼武王，肆伐大商，會朝清明」注。又于省吾《新證》：「《夏小正》『七月狸子肇肆』傳：『或曰：肆，殺也。』『是伐是肆』，即是伐是殺。古人『殺伐』亦連用。」（p38）忽：《毛傳》：「滅也。」拂：陸德明《釋文》引王肅：「拂，違也。」

〔註1〕瀧川資言《史記會注考證》「《周紀》穆王以前，多採《詩》、《書》、《逸周書》；穆王以後，多採《國語》、《左傳》；威烈王以後，多採《戰國策》」，似不盡然。起碼採《左傳》未必，採《左傳》所採資料或可。

〔註2〕《今本竹書紀年》帝辛三十年「春三月，西伯率諸侯入貢」、三十一年「西伯治兵於畢，得呂尚以為師」，《齊太公世家》「西伯獵，果遇太公（望）於渭之陽，與語大說（悅）……載與俱歸，立為師……」不知商王朝和帝辛是否已感覺到到政權之下湧動的暗流，是否已嗅出了「革命」之氣息？自己策命的「西伯」已背著朝廷穿梭往來，「載與俱歸」的氣氛異常詭異。參見《旱麓》〔註1〕、《大明》〔註3〕、《小雅‧采薇》〔註1〕。

〔註3〕《假樂》一章「假樂君子，顯顯令德。宜民宜人，受祿于天……」《雅》詩於此旨意的表達方法和效果皆不及《周書》，但過渡的標榜正好反映了某種複雜而焦慮的心理：

《康誥》「天畏棐忱，民情大可見……往盡乃心，無康好逸豫，乃其乂（按：治理、安定）民」，「汝亦罔不克敬典，乃由裕民」，「顧乃德，遠乃猷（謀），裕乃以民寧」，《酒誥》「在昔殷先哲王，迪（助詞）畏天，顯小民，經德秉哲」，「人無於水監，當於民監」，《梓材》「王惟德用，和懌先後迷民，用懌先王受命」，偽孔傳：「今王惟用德，和悅先後天下迷愚之民。先後謂教訓，所以悅先王受命之義。」《無逸》「文王卑服，即康功田功……」，傳：「文王節儉，卑其衣服，以就其安人之功，以就田功，以知稼穡之艱難。以美道和民，故民懷之。以美政恭民，故民安之。又加惠鮮乏鰥寡之人。從朝至日昳（音 dié，太陽偏西）不暇食……」

〔註4〕《左傳‧昭公二十八年》引本章釋：「心能制義曰度，德正應和曰莫，照臨四方曰明，勤施無私曰類，教誨不倦曰長，賞慶刑威曰君，慈和遍服曰順，擇善而從之曰比，經緯天地曰文。九德不愆，作事無悔，故襲天祿，子孫賴之。主之舉也，近文德矣，所及其遠哉！」漢人之說。

〔註5〕西周時共伯的封國也稱共國，在今河南輝縣市一帶。與詩中的「侵

阮徂共」之商代「共國」有別。

〔註6〕商末宗族社會之形態可能與西周不盡相同，但文王作為西方諸侯之長，其「兄弟之國」和「眾與國」仍可能以同族者為主。參見《常棣》一章「凡今之人，莫如兄弟」注。並見《思齊》二章「刑于寡妻，至于兄弟，以御于家邦」注引朱鳳瀚說、《小雅‧常棣》一章「凡今之人，莫如兄弟」注引田昌五、臧振、斯維至關於「宗族」、「宗族社會」說。

〔註7〕《王制》「出征執有罪，反（返），釋奠於學，以訊馘告」，鄭玄注：「訊馘，所生獲斷耳者。《詩》曰：『執訊獲醜』。又曰：『在頖獻馘』。」（「在頖獻馘」句自《魯頌‧泮水》，頖通泮）孔穎達疏：「謂出師征伐，執此有罪之人，還反而歸，釋菜奠幣在於學，以可言問之訊，截左耳之馘，告先聖先師也。……訊是生者，馘是死而截耳者。」釋菜，用蘋藻之屬祭祀先聖先師。幣，指祭祀之幣帛。學，指「太學」。

〔註8〕《春官‧大祝》「大師宜於社，造於祖，設軍社，類上帝，國將有事於四望，及軍歸獻於社，則前祝。大會同造於廟，宜於社，過大山川，則用事焉；反行捨奠」，賈公彥疏：「言大師者，王出六軍，親行征伐，故曰大師。云『宜於社』者，軍將出，宜祭於社……云『造於祖』者，出必造，即七廟俱祭……云『設軍社』者，此則據社在軍中，故云設軍社。云『類上帝』者，非常而祭曰類，軍將出，類祭上帝，告天將行。云『國將有事於四望』者，謂軍行所過山川，造祭乃過。『及軍歸，獻於社』者，謂征伐有功，得囚俘而歸，獻捷於社。」《王制》鄭玄注：「禡，師祭也，為兵禱。」參見《小雅‧皇皇者華》〔註2〕。

大雅・靈臺

　　孟子做起文章來，常有不錯的關於「王」與「民」之關係的設想（當然不及從前的墨子），《梁惠王上》「文王以民力爲臺爲沼，而民歡樂之，謂其臺曰靈臺，謂其沼曰靈沼，樂其有麋鹿魚鱉。古之人與民偕樂，故能樂也」；他也曾寄希望於「民」之傑出者：「待文王而後興者，凡民也；若夫豪傑之士，雖無文王猶興。」（《盡心上》）

　　漢儒不同。《毛序》：「《靈臺》，民始附也。文王受命，而民樂其有靈德以及鳥獸昆蟲焉。」如何來附，周人心下自明，漢人也極清楚其原委。然而不但鄭玄，趙岐也將「經始勿亟，庶民子來」注爲：「言文王不督促使之。眾民自來赴，若子來爲父使之也。」（《孟子注疏》）

　　「周文王作靈臺及爲池沼，掘地得死人之骨，吏以聞於文王。文王曰：『更葬之。』吏曰：『此無主矣。』文王曰：『有天下者，天下之主也；有一國者，一國之主也。寡人固其主，又安求主？』遂令吏以衣棺更葬之。天下聞之，皆曰：『文王賢矣，澤及枯骨，又況於人乎？』或得寶以危國，文王得朽骨，以喻其意，而天下歸心焉。」這是劉向《新序・雜事》中的一段，自《呂氏春秋・異用》改編而來。此類故事無數，但「天下」人都知道「天下歸心」是假，背叛朝廷和武力征服是眞，一切都是「革命」的結果。

　　「凡邑，有宗廟先君之主曰都，無曰邑。邑曰築，都曰城」（《左傳・莊公二十八年》）。以「文王受命，有此武功，既伐于崇，作邑于豐」（《文王有聲》），築「靈臺」便顯得十分必要——象徵國家政權之「宗廟」未建之前，倉促中簡單的「靈臺」可以權且替代之。〔註1〕

　　周人是否可曾一睹殷商宗廟之規模形態不得而知，〔註2〕但當初這「不日

成之」的「靈臺」卻是一種宣示，一種堅苦卓絕意志的體現。他們篳路藍縷於岐下周原的時候，未曾想到有一天會有如此規模之「靈臺」！

經始靈臺，經之營之。

經：《毛傳》：「度之也。」意度量、籌劃。靈臺：《毛傳》：「神之精明者稱靈，四方而高曰臺。」又朱熹《集傳》：「謂之靈者，言其倏然而成，如神靈之所爲也。」靈臺故址傳在今陝西西安市西北。〔註3〕

庶民攻之，不日成之。

庶民：見《小雅・節南山》四章「弗躬弗親，庶民弗信」注。《地官・小司徒》「凡國之大事，致民」，鄭玄引鄭司農云：「國有大事，當征召會聚百姓。」祭祀與軍事皆爲國之大事，「靈臺」有祭祀之用，故召「庶民攻之」。攻：《毛傳》：「作也。」《鄭箋》：「文王應天命，度始靈臺之基趾，營表其位。眾民則築作，不設期而成之。」

經始勿亟，庶民子來。

《鄭箋》：「亟，急也。度始靈臺之基趾，非有急成之意。眾民各以子成父事而來攻之。」

王在靈囿，麀鹿攸伏。

囿（yòu）：《毛傳》：「所以域養禽獸也。天子百里，諸侯四十里。」囿即漢代之「苑」。麀鹿（yōu）：《毛傳》：「牝也。」指母鹿。攸：所。現於動詞前形成名詞性詞組。伏：朱熹《集傳》：「言安其所處，不驚擾也。」

麀鹿濯濯，白鳥翯翯。

《毛傳》：「濯濯，娛遊也。翯翯（hè），肥澤也。」《鄭箋》：「鳥獸肥盛喜樂，言得其所。」又朱熹《集傳》：「濯濯，肥澤貌。翯翯，潔白貌。」

王在靈沼，於牣魚躍。

於：歎詞。下同。牣（rèn）：《毛傳》：「滿也。」朱熹《集傳》：「魚滿

而躍，言多而得其所也。」

虡業維樅，賁鼓維鏞。

虡（jù）：《毛傳》：「植者曰虡，橫者曰栒（sǔn）。」《孔疏》：「懸鍾磬者，兩端有植木，其上有橫木，謂直立者爲虡，謂橫牽者爲栒，栒上加之大板爲之飾。」沈約《梁雅樂歌・禋雅》有「雲箛清引，栒虡高懸」句。箛（gū），即笯。業：《毛傳》：「大板也。」朱熹《集傳》：「栒上大板，刻之捷業如鋸齒者也。」捷業，參差貌。維：與。樅（cōng）：《毛傳》：「崇牙也。」朱熹《集傳》：「業上懸鍾磬處以彩色爲崇牙，其狀樅樅然者也。」崇牙，木架上端所刻呈鋸齒者，即「樅牙」。賁、鏞：《毛傳》：「賁，大鼓也。鏞，大鐘也。」賁鼓即「鼖鼓」。《考工記・韗人》「鼓長八尺，鼓四尺，中圍加三之一，謂之鼖鼓」，鄭玄注：「中圍加三之一者，加於面之圍以三分之一也。面四尺，其圍十二尺，加以三分一，四尺，則中圍十六尺，徑五尺三寸三分寸之一也。」「鼓四尺」即鼓面直徑四尺。「中圍」即鼓側中央隆起來的部分。參見《小雅・鼓鍾》三章「鼓鍾伐鼛，淮有三洲，憂心且妯」注、《緒言》〔註23〕。

於論鼓鍾，於樂辟廱。

論：《鄭箋》：「論之言倫也。」意次序。辟廱：《毛傳》：「水旋丘如壁，曰辟廱。」蔡邕《明堂月令論》：「其四面周水，圜（圓）如壁。」朱熹《集傳》：「辟、璧通。廱，澤也。辟廱，天子之學，大射行禮之處也。」〔註4〕

於論鼓鍾，於樂辟廱。鼉鼓逢逢，矇瞍奏公。

鼉：《陸疏》：「鼉似蜥蜴，四足，長丈餘，生卵大如鵝卵，甲如鎧甲，今合藥鼉魚甲是也。其皮堅厚，可以冒鼓。」即揚子鰐。鼉音見《緒言》〔註23〕。逢逢：鼓聲。矇瞍（méng sǒu）：《毛傳》：「有眸子而無見曰矇，無眸子曰瞍。」指盲樂師。公：又《毛傳》：「公，事也。」朱熹《集傳》：「聞鼉鼓之聲，而知矇瞍方奏其事也。」馬瑞辰《通釋》：「公、工、功，古同聲通用。……奏公，亦謂奏厥成功，此王者所謂功成作樂也。」

〔註1〕朱熹言「國之有臺，所以望氛祲（jìn，陰陽相侵之氣）、察災祥、時觀遊、節勞佚也（《詩集傳》），是據漢唐、兩宋者所言。政權早期的周人於政治意義之外的山川風物興致有限，他們無心去「時觀遊、節勞佚」。

〔註2〕後來的周廟之制並不是周人的發明，而是依分封和宗法政治的需要，自殷商宗廟制改造而來，孔子所謂「周因於殷禮所損益」（《為政》）。參見王國維《殷周制度論》、《禮記·王制》、《祭法》、《穀梁傳·僖公十五年》。

〔註3〕臧振《西周豐鎬成周說》（註）：「為何作豐邑先築靈臺？實地考察就很清楚：灃水由秦嶺灃峪口衝出，隨時威脅豐邑；靈臺在豐邑東南、灃河西岸，起到阻擋洪水保護豐邑的作用。」但文王時代距今已三千多年，不排除其間有過大的地理改變。

〔註4〕朱熹因襲漢儒之說。清人戴震於《毛鄭詩考證》中引《梁惠王下》趙岐注「宮中有苑囿臺池之飾，禽獸之饒，王自多有此樂」批駁漢儒之說，「此詩靈臺、靈沼、靈囿與辟雝連稱，抑亦文王之離宮乎？閒燕則遊止肆樂於此，不必以為太學。」離宮即國都之外者。

大雅・下武

《毛序》：「《下武》，繼文也。武王有聖德，復受天命，能昭先人之功焉。」
《鄭箋》：「繼文者，繼文王之王業而成之。」漢儒如是說，[註1] 宋時又有
了新見解。戴溪（《續呂氏家塾讀詩記》）、嚴粲（《詩緝》）以為「下武」即
以武為下而尚文德，「人知武王以武定天下，而不知武王之心上文而不上武，
用武非其得已也。此詩為繼文而作首章，欲發明武王之心也……」

類似的說法，直至五百多年後鴉片戰爭之前的清代還有人附和，如翁方
綱（《詩附記》）、桂馥（《札樸》）等。[註2] 這些人多是「四書五經」爛熟於
心的進士出身者，或為官（戴溪官曾做得很大），或為學（自然是「官學」），
是拿著國家俸祿的「人才」。以西漢景帝前後漢人說《詩》起，至晚清，時間
超過了兩千年。說《詩》者在內心十分清楚的情況下，竟前赴後繼完整地接
續了西周政權開創者的「聖德」、「文德」之說──

《詩》已成為了附庸於政權的意識形態之「經」。被「挾持」的皇帝內心
其實是清楚的。廟堂之上，閒時他也遠遠地在看著，看著一群被供養起來的
「儒者」，究竟怎麼表現，怎麼說？

《下武》者也當史臣之筆。[註3] 此類登峰造極的「頌歌」，也的確有可
能曾激發過儒家「禮樂」之政治熱望。但作詩時的西周，早說也已到了厲王
時，已屬朝中之「記憶」。

下武維周，世有哲王。

《毛傳》：「武，繼也。」《鄭箋》：「下，猶後也。哲，知也。後人能繼
先祖者，維有周家最大，世世益有明知之王，謂大王、王季、文王稍

就盛也。」維：唯，只。又朱熹《集傳》：「『下』義未詳。或曰，字當作『文』，言文王、武王造周也。哲王，通言大王、王季也。」

三后在天，王配于京。

《毛傳》：「三后，大王、王季、文王也。王，武王也。」《鄭箋》：「此三后既沒（mò 歿）登遐，精氣在天矣。武王又能配行其道於京，謂鎬京也。」朱熹《集傳》：「配，對也。謂繼其位以對三后也。……美武王能纘大王、王季、文王之緒而有天下也。」纘，繼承。參見《大明》六章「纘女維莘，長子維行，篤生武王」注。緒：事業。《魯頌・閟宮》有「奄有下土，纘禹之緒」、「至于文武，纘大王之緒」句。參見《周本紀》。

王配于京，世德作求。

德：參見《小雅・賓之初筵》四章「醉而不出，是謂伐德。飲酒孔嘉，維其令儀」注。四章「德」同。求：通「仇」，配，匹。馬瑞辰《通釋》：「言王所以配于京者，由其可與世德作配耳。」王國維《與友人論〈詩〉〈書〉中成語書》（二）：「求者，仇之假借字，仇匹也。作求，猶《書》言作匹作配，《詩》言作對也。《康誥》言與殷先王之德能安治民者為仇匹，《大雅》言與先世之有德者為仇匹。」

永言配命，成王之孚。

配命：配上天之命，即合於天理。孚：《鄭箋》：「信也。」朱熹《集傳》：「言武王能繼先王之德，而長言合於天理，故能成王者之信於天下也。」或曰言，助詞。

成王之孚，下土之式。

下土：指天下四方。式：《毛傳》：「法也。」參見《小雅・楚茨》四章「卜爾百福，如幾如式」注。

永言孝思，孝思維則。

思，語助詞。一說思，思想。則：朱熹《集傳》：「式、則，皆法也。言武王所以能成王者之信，而為四方之法者，以其長言孝思而不忘，是以其孝可為法耳。」維：有。「孝思維則」，言孝之有則。或曰維，助語氣。

媚茲一人，應侯順德。

　　《毛傳》：「一人，天子也。應，當。侯，維也。」維，助語氣。《鄭箋》：
　　「媚，愛。茲，此也。可愛乎武王，能當此順德，謂能成其祖考之功也。
　　易曰：『君子以順德，積小以高大。』」又吳闓生《會通》：「侯，乃也；
　　應，當也。『應侯順德』，猶云應乃懿德。」

永言孝思，昭哉嗣服。

　　《鄭箋》：「服，事也。明哉武王嗣行祖考之事，謂伐紂定天下。」嗣，
　　繼，續。

昭茲來許，繩其祖武。

　　《毛傳》：「武，跡也。」指德行事功之遺範。祖武，即祖先之功跡事業。
　　朱熹《集傳》：「茲、哉聲相近，古蓋通用也。來，後世也。許，猶所也。
　　繩，繼。」又「昭茲來許」《續漢書・祭祀志》注引作「昭茲來御」，朱
　　鳳瀚認為「御」即《思齊》二章「以御于家邦」之「御」，治。（《商周家
　　族形態研究》，p319）又《毛傳》：「繩，戒也。」戒愼，敬。

於萬斯年，受天之祜。

　　於：歎詞。斯：助詞。祜：福。朱熹《集傳》：「言武王之道昭明如此。
　　來世能繼其跡，則久荷天祿，而不替也。」

受天子祜，四方來賀。

　　《毛傳》：「遠夷來佐也。」

於萬斯年，不遐有佐。

　　朱熹《集傳》：「遐、何通。佐，助。蓋曰：豈不有助乎云爾。」王引之
　　《述聞》：「《傳》云『遠夷來佐（也）』，則『不』為語詞。」本詩「頂針」
　　的章法結構參見《文王》。

　　〔註1〕《儒林列傳》：「清河王太傅轅固生者，齊人也。以治《詩》，孝景時
為博士。與黃生爭論景帝前。黃生曰：『湯、武非受命，乃弒也。』轅固生曰：『不
然。夫桀、紂虐亂，天下之心皆歸湯、武，湯、武與天下之心而誅桀、紂，桀、

紂之民不爲之使而歸湯、武，湯、武不得已而立，非受命爲何？』黃生曰：『冠雖敝，必加於首；履雖新，必關於足。何者？上下之分也。今桀、紂雖失道，然君上也；湯、武雖聖，臣下也。夫主有失行，臣下不能正言匡過以尊天子，反因過而誅之，代立踐南面，非弒而何也？』轅固生曰：『必若所云，是高帝代秦即天子之位，非邪？』於是景帝曰：『食肉不食馬肝，不爲不知味；言學者無言湯、武受命，不爲愚。』遂罷。是後學者莫敢明受命放殺（按：受天命而立還是放逐殺死桀、紂篡奪君權）者。」

　　「黃生」是誰？《湯誓》只言「有夏多罪，天命殛之」，沒有說夏桀究竟是被商湯殺死還是流放了。僞《仲虺之誥》「成湯放桀於南巢」，與《孟子・梁惠王下》「湯放桀」同；而《荀子・正論》「湯武不弒君」，《春秋繁露・堯舜不擅移湯武不專弒》用的也是「弒」字——「放」、「弒」之稽考顯然沒有必要，有趣的是史遷講的這個故事。

　　湯、武於桀、紂「革他媽媽的命」的行爲，讓儒家在論及「王者天之子也」、「王者，天之所予也」與「湯、武至賢大聖」、「（湯、武）全道究義盡美者」以及上下、君臣關係時很爲難。孟子在與齊宣王討論時說，武王伐紂殺的是一個損害「仁義」的「賊殘之夫」，而不是「君」——董仲舒以及眾多的轅固生和「黃生」們自然也得大動腦筋仔細斟酌——而漢景帝一句不耐煩的話，卻讓儒生們熱臉貼了個冷屁股。

　　（史遷其實時時受著「正統」與良心正義之矛盾的折磨，作如此之紀也是極有風險的，武帝本來就對他不滿意）

　　〔註2〕清人陳奐《詩毛氏傳疏》：「文，文德也。文王以上，世有文德，武王繼之，是之謂繼文。」戴震《杲溪詩經補注》、胡承珙《毛詩後箋》、陳啓源《毛詩稽古編》等義同。

　　〔註3〕或曰來賀之辭，但可能性不大，作詩的視角也不符。《周語上》「天子聽政使公卿至於列士獻詩」，但其他文獻、特別是金文中沒有發現任何關於諸侯獻詩之紀。

大雅・文王有聲

　　方玉潤等說《詩》之際，中國已經歷兩次「鴉片戰爭」，他還應該趕上了「洋務運動」。但「三千年未有之大變局」和清王朝的行將崩潰，未能驚其醒。他在做官（他的官職其實很小）之餘評點《詩經》，仍是「正統」之視角，以爲「小雅多燕饗贈答，感事述懷之作，大雅多受釐陳戒，天人奧蘊之旨」，並時時處在「文學」的玩味與陶醉之中。〔註1〕

　　《生民》、《公劉》、《緜》、《皇矣》而《文王有聲》，周人實現了從后稷之邰、公劉之豳、太王之岐而文王之豐、武王之鎬的艱難而輝煌之歷程——「天下」既得，作邑建都是大事，不能沒有一兩首「史詩」留下來。於是後世（或至春秋初中期）「子孫」之追記之。歌頌文王、武王即歌頌曾經「開天闢地頭一回」的新政權，但於「受釐陳戒」無涉，「感事述懷」之字句也頗顯雕琢。

文王有聲，遹駿有聲。

　　聲：《鄭箋》：「文王有令聞之聲。」即好的聲望。遹：句首助詞。朱熹《集傳》：「疑與聿同，發語辭。」遹聲見《小雅・小旻》一章「謀猶回遹，何日斯沮」注。駿：《鄭箋》：「大。」參見《文王》六章「宜鑒于殷，駿命不易」注。

遹求厥寧，遹觀厥成。

　　厥：其。成：大業之成。

文王烝哉！

　　烝：《毛傳》：「君也。」《鄭箋》：「君哉者，言其誠得人君之道。」朱熹

《集傳》：「詩言文王遷豐，武王遷鎬之事，而首章推本之曰：文王之有聲也，甚大乎其有聲也。蓋以求天下之安寧，而觀其成功耳。文王之德如是，信乎其克君也哉。」克，能。

文王受命，有此武功。

受命：指受命於天。武功：《鄭箋》：「謂伐四國及崇之功也。」《孔疏》：「經別言『既伐于崇』，則『武功』之言，非獨伐崇而已。受命之後，所伐邘、耆、密須、混夷之屬皆是也。」參見《皇矣》五章「王赫斯怒，爰整其旅，以按徂旅」注。《周本紀》：「明年，伐犬戎。明年，伐密須。明年，敗耆國。殷之祖伊聞之，懼，以告帝紂。紂曰：『不有天命乎？是何能爲！』明年，伐邘。明年，伐崇侯虎。而作豐邑，自岐下而徙都豐。明年，西伯崩。」祖伊，紂之臣。

既伐于崇，作邑于豐。文王烝哉！

于：俞樾《古書疑義舉例》：「下于字乃語詞，上于字則『邘』之假借。……是伐邘、伐崇與作豐邑事適相連。故詩人詠之曰：『既伐邘崇，作邑于豐』也。邘作『于』者，古文省。」邘，諸侯國名，故址在今河南沁陽西北。

築城伊淢，作豐伊匹。

伊：指代詞，此。一說伊，爲。（裴學海《古書虛字集釋》）淢（xù）：《毛傳》：「『成』溝也。」《鄭箋》：「方十里曰『成』。淢，其溝也，廣深各八尺。」淢即類後世之所謂護城河。《箋》說見《考工記・匠人營國》。匹：《毛傳》：「配也。」《鄭箋》：「築豐邑之城，大小適與『成』偶。……文王受命而猶不自足，築豐邑之城，大小適與成偶，大於諸侯，小於天子之制。」又朱熹《集傳》：「匹，稱。……言文王營豐邑之城，因舊溝爲限而築之。其作邑居，亦稱其城而不侈大。」因，依。臧振《西周豐鎬成周說》：「淢，不是泛指溝渠，而是特指『成』的溝。」「豐邑的溝洫要與『成』的『淢』相匹配。」「讀《詩》至此，我們猛然醒悟：『成周』之名，應出於豐邑初建之時。大小合於築作『成』之規格，故謂之『成周』。」按：昔學界遍以爲西周時期所謂「宗周」指

豐鎬，「成周」指洛邑。臧文認爲所謂「宗周」指周原，所謂「成周」實指豐鎬；西周時期的洛邑不可能稱爲「成周」。陳夢家先生在《西周金文中的都邑》中也曾認爲這一時期的「宗周」即「岐邑」。（《西周銅器斷代》，p366～p374）

非棘其欲，遹追來孝。

《鄭箋》：「棘，急。來，勤也。……此非以急成從己之欲，欲廣都邑，乃述追王季勤孝之行，進其業也。」述，循。又王引之《述聞》：「來，往也。……言所以作此都邑者，乃上追前世之美德，欲成其功業也。」

王后烝哉！

《毛傳》：「后，君也。」《鄭箋》：「變謚言王後者，非其盛事，不以義謚。」《孔疏》：「謂不以義理而言其謚也。謚者，行之成名，總一身之美，故事盛者稱之，不盛者變名耳。」臧振《西周豐鎬成周說》：「後儒出於對文王武王的敬仰，對於詩人委婉批評之處從未做過認眞推究……詩的一、二章結句是『文王烝哉』，三、四章結句是『王后烝哉』。這種區別意味著什麼？鄭《箋》：『變謚言「王后」者，非其盛事，不以義謚。』孔《疏》：『作文有體，章類宜同。今半謚半否，故知變之有義。以相比較，無謚之章，其事皆劣。』一章言文王有令聞（好名聲），二章言文王有武功（伐崇），這是盛事，故稱『文王』；三、四章言挖溝、築牆，不是『盛事』，詩人還勉強替文王辯護了一番，實際是『爛尾工程』，所以不稱『文王』而稱『王后』。」臧文認爲豐邑的「城」並沒有築起來，考古至今未在豐邑找到城垣痕跡。後人以爲豐邑有城是對《詩》的誤讀。「築城伊淢」就是「修建這個城的淢」；詩只講開始挖溝，並未講實際築城。

王公伊濯，維豐之垣。四方攸同，王后維翰。

《毛傳》：「濯，大。翰，幹也。」濯，美大。《鄭箋》：「公，事也。文王述行大王、王季之王業，其事益大。作邑于豐，城之既成，又垣之，立宮室，乃爲天下所同心而歸之。王后爲之幹者，正其政教，定其法度。」公通「功」。維：爲。垣，牆，指宮室牆垣，非指城牆。《孔疏》：「上言『築城』、『作豐』，此言『維豐之垣』，則是豐城之內別起垣也，

故云『作邑于豐，城之既成，又垣之，立宮室』。」攸：主語和動詞間連詞，乃，於是。同：歸服。王后：指文王。參見《下武》一章「三后在天，王配于京」注。幹，意即天下之主幹，針對「四方」而言。朱熹《集傳》：「四方於是來歸，而以文王爲楨幹也。」臧振《西周豐鎬成周說》：「『王公伊濯』就是『王事如此大』。爲何作豐邑未築城先築宮室的牆垣？孔《疏》答曰：『王事伊大，則從小至大。』可見是城牆沒有動工，先修宮室。」「挖溝和築牆都受到了時人的批評。對於要開挖深廣八尺、方十里的『淢』這樣的大工程，詩人解釋說，『非棘其欲，遹追來孝』，不是急於滿足私欲，而是爲繼承先王遺志。對於爲何尙無城垣先築宮室？詩人解釋說：『四方攸同，王后維翰。』鄭《箋》：『立宮室，乃爲天下所同心而歸之。』有了宮室，君王就有了『正其政教、定其法度』的資格，所以要先修。」〔註2〕

王后烝哉！

以上四章言文王作豐邑，以下四章言武王宅鎬京。

豐水東注，維禹之績。

維：助語氣。禹：即治水之大禹。績：功。《鄭箋》：「昔堯時洪水，而豐水亦氾濫爲害。禹治之使入渭，東注於河，禹之功也。文王、武王今得作邑於其旁地，爲天下所同心而歸。大王爲之君，乃由禹之功，故引美之。」河，黃河。

四方攸同，皇王維辟。

朱熹《集傳》：「皇王，有天下之號，指武王也。」皇有「大」意，讚美之詞。維：爲。一說維，助語氣。辟：《鄭箋》：「君也。」朱熹《集傳》：「言豐水東注，由禹之功。故四方得以來同於此，而以武王爲君。此武王未作鎬京時也。」

皇王烝哉！

臧振《西周豐鎬成周說》：「五章六章是些空話，無『盛事』可言，故不稱諡，稱『皇王』。」

鎬京辟廱，自西自東，自南自北，無思不服。

> 《毛傳》：「武王作邑於鎬京。」《鄭箋》：「自，由也。武王於鎬京行辟廱之禮，自四方來觀者，皆感化其德，心無不歸服者。」朱熹《集傳》：「鎬京，武王所營也。在豐水東，去豐邑二十五里。張子曰：『周家自后稷居邰，公劉居豳，大（太）王邑岐，而文王則遷於豐，至武王又居於鎬。當是時，民之歸者日眾，其地有不能容，不得不遷也。』……無思不服，心服也。孟子曰：『天下不心服而王者，未之有也。』此言武王徒居鎬京，講學行禮，而天下自服也。」王引之《釋詞》：「思，句中語助也。無思不服，無不服也。」辟廱：見《靈臺》三章「於論鼓鍾，於樂辟廱」注。此詩「辟廱」取說「水旋丘如璧，曰辟廱」。〔註3〕

皇王烝哉！

考卜維王，宅是鎬京。維龜正之，武王成之。

> 《鄭箋》：「考，猶稽也。宅，居也。稽疑之法，必契灼龜而卜之。武王卜居是鎬京之地，龜則正之，謂得吉兆，武王遂居之。修三后之德，以伐紂定天下，成龜兆之占，功莫大於此。」〔註4〕考卜，即問卜。參見《緜》三章「爰始爰謀，爰契我龜」注。維：助語氣。是：代詞。三后，即指武王之曾祖太王（古公亶父）、祖王季、父文王。又朱熹《集傳》：「正，決也。成之，作邑居也。」又于省吾《新證》以為貞、正通借，貞為「卜問」之意（《說文》），「維龜貞之」倒文協韻，即「貞之維龜」。「武王之宅鎬與周公之營洛，建設西都和東都，以為統治四方的中心，係周人的大事……《周禮·大卜》『凡國大貞』，鄭注：『鄭司農云，貞，問也。』」（p103）「大卜」為春官所屬。

武王烝哉！

豐水有芑，武王豈不仕！

> 《毛傳》：「芑，草也。仕，事。」《孔疏》：「言豐水之傍有芑菜，豐水是無情之物，猶以潤澤而生菜為己事，況武王豈不以功業為事乎！」

詒厥孫謀，以燕翼子。

> 詒：《鄭箋》：「猶傳也。」朱熹《集傳》：「詒，遺。」《禮記·表記》

引《詩》鄭玄注：「乃遺其後世之孫以善謀，以安翼其子也。」孫、子互言，泛言子孫。燕：《毛傳》：「安。」翼：《左傳・文公三年》引《詩》楊柏峻注：「翼，輔也，祐也，謂安而輔祐其子孫也。」又于省吾《新證》以爲孫、遜、訓古通，子應讀爲慈。「『詒厥孫謀』即『詒厥訓謀』，其言遺者，係遺戒後王，訓謀謂訓教謀畫，指先王之訓典言之。……翼子二字應讀爲翼慈，應訓爲『覆翼慈愛』……此詩先言『武王豈不仕（事）』，下接以『詒厥訓謀，以燕翼慈』，《後漢書・班彪傳》引此詩『燕』作『宴』，《左傳》成二年『衡父不忍數年之不宴』，杜注訓『宴』爲『樂』。這是說，武王遺其後王以訓謀者，由於武王樂於覆翼慈惠之道。」（p104～p106）

武王烝哉！

〔註 1〕「此詩專以遷都定鼎爲言。文王之遷豐也，『匪棘其欲』，蓋『求厥寧』，以『追來孝』耳；然已兆宅鎬之先聲。武王之遷鎬也，豈徒繼伐，蓋建辟廱以貽孫謀耳，又無非成作豐之素志。故文、武對舉，並言文之心即武之心，武之事實文之事。自有日進於大之勢，更有事不容已之機。文、武亦順乎天心之自然而已，夫豈有私意於其間哉？《序》云『繼伐』，固非詩人意旨；即《集傳》所謂『此詩言文王遷豐，武王遷鎬之事』，又何待言？蓋詩人命意必有所在。《大雅》之詠文、武多矣，未有以豐、鎬並題者。茲特題之，則必以建置宏謀爲續承大計。說者當從此究心以求兩聖心心相印處，乃得此詩要旨。」（《詩經原始》）

〔註 2〕在其財力、物力、人力有限的情況下，先勉強在外圍挖溝（挖溝總比築牆要容易些），再於其中築起「宮室」，不管怎樣先將「根據地」建立起來，也是符合現實需要的。

當時的「宮室」，實際也就是普通的房屋而已，宮之「宮殿」之意在秦漢以後。《爾雅・釋宮》「宮謂之室，室謂之宮」，邢昺疏：「《釋名》云：『宮，穹也，言屋見於垣上穹崇然也。室，實也。言人物實滿於其中也。』……《詩》云：『作于楚宮。』（按：《鄘風・定之方中》句）又曰：『入此室處。』（《豳風・七月》句）是也。古者貴賤所居皆得稱宮。故《禮記》曰：『由士命以上，父子皆異宮。』又《喪服傳》繼父爲其妻前夫之子築宮廟。是士庶人皆有宮稱也。至秦漢以來，乃定爲至尊所居之稱。」

〔註3〕「武王營鎬京」於史無考。臧振《西周豐鎬成周說》:「《史記·周本紀》載武王即位之後,『修文王緒業,九年,武王上祭於畢,東觀兵至於孟津』,又二年,即十一年,東伐紂,二月,戰於牧野,滅殷,分封諸侯。數年間,《周本紀》無一字涉及鎬京的營建。武王承文王事業,觀兵、伐紂,實際上也無暇建設。克殷後二年,天下尚未安集,武王崩。這二年,武王也不可能大規模修築鎬京。」

朱熹所引張載「靈臺辟雍,文王之學也。鎬京辟雍,武王之學也。至此始為天子之學矣」,是據《王制》推引出的理想之說。

〔註4〕臧振《西周豐鎬成周說》:「古人築城,必先占卜稽疑,選擇『風水寶地』,卜兆得吉,方可成就事業。這是大事。此事是武王完成的,故《詩》用諡,云『武王烝哉』。孔《疏》還強調了『武王成之』不是築成鎬京,遷宅於此,而是『伐紂以定天下,成此龜兆之占。』『武王所疑而卜者,其宅居於是鎬京之地。維此所契之龜,則出其吉兆以正定之,言居此必吉,故得天下。』然而後儒多以此章證明武王築成鎬京。包括鄭玄注《禮記·孔子閒居》所引此詩時也說:『……武王築成之。』孔穎達糾正他,說:『引《詩》斷章,多異於本。此顧上下之文,言『武王烝哉』是武王之盛事,不宜直言其築作而已,故以伐紂為「成之」。』如此看來,武王並未築成鎬京,僅僅是卜居得吉。所謂『成之』,指的是伐紂成功。」

「《左傳》莊公二十八年『凡邑,有宗廟先君之主,曰都;無,曰邑。邑曰「築」,都曰「城」』。孔穎達《疏》:『小邑有宗廟則雖小曰都;無乃為邑。』至詩人作詩時,豐邑仍稱為邑,可見當時此處尚無宗廟。待有了宗廟,就可改稱『豐京』了。」

「我們認為,至少在文、武、周公時期,豐鎬並未建成都城,王公貴族更沒有捨周原而遷豐鎬;豐鎬只是政治軍事前哨,而經濟與宗教的根據地,還在周原。這時的周原,自應稱『宗周』;而王室之遷宅於豐鎬,在成王五年。」

大雅・生民

　　「詩」基於政治而非歷史，所以更多的是一種「思想」而非「文化」。就《生民》而言，《論語・憲問》中的一句話給了注腳：「禹、稷躬稼而有天下。」何晏引馬融：「禹盡力於溝洫，稷播百穀，故曰躬稼。禹及其身，稷及後世，皆王。」不管最後的結局如何，畢竟是「其命維新」之一代王朝，「皆王」是事實。

　　後期的周人在極力歌頌文、武王的同時，謹慎而有些傷感地思謀著如何塑造自己的始祖形象，溯及古公亶父、公劉，直至后稷。具備這種心理和想法的時間不會太早。「建國」之初，考慮更多的是如何從殷商和自身兩方面尋找各種理由以支持秉承「天命」；「天下」甫得，百事待舉，何暇發思古之幽情而設想生民之初？而「修后稷之業」，也是周人奪取政權後，針對「四夷」於自身歷史的一種修正——以其所處「戎狄之間」看，西北廣大地域、包括所領諸侯各部所擁有的草地和馬匹，曾使其強大發力！

　　但後來更有厚於他們的是廣袤的黃土地和莊稼。周人於其刻骨銘心的眷戀，持續地反映在《生民》和《豳風・七月》等篇什中。這種眷戀是一個龐大的家族（雖有「宗盟」之異姓和「功臣」及「先聖」之後）政權在遭遇巨大創痛之後的心理反映。無言而溫熱的黃土地，最後安撫了曾經「溥天之下莫非王土，率土之濱莫非王臣」而又終歸落寞的他們。

厥初生民，時維姜嫄。

　　《毛傳》：「生民，本后稷也。姜，姓也。后稷之母配高辛氏帝焉。」《鄭

－555－

箋》:「厥,其。初,始。時,是也。言周之始祖,其生之者,是姜嫄也。姜姓者,炎帝之後。有女名嫄,當堯之時,爲高辛氏之世妃,本后稷之初生,故謂之生民。」是,此。維:助語氣。嫄音 yuán。又朱熹《集傳》:「民,人也,謂周人也。」

生民如何?克禋克祀,以弗無子。

禋:本意爲焚柴加牲、玉、帛於其上升煙以祭天,此處引爲誠心祭祀。《毛傳》:「禋,敬。」《孔疏》:「《釋詁》云:『禋,祭也。』則禋是祭之名。又云:『禋,敬也。』義得相通。且祭必致敬,故以禋爲敬也。《大宗伯》云:『禋祀昊天上帝。』注云:『禋之言煙。周人尚臭(嗅)。煙,氣之臭聞者也。』則鄭以禋者唯祭天之名,故《書》稱『禋於六宗』,鄭皆以爲天神。經傳之中,亦非祭天而稱禋祀者,諸儒遂以禋爲祭之通名。……袁准曰:『禋者,煙氣煙熅(yūn)也。天之體遠,不可得就,聖人思盡其心,而不知所由,故因煙氣之上,以致其誠,故《外傳》曰『精意以享,禋』,此之謂也。」參見《小雅·皇皇者華》〔註2〕。朱熹《集傳》:「祀,祀郊禖(méi)也。弗之言祓(fú)也。祓無子,求有子也。古者立郊禖,蓋祭天於郊,而以先媒配也。變媒言禖者,神之也。其禮以玄鳥至之日,用太牢祀之,天子親往,后(妃)率九嬪御,乃禮天子所御,帶以弓韣(dú),授以弓矢,於郊禖之前也。」禖,祈子所祭之神,也指祈子之祭。大牢,牢指祭祀用牲,並用牛、羊、豕三牲者稱大牢。韣,雙層皮製作的帶有透氣孔弓袋。參見《春官·大宗伯》鄭玄注、《周語上》「內史過論神」。

履帝武敏歆,攸介攸止。

《毛傳》:「履,踐也。帝,高辛氏之帝也。武,跡。敏,疾也。從於帝而見於天,將事齊敏也。歆,饗。」《孔疏》:「言姜嫄之生此民,如之何以得生之乎?乃由姜嫄能禋敬能恭祀於郊禖之神,以除去無子之疾,故生之也。禋祀郊禖之時,其夫高辛氏帝率與俱行,姜嫄隨帝之後,踐履帝跡,行事敬而敏疾,故爲神歆饗。神既饗其祭,則愛而祐之」《楚辭·天問》:「稷維元子,帝何竺之」,王逸注:「元,大也。帝,謂天帝也。竺,厚也。言后稷之母姜嫄,出見大人之跡,怪而履之,遂有娠而生后稷。后稷生而仁賢,天帝獨何以厚之乎?」參見《下武》五章「昭茲來許,繩其祖武」、《皇矣》五章「無然歆羨」注。又《鄭

箋》：「帝，上帝也。敏，拇也。……祀郊禖之時，時則有大神之跡，姜嫄履之，足不能滿，履其拇指之處，心體歆歆然。」歆，感而動之。

〔註1〕按：毛、鄭說不同。毛以爲高辛氏之帝率姜嫄祈子於高禖，姜嫄緊隨高辛氏行祭祀得而孕。攸：乃，於是。介、止：止息。介、止承上句「心體歆歆然」，意境類《召南·草蟲》「亦既見止，亦既覯之，我心則夷」。參見《小雅·甫田》一章「攸介攸止，烝我髦士」注。

載震載夙，載生載育，時維后稷。

載：乃，則。震：《毛傳》：「動也。」《孔疏》：「即得懷任（妊），則震動而有身。」又朱熹《集傳》：「震，娠也。」夙：《鄭箋》：「夙之言肅也。」詩句極爲傳神，婦人身孕，胎動則自得而喜，靜則端莊肅雍。時：通「是」，此。維：助語氣。

誕彌厥月，先生如達。

誕：朱熹《集傳》：「發語句。」參見《皇矣》五章「帝謂文王，無然畔援，無然歆羨，誕先登于岸」注。又《毛傳》：「誕，大也。」陳啓源《稽古編》：「《詩》凡言誕者八，誕皆訓大，歎美之辭也。」彌：《毛傳》：「終。」《鄭箋》：「終人道十月而生。」或曰彌，滿。先生：朱熹《集傳》：「首生也。」如：而。達：順利，謂其生之易。

不坼不副，無菑無害，以赫厥靈。

《毛傳》：「言易也。……赫，顯也。」朱熹《集傳》：「坼（chè）、副（pì），皆裂也。……凡人之生，必坼副菑害其母，而首生子尤難。今姜嫄首生后稷，如羊子之易。無坼副菑害之苦，是顯其靈異也。」

上帝不寧，不康禋祀，居然生子。

《毛傳》：「不寧，寧也。不康，康也。」《鄭箋》：「康、寧皆安也。」又朱熹《集傳》：「上帝豈不寧乎，豈不康我之禋祀乎？」居然：馬瑞辰《通釋》：「『居然生子』，亦出於意外之詞。」

誕寘之隘巷，牛羊腓字之。

寘：同「置」。腓、字：馬瑞辰《通釋》：「腓當讀如《采薇》詩『小人所腓』之腓……謂隱蔽之也。蔽亦芘（bì 庇）蔭之意。《說文》：『字，

乳也。』字、乳、育三字同義。」于省吾《新證》：「『牛羊腓字之』應讀作『牛羊庇字之』，這是說，牛羊遇棄子后稷而庇蔭慈愛之。」（p106）

誕寘之平林，會伐平林。

《毛傳》：「置之平林，又爲人所收取之。」平林，平地之樹林。會：適值。

誕寘之寒冰，鳥覆翼之。

《楚辭·天問》：「投之於冰上，鳥何燠之？」王逸注：「投，棄也。燠，溫也。言姜嫄以后稷無父而生，棄之於冰上，有鳥以翼覆薦溫之，以爲神，乃取而養之。」覆薦，覆蓋鋪墊。燠，參見《小雅·小明》三章「昔我往矣，日月方奧」注。

鳥乃去矣，后稷呱矣。

呱（gū）：啼哭聲。《毛傳》：「后稷呱呱然而泣。」

實覃實訏，厥聲載路。

實：通「寔」，是。代詞，如此。又《鄭箋》：「實之言適也。」覃、訏：《毛傳》：「覃，長。訏，大。」《鄭箋》：「覃，謂始能坐也。訏，謂張口鳴呼也。是時聲音則已大矣。」馬瑞辰《通釋》：「狀其聲之長且大矣。」覃音見《小雅·都人士》〔註1〕，訏音 xū。于省吾《新證》：「原始社會的棄子並不稀奇，但是，如果被棄者爲後世統治階級的遠祖或始祖，則多神化其事，顯示他們來歷的非凡。《國語·楚語》所謂『寵神其祖，以取威於民』，無非是藉以迷惑群眾，想要長久維持他們的統治地位而已。由此可見，姜嫄之生后稷，既棄而復取之，當係實有其事。但是，被棄後的一些神異事蹟，則是屬於姜嫄後世子孫的周人『踵事增華』以附會之者。」（p142、p143）見《楚語下》「觀射父論絕地天通」。蕭統《文選序》有「蓋踵其事而增華，變其本而加厲。物既有之，文亦宜然」句。《周本紀》：「姜原出野，見巨人跡，心忻然說，欲踐之，踐之而身動如孕者。居期而生子，以爲不祥，棄之隘巷，馬牛過者皆辟不踐；徙置之林中，適會山林多人，遷之；而棄渠中冰上，飛鳥以其翼覆薦之。姜原以爲神，遂收養長之。初欲棄之，因名曰棄。」

誕實匍匐，克岐克嶷，以就口食。

　　《鄭箋》：「能匍匐，則岐岐然意有所知也。其貌嶷嶷（nì）然，有所識
　　別也。以此至於能就眾人口自食，謂六七歲時。」嶷嶷，幼聰貌。又馬
　　瑞辰《通釋》：「岐嶷承上匍匐言，匍匐謂初能伏行，岐嶷謂漸能起立也。
　　《後漢書·桓彬傳》章懷注以岐為行貌，岐當讀如跂立之跂。……嶷當
　　讀如仡立之仡。」

蓺之荏菽，荏菽旆旆。

　　朱熹《集傳》：「蓺，樹也。荏菽，大豆也。旆旆，枝旆揚起也。」旆，
　　揚起貌。參見《小雅·都人士》五章「匪伊卷之，發則有旟」注。

禾役穟穟，麻麥幪幪，瓜瓞唪唪。

　　役：《毛傳》：「列也。」《孔疏》：「種禾則始有行列，其苗則穟穟然美
　　好。」穟穟：《毛傳》：「苗美好也。」幪幪：《毛傳》：「茂盛也。」瓜
　　瓞：大瓜小瓜貌。參見《綿》一章「綿綿瓜瓞，民之初生，自土沮漆」
　　注。唪唪：《毛傳》：「唪唪然，多實也。」穟、幪、唪音見《小雅·裳
　　裳者華》讀注。

誕后稷之穡，有相之道。

　　穡：種植五穀。馬瑞辰《通釋》：「《爾雅·釋詁》：『相，視也。』《周本
　　紀》云：『稷及為成人遂好耕農，相地之宜，宜五穀者稼穡也。』《吳越
　　春秋》亦云：『稷相五土之宜，青赤黃黑，陵水高下，粢稷黍禾，蘧（qú）
　　麥豆稻，各得其理。』此詩『有相之道』當謂有相視之道耳。」陵，緆。
　　粢，泛指穀物。蘧：芋頭。又《毛傳》：「相，助也。」《鄭箋》：「大矣，
　　后稷之掌稼穡，有見助之道。謂若神助之力也。」又朱熹《集傳》：「言
　　盡人力之助也。」

茀厥豐草，種之黃茂。

　　《毛傳》：「茀，治也。黃，嘉穀也。茂，美也。」茀，拔除，除治。

實方實苞，實種實襃，實發實秀，實堅實好，實穎實栗，即
有邰家室。

　　實：前六「實」指種子言，後四「實」指種子播種出苗成長後所結之顆
　　粒言。方：朱熹《集傳》：「房也。」戴震《考證》：「穀實外孚甲謂之房。

既房，言既生孚甲。實房，言生意既茲，未解孚甲時，即所謂『實函斯活』也。」〔註2〕參見《小雅・大田》二章「既方既皂，既堅既好，不稂不莠」注。《大田》之「既房」，指穀物始生其殼，此詩之「實房」，指穀物種子播下土壤發芽前充脹而言。苞：《毛傳》：「本也。」即種子發芽的同時滋生的根。又于省吾《新證》：「方、放古通……《管子・小問》『桓公放春三月觀於野』注：『春物放發，故曰放春。』孫炎《爾雅・釋言》注：『物叢生曰苞。』然則『實放』謂萌芽之始放出地上者，『實苞』謂苗之叢生者。」（p38）種：馬瑞辰《通釋》引程瑤田：「種，出地短。」指破土而出之苗短肥貌。褎（yòu）：《毛傳》：「長也。」《孔疏》：「禾長之貌。」馬瑞辰《通釋》引程瑤田：「褎，苗漸長」。發：《毛傳》：「盡發也。」戴震《考證》：「發，葉滿密後抽其穗。」秀：《毛傳》：「不榮而實曰秀。」朱熹《集傳》：「秀，始穗也。」〔註3〕堅、好：朱熹《集傳》：「堅，其實堅也。好，形味好也。」穎、栗：《毛傳》：「穎，垂穎也。栗，其實栗栗然。」朱熹《集傳》：「穎，實繁碩而垂末也。栗，不秕（bǐ）也。既收成，見其實皆栗栗然不秕也。」意即穀子成熟後碩實而垂穗，顆粒飽滿成色好。即：就。邰（tái）：《毛傳》：「姜嫄之國也。」朱熹《集傳》：「邰，后稷之母家也。豈其或滅或遷而遂以其地封后稷歟？言后稷之穡如此，故堯以其有功於民，封於邰。使即其母家而居之，以主姜嫄之祀。故周人亦世祀姜嫄焉。」古邑「邰」址在今陝西武功西南。以上參見《周本紀》。

誕降嘉種，維秬維秠，維穈維芑。

降：《毛傳》：「天降嘉種。秬，黑黍也。秠，一稃二米也。」《爾雅・釋草》同。秠音pī。維：助判斷。《鄭箋》：「天應堯之顯后稷，故為之下嘉種。」《周禮・春官》序官「鬯人」鄭玄注：「鬯，釀秬為酒，芬香條暢於上下也。秬如黑黍，一稃二米。」稃即穈穀類的外殼。從植物學的意義上講，「一稃二米」的現象不應普遍存在（個別變異者除外）。〔註4〕穈（mén）：《毛傳》：「赤苗也。」朱熹《集傳》：「穈，赤粱粟也。」沈括《夢溪筆談》：「稷之璊色者謂之穈。」璊（mén），絳赤色的玉，此指絳赤色。芑：《毛傳》：「白苗也。」《爾雅・釋草》郭璞注：「今之白粱粟，皆好穀。」「黃粱」、「紅粱」、「白粱」皆穀中上品。後世穀子有「紅穀」

者，秋天近成熟時，莖葉呈絳紅色，米黃中泛紅。參見《小雅‧甫田》
〔註5〕。

恒之秬秠，是穫是畝。

恒：《毛傳》：「遍。」朱熹《集傳》：「謂遍種之也。」是：於是。畝：《鄭
箋》：「成熟則穫而畝計之。」

恒之穈芑，是任是負，以歸肇祀。

朱熹《集傳》：「任，肩任也。負，背負也。」肇：《毛傳》：「始也，始歸
郊祀也。」又朱熹《集傳》：「肇，始也。稷受國爲祭主，故曰肇祀。」
祀即祭祀天。

誕我祀如何？或舂或揄，或簸或蹂。

《毛傳》：「揄（yóu），抒臼也。或簸糠者，或蹂黍者。」抒，挹取。王
先謙《集疏》：「三家『揄』作舀。」即將舂好的米從石臼中舀出來。蹂
通「揉」，搓揉。即用簸箕簸揚舂過穀物時，順手用手搓揉米粒表面未完
全脫落的糠皮。

釋之叟叟，烝之浮浮。

《毛傳》：「釋，淅米也。叟叟，聲也。浮浮，氣也。」烝，同「蒸」。

載謀載惟，取蕭祭脂，取羝以軷。

載：則。惟：《鄭箋》：「思也。……后稷既爲郊祀之酒及其米，則諏謀其
日，思念其禮。」諏，《說文》：「諏，聚謀也。」參見《小雅‧皇皇者華》
二章「載馳載驅，周爰咨諏」注。蕭：即香蒿。合黍稷、牲脂焚燒行祭
祀，以香氣歆享與神。羝：公羊。軷（bá）：《毛傳》：「道祭也。」即祭
祀行道之神。《鄭箋》：「至其時，取蕭草與祭牲之脂，爇（ruò）之於行
（háng）神之位。馨香既聞，取羝羊之體以祭神。」〔註5〕爇，點燃，
焚燒。

載燔載烈，以興嗣歲。

載，則。燔、烈：《毛傳》：「傅火曰燔，貫之加於火曰烈。」傅，附著。
參見《小雅‧瓠葉》三章「有兔斯首，燔之炙之」注。嗣：續。嗣歲，
即指來年。朱熹《集傳》：「所以興來歲而繼往歲也。」嚴粲《詩緝》：「不
曰來歲而曰嗣歲，欲其豐年相續也。」

卬盛于豆，于豆于登。

卬：于省吾《新證》：「卬古仰字。……《說文》：『仰，舉也。』《廣雅·釋詁》：『仰，舉也。』仰盛於豆者，舉盛於豆也。」（p39）「古人祭祀時，設豆於俎几之上，祭者跪拜於神主之前，執燔烈之肉以上盛於豆，故曰『仰盛於豆』。」（p107）參見《小雅·白華》四章「樵彼桑薪，卬烘于煁」注。豆、登：皆食器。《毛傳》：「木曰豆，瓦曰登。豆薦菹醢也，登盛大羹也。」登爲瓦（陶）製食器。《爾雅·釋器》「瓦豆謂之登」，邢昺疏：「《公食大夫禮》云：『大羹湇（qì）不和，實於登。』湇者，肉汁，大古之羹也。不調以鹽，菜以其質，故以瓦器盛之。」參見《楚茨》三章「君婦莫莫，爲豆孔庶，爲賓爲客」、《小雅·賓之初筵》一章「籩豆有楚，殽核維旅」注。

其香始陞，上帝居歆，

居：朱熹《集傳》：「安也。」歆：饗，指祭祀時神享其氣。居歆，即安然歆享。《鄭箋》：「其馨香始上行，上帝則安而歆享之。」

胡臭亶時！

胡：何。臭（xiù）：氣味，指香氣、香味。亶：副詞，誠然。《鄭箋》：「亶，誠也。……何芳臭之誠得其時乎！美之也。」亶，參見《小雅·十月之交》六章「擇三有事，亶侯多藏」注。一說時，通「是」，善。馬瑞辰《通釋》：「亶時，誠善也。」

后稷肇祀，庶無罪悔，以迄于今。

《毛傳》：「迄，至也。」《鄭箋》：「庶，眾也。后稷肇祀上帝於郊，而天下眾民咸得其所，無有罪過也，子孫蒙其福，以至於今，故推以配天焉。」又朱熹《集傳》：「蓋自后稷之肇祀，則庶無罪悔，而至於今矣。曾氏曰：『自后稷肇以來前後相承，兢兢業業，惟恐一有罪悔，獲戾於天。閱數百年，而此心不易，故曰「庶無罪悔，以迄于今」，言周人世世用心如此也。』」戾，罪過。

〔註1〕《春官·大司樂》「……乃奏夷則，歌小呂，舞《大濩》，以享先妣」，鄭玄注：「先妣，姜嫄也。姜嫄履大人跡，感神靈而生后稷，是周之先母也。周立廟自后稷爲始祖，姜嫄無所妃（配），是以特立廟而祭之，謂之閟宮。閟，神之。」

聞一多《姜嫄履大人跡考》：「上云禋祀，下云履跡，是履跡乃祭祀儀式之一部分，疑即一種象徵的舞蹈。所謂『帝』實即代表上帝之神尸。神尸舞於前，姜嫄尾隨其後，踐神尸之跡而舞，其事可樂，故曰『履帝武敏歆』，猶言與尸伴舞而心甚悅喜也。『攸介攸止』，介，林義光讀為『愒，息也，至確。蓋舞畢而相攜止息於幽閉之處，因而有孕也。……詩所紀既為祭時所奏之象徵舞，則期間情節，去其本事之真相已遠，自不待言。以意逆之，當時實情，只是耕時與人野合而有身，後人諱言野合，則曰履人之跡，更欲神異其事，乃曰履帝跡耳。」（《神話與詩》，華東師範大學出版社，1997年，p75～p82）

于省吾《澤螺居詩經新證》：「感生之說的歷史背景，是由於母權制時代，人們知有母而不知有父。《詩・閟宮》傳箋和《周禮・大司樂》鄭注，都說周人特立先妣姜嫄之廟，而不及后稷之父，是知有母而不知有父之證。周族當時僻處西方，文化落後於中原地區，當係母權制社會，還意識不到婦女懷孕係由於『男女構精』，遂產生了婦女感圖騰童胎入居體內而妊娠的虛幻想法。到了父權制和階級社會時代仍有感生之說，而舊籍由於展轉傳說和附會，遂以感生為感神靈或上帝而生子，但是前者出於蒙昧無知，而後者則逐漸加以神化。尤其是階級社會的統治者，不過想利用感生之說，神化其所自出，以愚惑民眾而已。」（p139）

《易經・繫辭下》「天地氤氳，萬物化醇；男女構精，萬物化生」，以《孔子世家》「孔子晚而喜《易》，序《彖》、《繫》、《象》、《說卦》、《文言》」和《藝文志》「孔氏為之《彖》、《象》、《繫辭》、《文言》、《序卦》之屬十篇」言，其對「男女構精，萬物化生」的認識當然晚於《大雅》的創作年代。但《大雅》的作者並非不懂得男女繁衍之理，詩《文王》、《大明》、《思齊》等為顯證。顯然，其時作者在複雜的創作心理之下，已不自覺地用特別的浪漫主義和感生神話藝術手法頌揚遠祖。

〔註2〕「實函斯活」為《周頌・載芟》句。王夫之《詩經稗疏》：「……函，外所函也。……函者，穀外之郛殼也。凡藏種者，必暴令極燥，中仁縮小，不充函殼。迨發生之時播之於地，得土膏水澤之潤足，則函內之仁充滿其函，而後茁芽憤盈，以出於函外。函不實則不活，故曰『實函斯活』。」

〔註3〕程瑤田《通藝錄》：「禾之初作穗也，先作郛殼，其形與已成穀者無異。已而郛殼稍開，中有鬚數根，戴蕊吐出。既開復合，鬚蕊在外。後乃結實，充滿郛殼中。六穀中惟菽類作華，餘皆不華而秀。」

〔註 4〕「一稃二米」之「嘉禾」裏有大政治。因了史遷在《周本紀》、《魯周公世家》中的相關「記載」，西漢成帝時生出的「百兩篇」者《尚書》之「書序」中有：「唐叔得禾，異畝同穎（僞孔傳：「唐叔，成王母弟。食邑內得異禾也。畝，壟。穎，穗也。禾各生一壟而合爲一穗」），獻諸天子。王命唐叔歸周公於東（傳：「異畝同穎，天下和同之象，周公之德所致。周公東征未還，故命唐叔以禾歸周公。唐叔後封晉」），作《歸禾》。」「周公既得命禾，旅天子之命（傳：「已得唐叔之禾，遂陳成王歸禾之命，而推美成王」），作《嘉禾》（傳：「天下和同，政之善者，故周公作書以『嘉禾』名篇告天下」）。」

受到啓發的儒士們紛紛做開了文章。《尚書大傳》「三苗貫葉（一作桑），而生子爲一穗，周公曰和氣所生，以獻於文王之廟」，「成王時，有苗異莖而生，同爲一穗，其大盈車，長幾充箱，人有上之者。王召周公而問之，公曰：三苗爲一穗，天下其和爲一乎……」王充《論衡·吉驗》「光武帝建平元年十二月甲子生於濟陽宮後殿第二內中，皇考爲濟陽令，時夜無火，室內自明。皇考怪之，即召功曹史充蘭，使出問卜工。蘭與馬下卒蘇永俱之卜王長孫所。長孫卜，謂永、蘭曰：『此吉事也。毋多言。』是歲，有禾生屋景天中（按：景天，多年生草本植物。古以庭中植之能避火災），三本一莖九穗，長於禾一二尺，蓋嘉禾也」——《後漢書·光武帝紀》范曄「論曰」時演爲「有赤光照室中」，「是歲縣界有嘉禾生，一莖九穗，因名光武曰秀」；《爾雅·釋草》郭璞注「漢和帝時任城生黑黍，或三四實，實二米，得黍三斛八斗……」更有沈約《宋書·瑞符志》所紀、《太平御覽·休徵部》所列，等等。

自史遷至沈約，時跨六百多年，歷西漢、東漢、三國、兩晉、南北朝，「一莖四穗」、「六穗」、「七穗」、「九穗」甚至「百六十穗」、「十株七百穗」的「嘉禾」伴生於各個政權。《吉驗》「凡人稟貴命於天，必有吉驗見於地。見於地，故有天命也。驗見非一，或以人物，或以禎祥，或以光氣」，《瑞符志》也是開篇即曰「夫龍飛九五，配天光宅，有受命之符，天人之應……」

原來「嘉禾」是配合各種「符瑞」，與祥雲、瑞獸、奇珍稀寶「嘉異之物」一起，證明「聖王」政權的歷史合法性——無論其出身是「先聖之後」還是流氓強盜、地痞無賴，無論其途徑是「禪讓」還是「革命」。手段雖則不甚高明甚至卑劣，卻也唬人，皇帝們也就任其編造敘寫。

〔註 5〕周代出行前祭祀路神又稱「犯軷」、「祖」，《詩經》中凡四處言及：本詩及《邶風·泉水》二章「出宿于泲，飲餞于禰」，《毛傳》：「祖而舍軷，飲酒

於其側曰餞,重始有事於道也。」《鄭箋》:「軷,道祭也。」朱熹《集傳》:「餞餞者,古之行者,必有祖道之祭,祭畢,處者送之,飲於其側而後行也。」又《烝民》七章「仲山甫出祖,四牡業業,征夫捷捷,每懷靡及」、《韓奕》三章「韓侯出祖,出宿于屠」。參見《夏官・大馭》「掌馭王路以祀。及犯軷,王自左馭,馭下祝,登,受轡,犯軷,遂驅之」及鄭注、賈疏。

大雅・行葦

　　柳宗元「永貞革新」後被貶，寫下了諸如「一身去國六千里，萬死投荒
十二年」（《別舍弟宗一》）、「聖恩倘忽念行葦，十年踐踏久已勞」（《寄韋珩》）
之類的詩句。心裏苦悶，卻還是惦記著皇帝能夠給自己一點恩寵，「猶有牛心
存，時將承雨露」（《孤松》），文人性情，算不得真正的改革志士。（一個副司
局級的「禮部員外郎」，能有什麼分量？）

　　柳宗元的「念行葦」即來自漢人於《行葦》之說。〔註1〕但言「周家」，
漢儒的反應很快，劉向《列女傳・晉弓工妻》「君聞昔者公劉之行乎？羊牛踐
葭葦，惻然為民痛之，恩及草木」；班彪《北征賦》「慕公劉之遺德，及行葦
之不傷」；趙曄《吳越春秋・吳太伯傳》「公劉慈仁，行不履生草，運車以避
葭葦」；王符《潛夫論・德化》「公劉厚德，恩及草木、牛羊六畜，仁不忍乎
踐履生草，則又況於民萌而有不化者乎」，《邊議》「公劉仁德，廣被行葦，況
含血之人，己同類乎……」

　　公劉披荊斬棘艱難地處在戎狄之間，「不忍乎踐履生草」，又如何「復修
后稷之業，務耕種」呢？漢儒之解似乎是為了說與中央集權下的皇室和皇帝
聽——真是鹹吃蘿蔔淡操心，「高祖」劉邦卸磨殺驢「非劉氏王者，天下共擊
之」，賈誼「數上疏陳政事」，給文帝出主意趕緊「操刀」，「眾建諸侯而少其
力。力少則易使以義，國小則亡邪心。令海內之勢如身之使臂，臂之使指，
莫不制從，諸侯之君不敢有異心……」（《治安策》）晁錯建議景帝「削藩」，
漢武帝更是鐵腕打擊削弱地方勢力，以諸侯王所獻「酎（zhòu）金」的成色不
好或斤兩不足為藉口，奪其爵、削其地……經學家們「仁及草木」之類的話，
他們連聽的工夫也沒有。

　　所以爲作《行葦》，實則是「親戚兄弟」之間已經很不「內睦」了。詩人借道旁的蘆葦叢起興，野草的親切氣息裏一片「殷勤篤厚之意」——在《雅》詩修飾主語是人的疊詞中，較之「赫赫」（《小雅・出車》、《節南山》）、「佻佻」（《大東》）、「偕偕」（《北山》）、「亹亹」（《文王》、《崧高》）、「濟濟」（《棫樸》）等，《行葦》之「戚戚」寄情最深。然而，一次次的燕飲射儀之後，那眾「親戚兄弟」依是各人自想各人事……

敦彼行葦，牛羊勿踐履。

　　《毛傳》：「敦（tuán），聚貌。行（háng），道也。」《鄭箋》：「敦敦然道旁之葦，牧牛羊者毋使躐（liè）履折傷之。」躐，踐踏。

方苞方體，維葉泥泥。

　　《鄭箋》：「苞，茂也。體，成形也。」又馬瑞辰《通釋》：「《爾雅》：『如竹箭曰苞。』葦之初生似竹筍之含苞，故曰方苞。」泥泥：《毛傳》：「葉初生泥泥。」朱熹《集傳》：「泥泥，柔澤貌。」「維葉泥泥」，一句充滿生命情懷和無限愛意的「詩」。首章四句興下文，可謂意切。

戚戚兄弟，莫遠具爾。或肆之筵，或授之几。

　　《毛傳》：「戚戚，內相親也。肆，陳也。或陳言筵者，或授幾者。」《鄭箋》：「莫，無也。具猶俱也。爾謂進之也。王與族人燕，兄弟之親，無遠無近，俱揖而進之。年稚者，爲設筵而已。老者，加之以幾。筵，席也。鋪陳曰筵，藉之曰席。」筵即竹席，著地者爲筵，其上一層曰席。又朱熹《集傳》：「爾，與邇同。……疑此祭畢而燕父兄耆老之詩，故言敦彼行葦，而牛羊勿踐履，則方苞方體，而葉泥泥矣。戚戚兄弟而莫遠具爾，則或肆之筵，而或授之几矣。此方言其開燕設席之初，而殷勤篤厚之意，藹然已見於言語之外矣。」兄弟：指宗族兄弟。參見《小雅・常棣》一章「凡今之人，莫如兄弟」注。

肆筵設席，授几有緝御。

　　《毛傳》：「設席，重席也。緝御，蹴踖（cùjí）之容也。」蹴踖，恭敬而侷促貌。《後漢書・光武十王列傳》「東平憲王蒼」有「臣惶怖戰慄，誠

不自安，每會見，踧踖無所置」句。又《鄭箋》：「緝，猶續也。御，侍也。兄弟之老者，既爲設重席授幾，又有相續代而侍者，謂敦史也。」按：「敦史」當《禮記·內則》「有善則記之爲惇（dūn）史」之「惇史」，鄭玄注：「史惇厚也。」孔穎達疏：「惇，厚也。言老人有善德行則紀錄之，使眾人法，則爲惇厚之史。」

或獻或酢，洗爵奠斝。

《鄭箋》：「進酒於客曰獻，客答之曰酢。」奠：置。《鄭箋》：「主人又洗爵酬客，客受而奠之，不舉也。」見《儀禮·鄉飲酒禮》、《燕禮》，《禮記·鄉飲酒義》、《燕義》。斝（jiǎ）：《毛傳》：「爵也。夏曰盞，殷曰斝，周曰爵。」《鄭箋》：「用殷爵者，尊兄弟也。」又于省吾《新證》：「今以出土的商周時代酒器驗之，則斝爲有鋬（pàn）、兩柱、三足（或四足）、圓口之器，用以貯酒。爵爲飲酒器，今俗稱之爲爵杯。以容量計之，則斝大於爵約十或二十餘倍。……因爲斝器較大，常設於爵側，故言奠。」（p107）鋬，器物備手把者。

醓醢以薦，或燔或炙。

醓醢：以肉作醬曰醢，肉醬有汁謂之醓醢。醓音見《賓之初筵》一章「籩豆有楚，殽核維旅」注。參見《天官·醢人》。薦：進獻。燔、炙：此指燒熟的肉和考熟的肉。《鄭箋》：「薦之禮，韭菹則醓醢也。燔用肉，炙用肝。」參見《小雅·瓠葉》三章「有兔斯首，燔之炙之」注。

嘉殽脾臄，或歌或咢。

殽：同「肴」。脾：陳奐《傳疏》：「《醢人》：『饋食之豆，脾析蠯醢。』鄭司農注云：『脾析，牛百葉也。』……碎切之謂之脾析。」按：《醢人》原文爲：「饋食之豆，其實葵菹、蠃醢、脾析、蠯（pí）醢、蜃（蛤蜊）、蚳（音 chí，白色蟻卵）醢、豚拍、魚醢。」鄭司農云：「蠯，蛤也。」「蠯醢」即蚌做的醬，《儀禮·既夕禮》作「蜱醢」。豚拍，豬肋肉，或曰豬腿。臄：《毛傳》：「函也。」《孔疏》引服虔《通俗文》：「口上曰臄，口下曰函。」朱熹《集傳》：「臄，口上肉也。」臄音見《賓之初筵》一章「籩豆有楚，殽核維旅」注。歌、咢（è）：《毛傳》：「歌者，比於琴瑟也，徒擊鼓曰咢。」《孔疏》：「言王燕族人，於獻酒之時，

則用醓醢並韭菹以薦進之也。又復或燔其肉，或炙其肝以為羞（饈）。
其正饌以外所加善殽，則脾之與臄。酒殽既備，又作樂助觀。於是時，
或比於琴瑟而歌，或徒擊鼓而咢。以此燕樂族人，是王能內睦之也。」
菹，醃菜。《醢人》列七種醃菜：韭菹、茆（mǎo）菹、葵菹、箈（tái）
菹、筍菹、菁菹、芹菹。茆，蓴菜。箈，嫩筍。參見《儀禮・燕禮》、
《禮記・燕義》。

敦弓既堅，四鍭既鈞。

《毛傳》：「敦（diāo）弓，畫弓也。天子敦弓。」《孔疏》：「敦與彫（雕），
古今之異。彫是畫飾之義。」堅：朱熹《集傳》：「猶勁也。」鍭（hóu）：
金屬箭頭。朱熹《集傳》：「金鍭翦羽矢也。」翦，言整齊。鈞：「均」之
假借，指箭的各部勻稱協調。朱熹《集傳》：「鈞，參（三）亭也。謂三
分之，一在前，二在後，三訂之而平者，前有鐵重也。」亭，適中，均
勻。

舍矢既均，序賓以賢。

舍：《鄭箋》：「舍之言釋也。」朱熹《集傳》：「謂發矢也。」均：朱熹《集
傳》：「皆中也。」賢：指射藝言。〔註2〕《鄭箋》：「序賓以賢，謂以射
中多少為次第。」朱熹《集傳》：「賢，射多中也。」序賓以賢：即「以
賢序賓」之倒文。

敦弓既句，既挾四鍭。

句（gòu）：朱熹《集傳》：「句、彀（gòu）通，謂引滿也。」挾：《鄭箋》：
「射禮，搢（jìn）三挾一個，言已挾四鍭，則已遍釋之。」《孔疏》：「搢
者，插也。挾，謂手挾之。射用四矢，故插三於帶間，挾一以扣弦而射
也。射禮每挾一個，今言挾四鍭，故知已遍釋之也。」

四鍭如樹，序賓以不侮。

如樹：《毛傳》：「言皆中也。」《孔疏》：「其四鍭皆中於質，如手就樹
之然。」朱熹《集傳》：「如樹，如手就樹之，言貫革而堅正也。」正
（zhēng），箭靶的中心部分。《齊風・猗嗟》二章有「終日射侯，不出
正兮」句。侯，皮革做成的靶。「序賓」句：《毛傳》：「言其皆有賢才

-569-

也。」侮：怠慢。《鄭箋》：「不侮者，敬也。其人敬於禮，則射多中。」
參見《儀禮・大射儀》、《禮記・射義》。

曾孫維主，酒醴維醹。

曾孫：指周先祖的後代而言，此指周王。朱熹《集傳》：「曾孫，主祭
者之稱，今祭畢而燕，故因而稱之也。」前「維」，為。後「維」，助
語氣。醴：用米釀製的甜味酒。「酒醴」泛指酒而言。醹（rú）：《毛傳》：
「厚也。」指酒味醇厚。

酌以大斗，以祈黃耇。

斗：有柄的盛酒器。《毛傳》：「大斗，長三尺也。」黃耇：朱熹《集傳》：
「老人之稱。以祈黃耇，猶云『以介眉壽』云耳。」

黃耇台背，以引以翼。

台背：《毛傳》：「大老也。」《鄭箋》：「台之言鮐（tái）也。大老則背有
鮐文。」鮐：鮐魚，體側上部有深藍色波狀條紋。翼：《毛傳》：「敬也。」
《鄭箋》：「在前曰引，在旁曰翼。」指在兩旁扶持。

壽考維祺，以介景福。

維：助語氣。祺：《毛傳》：「吉也。」介：《鄭箋》：「助也。助老人而
得者，所以助大福也。」助，引為祈。參見《小雅・小明》五章「神
之聽之，介爾景福」注。景：大。《孔疏》：「作《行葦》詩者，言忠誠
而篤厚也。言周家積世能為忠誠篤厚之行，其仁恩及於草木。以草木
之微，尚加愛惜，況在於人，愛之必甚。以此仁愛之深，故能內則親
睦九族之親，外則尊事其黃髮之耇，以禮恭敬養此老人，就乞善言，
所以為政，以成其周之王室之福祿焉。」

〔註1〕《毛序》：「《行葦》，忠厚也。周家忠厚，仁及草木，故能內睦九族，
外尊事黃耇，養老乞言，以成其福祿焉。」

〔註2〕參見《小雅・北山》〔註4〕引侯外廬說。

大雅・既醉

　　《書序》：「成王既伐管叔、蔡叔，以殷餘民封康叔，作《康誥》、《酒誥》、《梓材》。」《酒誥》鑒史論酒，指出了戒酒於鞏固政權的重要性，「天降威，我民用大亂喪德，亦罔非酒惟行。越小大邦用喪，亦罔非酒惟辜。文王誥教小子有正有事，無彝酒。越庶國，飲惟祀，德將無醉。」只有祭祀時方可飲酒，但底線必須是「無醉」。

　　《今本竹書紀年》成王十九年「王巡狩侯、甸、方岳，召康公從」，「歸於宗周，遂正百官」，「黜豐侯」（王國維疏證引《說文解字》「鄉飲酒有豐侯者」，阮諶《三禮圖》「豐，國名也，坐酒亡國」，崔駰《酒箴》「豐侯沉湎，荷罌抱缶〔fǒu〕。自戮於世，圖形戒後」）——國勢初具，君臣威儀儼然，祀事當莊重嚴格，毛、鄭所言「醉酒飽德」，又該如何埋解呢？〔註1〕

　　西周中後期，作「詩」彷彿成了朝廷一種例行公務的「清要」。如果說較早的《周頌・執競》「既醉既飽，福祿來反」，表現的是祭祖祈福後的歡喜與放達之情態，那麼，此處便是「福祿」已然難得之下的執著與焦慮。《小雅・賓之初宴》在記錄「醉而伐德」的同時，又含糊其辭「既醉而出，並受其福」美言之；《既醉》同樣在兩次「既醉以酒」後趕緊打住，重點寫祝官代表神尸向主人之祝福——此類祝頌之辭，在一個政權的末世時代，已是怎麼寫都不過分了。通常越是離譜，「王」越是高興。在公尸的念詞和祭祀的鼓樂聲中，在「頌歌」聲裏，他或許真還以爲有「君子萬年」、「萬歲……」

既醉以酒，既飽以德。

　　《毛傳》：「既者，盡其禮，終其事。」《鄭箋》：「禮，謂旅酬之屬。事，

謂惠施先後及歸俎之類。」

君子萬年，介爾景福。

《鄭箋》：「君子，斥成王也。介，助。景，大也。成王，女有萬年之壽，天又助女以大福，謂五福也。」〔註2〕《孔疏》：「成王之祭宗廟，群臣助之，至旅酬而酌酒，終無籌爵，（籌 suàn，算。無籌爵即不限定飲酒爵數，至醉而止）而皆醉。言成王既醉之以酒矣，又於祭末見惠施先後歸俎之事，差次二者之德，志意充滿，又是既飽以德矣。君子成王，德能如此，當有萬年之壽，天又大與汝大福也。」朱熹《集傳》：「君子，謂王也。爾，亦指王也。」林義光《通解》謂此詩是「工祝奉尸命以致嘏於主人之辭」；于省吾《新證》：「（此詩）按其詞句的調暢，韻讀的流利，與其他詩篇以及周代金文中可以辨認出時代的韻文相互印證，則此詩的著作時代不能早於西周末期……此詩是當時的某一貴族，在祭祀祖先後，宴饗賓朋時，公尸致以祝嘏之詞。」《禮記·禮運》「修其祝、嘏，以降上神與其先祖」，鄭玄注：「祝，祝爲主人饗神辭也；嘏，祝爲尸致福於主人之辭也。」參見《楚茨》一章「以妥以侑，以介景福」、二章「祝祭于祊，祀事孔明」注。介、景：《鄭箋》：「介，助。景，大也。」助，引爲予、賜。參見《小明》五章「神之聽之，介爾景福」注。

既醉以酒，爾殽既將。

將：祀，獻。參見《小雅·正月》九章「載輸爾載，將伯助予」、《楚茨》二章「或剝或亨，或肆或將」、六章「爾殽既將，莫怨具慶」、《文王》五章「殷士膚敏，裸將於京」注。周代宗族社會中，舉行祭祀後親族共食或分食祭肴。參見《常棣》三章「每有良朋，況也永歎」注。又《毛傳》：「將，行也。」朱熹《集傳》：「亦奉持而進之意。」

君子萬年，介爾昭明。

《孔疏》：「與之以昭明之道，謂使之政教常善，永作明君也。」

昭明有融，高朗令終。

融：朱熹《集傳》：「融，明之盛也。」有融，即融融。又《毛傳》：「融，

長也。」《鄭箋》:「令,善也。天既助汝以光明之道,又使之長。有高明之譽,而以善名終,是其長也。」朗:《毛傳》:「明也。」令終:朱熹《集傳》:「善終也。」

令終有俶,公尸嘉告。

俶:《毛傳》:「始也。」參見《小雅・大田》一章「以我覃耜,俶載南畝」注。公尸:《毛傳》:「天子以卿,言諸侯也。」《鄭箋》:「諸侯有功德者,入爲天子卿大夫,故云『公尸』。公,君也。」陳啓源《稽古編》:「公者,君也。天子祭宗廟,以卿而尸。卿出封則爲侯伯,侯伯入仕王朝則爲卿,皆有君道,故稱公尸。」朱熹《集傳》:「公尸,君尸也。周稱王而尸,但曰公尸,蓋因其舊。如秦已稱皇帝,而其男女猶稱公子公主也。」又于省吾《新證》:「此詩與《鳧鷖》均有『公尸』之稱,而《楚茨》與《儀禮・少牢饋食禮》又均有『皇尸』之稱,公與皇非實有所指。乃係當時的一種尊稱。皇尸既非以皇帝爲尸,則公尸當然也不是以公卿爲尸。」(p144)參見《小雅・楚茨》五章「神具醉止,皇尸載起」、《天保》四章「君曰卜爾,萬壽無疆」注。嘉告:朱熹《集傳》:「以善言告之,謂嘏辭也。蓋欲善其終者必善其始,今固未終也,而既有其始矣,於是公尸以此告之。」嘏辭,祝爲受祭者(尸)致福於祭主之辭。

其告維何?籩豆靜嘉。

《鄭箋》:「公尸所以善言告之,是何故乎?乃用籩豆之物,潔清而美,政平氣和所致故也。」籩、豆:見《小雅・楚茨》三章「君婦莫莫,爲豆孔庶,爲賓爲客」、《賓之初筵》一章「籩豆有楚,殽核維旅」、《大雅・生民》七章「卬盛于豆,于豆于登」注。維:助語氣。

朋友攸攝,攝以威儀。

朋友:此處指親族中的爵貴者。《鄭箋》:「謂群臣同志好者也。」參見《常棣》三章「每有良朋,況也永歎」、五章「雖有兄弟,不如友生」、《沔水》一章「嗟我兄弟,邦人諸友」、《十月之交》八章「天命不徹,我不敢傚我友自逸」、《雨無正》六章「亦云可使,怨及朋友」注。又朱熹《集傳》:「朋友,指賓客助祭者。」攸:助詞。攝:輔,助。《毛傳》:「言相攝佐者,以威儀也。」威儀,指祭祀禮節。朱熹《集傳》:

「公尸告以汝之祭祀，籩豆之薦，既靜嘉矣。而朋友相攝佐者，又皆有威儀當神意也。」本章及下章「威儀」參見《小雅・湛露》四章「豈弟君子，莫不令儀」注。

威儀孔時，君子有孝子。

孔時：指甚得其宜。時，通「是」，善，嘉。參見《小雅・賓之初筵》四章「飲酒孔嘉，維其令儀」注。孝子：朱熹《集傳》：「主人之嗣子也。」

孝子不匱，永錫爾類。

《毛傳》：「匱，竭。類，善也。」陳奐《傳疏》：「言孝子有不竭之善，則祖考之神，長與孝子以善也。」又《左傳・隱公元年》引《詩》楊伯峻注：「言孝子為孝，無有竭盡之時，故能以此孝道長賜予汝族類。」
〔註3〕

其類維何？室家之壼。

壼：《毛傳》：「廣也。」《爾雅・釋宮》：「宮中弄謂之壼。」弄即巷道。陳奐《傳疏》：「壼本為宮中弄名，引申之則為廣，廣之言擴充也。」壼音見《小雅・巷伯》讀注。〔註4〕朱熹《集傳》：「言深遠而嚴肅也。」

君子萬年，永錫祚胤。

祚：朱熹《集傳》：「福祿也。」于省吾《新證》：「『祚』，《釋文》作『胙』。《說文》訓胙為祭福肉，《爾雅・釋天》釋文訓祚為福。玄應《一切經音義》卷一引《國語》賈（逵）注又訓祚為祿，祿與福義相因，故下文『天被爾祿』的『祿』，毛傳也訓為福。」（p145）胤：《毛傳》：「嗣也。」《鄭箋》：「天又長予福祚至於子孫。」又于省吾《新證》：「本章前二句『其類維何？室家之壼』，是承第五章末句『永錫爾類』為言，後二句的『君子萬年，永錫祚胤』，是冒下為言。」（p145）《周語下》晉大夫叔向解此章曰：「類也者，不忝前哲之謂也。壼也者，廣裕民人之謂也。萬年也者，令聞不忘之謂也。胤也者，子孫蕃育之謂也。」忝，有愧於。《瞻卬》七章、《小雅・小宛》四章分別有「無忝皇祖，式救爾後」、「夙興夜寐，毋忝爾所生」句。

其胤維何？天被爾祿。

> 被：覆。《鄭箋》：「天覆被女以祿位，使祿福天下。」于省吾《新證》：「『胤』是上一章『祚胤』的簡語，爲的是與上文『其告維何』、『其類維何』句法一律。……『其胤維何，天被爾祿』二句，是爲下文『君子萬年』以至篇末作概括語，因爲下文的『景命有僕』以至篇末，是以天命賞賜僕隸爲言，與祚胤訓爲福祿繼續之義完全相合。」（p145、p146）

君子萬年，景命有僕。

> 景：大。景命意即天命。《毛傳》：「僕，附也。」《鄭箋》：「……既有萬年之壽，天之大命又附著於女，謂使爲政教也。」又于省吾《新證》：「這是說君子至於萬年之久，永遠保有僕隸，僕隸來自天命。」（p146）

其僕維何？釐爾女士。

> 釐：《毛傳》：「予也。」釐音見《小雅・都人士》讀注。女、士：指男、女人口言。于省吾《新證》：「『其僕維何，釐爾女士』，這是說所賜予的僕隸有男有女。古人稱男女爲士女，無階級貴賤之別……凡《詩經》中以士與女對稱者，都係指青壯年男女言之。《載芟》『有依其士』，王引之《經義述聞》以爲『士者壯年之稱，《大過・九五》曰，老婦得其士夫，是壯年者謂之士也』。又說『書傳無稱子弟爲士者』。王說甚確。」（p146、p147）「大過」爲《周易》六十四卦中第二十八卦；《周頌・載芟》「有嗿其饁，思媚其婦，有依其士」，《毛傳》：「士，子弟也。」

釐爾女士，從以孫子。

> 《鄭箋》：「從，隨也。天既予女以女而有士行者，又使生賢知之子孫以隨之，謂傳世也。」（註5）于省吾《新證》：「首二章以『君子萬年』、『介爾景福』和『介爾昭明』總冒全文。自第四章『其告維何』起，一直追問到底，層層剝剔，越說越具體。而自『永錫爾類』以下，則專就賜予族類和福祿爲言……自『景命有僕』以至篇末，則專就僕隸有男有女和隨以孫子言之，爲『永錫爾類』作出最後的更具體的解答。這不是一般祈福的祝辭，而是通過公尸的嘉告，來說明當時統治階級的福祿和奴隸都是大命所賜。」（p149）「奴隸」說不確。本詩「頂針」的章法結構參見《文王》、《下武》。

〔註1〕《毛序》：「《既醉》，大（太）平也。醉酒飽德，人有士君子之行焉。」《鄭箋》：「成王祭宗廟，旅酬下徧（遍）群臣，至於無算爵，故云醉焉。乃見十倫之義，志意充滿，是謂之飽德。」《孔疏》：「成王之祭宗廟，群臣助之。至於祭末，莫不醉足於酒，厭飽其德。既荷德澤，莫不自修，人皆有士君子之行焉。能使一朝之臣盡爲君子，以此教民大安樂，故作此詩以歌其事也。」

「十倫之義」，《禮記·祭統》：「夫祭有十倫焉：見事鬼神之道焉，見君臣之義焉，見父子之倫焉，見貴賤之等焉，見親疏之殺焉，見爵賞之施焉，見夫婦之別焉，見政事之均焉，見長幼之序焉，見上下之際焉。此之謂十倫。」

〔註2〕五福，《周書·洪範》：「一曰壽，二曰富，三曰康寧，四曰攸好德，五曰考終命。」

〔註3〕于省吾《澤螺居詩經新證》：「匱本應作遺……遺、墜音近古通……孝子不墜，永錫爾類，言孝子奮勉不廢墜，則永錫爾善也。」（p39、p40）「『孝子不匱』，是說孝子自強不頹墜。」（p144）

《新證》對「永錫爾類」的「類」在卷上和卷下的理解並不一致。卷下以爲類應作「族類」講，「『永錫爾類』，是說永久以奴隸的族類錫予之，因爲在當時以奴隸爲賞賜品是習見的。……金文言錫臣幾家或十家者習見。或言室，或言家，或室家並言……均係按照大小聚居的奴隸族類言之。」（p144、p145）以「族類」理解「類」當近詩之本義，但「奴隸」說無論概念還是指向，均不確。或謂「永錫爾類」與「孝子不匱」互言，「類」即指其「孝子」，正應于氏言：「類謂種類，族謂宗族。就全體言之，則叫作類；就支派言之，則叫作族；通言之則類與族無別。」（《新證》p144）

〔註4〕于省吾《澤螺居詩經新證》：「《廣雅·釋詁》：『壺，凥（居）也。』室家聚族以居，故言『室家之居』。本章開首以『其類維何』作問辭，以『室家之壺』作答辭，明明類與室家都是實有所指……這無疑是說用室家聚族以居的族類作爲永久的賞賜品，與《左傳》賞狄臣千室，金文賜臣若干家的例子是一樣的。」（p145）見《左傳·宣公十五年》晉侯（景公）賞桓子（荀林父）狄臣千室（「狄臣」即戰敗被俘的狄族，「狄臣千室」即一千戶狄族）、《令鼎》、《矢令簋》、《不其簋》等相關銘文。

〔註5〕鄭在「子孫繁昌」的意義上理解詩句是對的，但言「女士」爲「女而有士行者」，則屬牽強無稽之言。

大雅・鳧鷖

　　《禮記・祭統》中有一段話，說的是代替祖先受祭者「尸」吃鬼神剩下的祭品，國君和卿吃尸剩下的祭品，大夫、士、「百官」（鄭玄注「有事於君祭者」）等後者分別再吃前者剩下的祭品。〔註1〕雖爲附會，也見得周人曾經所爲之大概，更見得漢人之於「恩澤」的理論。

　　《大雅》相當部分與祭祀相關。除《詩經》外，《三禮》、《國語》、《春秋》經、傳表明，周人以祭祖爲主的祭祀較之殷商更爲頻繁，大量的青銅器尤爲顯證。他們以祖先崇拜之名義，通過祭祖昭明到手的政權神聖不可動搖，宗法制度不可動搖，昭穆制度不可動搖，等級制度不可動搖——祭祀成爲周人最重要的政治行爲之一，《左傳・成公十三年》所謂「國之大事，在祀與戎」。

　　以鄭玄「祭祀既畢，明日又設禮而與尸燕」說，《鳧鷖》似言「正祭」之後的「繹祭」事，尸來到宗廟接受「儐尸禮」（漢人於《儀禮・有司徹》中有詳紀）。詩以水中之鳧鷖起興，前四章連續出現「公尸來燕來寧」的六字句式——「公尸」即《毛傳》所說「天子以卿」者。「公」是重量級的諸侯爲之而獲得的尊稱，所以「公」字必須突出而不再顧及作文上的四言統一。

　　一番宴飲，人散後，不知天子於「福祿」有幾許把握？

鳧鷖在涇，公尸來燕來寧。

　　鳧鷖（fúyī）：《毛傳》：「鳧，水鳥也。鷖，鳥屬。太平則萬物眾多。」鳧、鷖即鳧和鷗。《陸疏》：「鳧大小如鴨，青色卑腳，短喙，水鳥之謹願者。」卑，矮小。謹願，誠實，謹慎。陸德明《釋文》引《蒼頡解詁》：「鷖，鷗也。一名水鴞也。」《鄭箋》：「涇，水中也。水鳥而居水

中，猶人爲公尸之在宗廟也，故以喻焉。祭祀既畢，明日又設禮而與尸燕。」又朱熹《集傳》：「涇，水名。」公尸：見《既醉》三章「令終有俶，公尸嘉告」、《小雅·楚茨》五章「神具醉止，皇尸載起」、《天保》四章「君曰卜爾，萬壽無疆」注。來：猶「是」，乃。燕：通「宴」，宴飲。寧：安。《鄭箋》：「尸來燕也，其心安。」

爾酒既清，爾殽既馨。

爾：朱熹《集傳》：「自歌工而指主人也。」即周王。殽：通「肴」。馨：《毛傳》：「香之遠聞也。」

公尸燕飲，福祿來成。

《鄭箋》：「女酒殽清美，以與公尸燕樂飲酒之故，祖考以福祿來成女。」女，汝。

鳧鷖在沙，公尸來燕來宜。

《毛傳》：「沙，水旁也。宜，宜其事也。」《鄭箋》：「其來燕也，心自以爲宜。」又于省吾《新證》：「宜、儀古通。《文王》『宜鑒于殷』，《大學》作『儀鑒于殷』。『來儀』猶言來匹。」（p40）

爾酒既多，爾殽既嘉。

《毛傳》：「言酒品齊多而殽備美。」

公尸燕飲，福祿來為。

《鄭箋》：「為，猶助也。」

鳧鷖在渚，公尸來燕來處。

《毛傳》：「渚，沚也。處，止也。」沚，水中小洲。參見《小雅·菁菁者莪》二章「菁菁者莪，在彼中沚」注。

爾酒既湑，爾殽伊脯。公尸燕飲，福祿來下。

湑：《鄭箋》：「酒之沛者也。」沛：過濾。參見《小雅·伐木》三章「有酒湑我，無酒酤我」注。伊：助詞，「是」。脯：乾肉。下：降。參見《旱麓》二章「豈弟君子，福祿攸降」注。

鳧鷖在潨，公尸來燕來宗。

> 潨（cóng）：《毛傳》：「水會也。」《說文》：「小水入大水曰潨。」又《鄭箋》：「潨，水外之高者也。」即水邊高地，水厓。宗：《毛傳》：「尊也。」《鄭箋》：「其來燕也，有尊主人之意。」尊奉。《孔疏》：「廟以尊重稱宗廟，故宗爲尊也。」

既燕于宗，福祿攸降。

> 《鄭箋》：「既，盡也。宗，社宗也。群臣及下民，盡有祭社之禮而燕飲焉，爲福祿所下。」社宗，廟。朱熹《集傳》：「來宗之宗，尊也。于宗之宗，廟也。」

公尸燕飲，福祿來崇。

> 崇：《毛傳》：「重也。」朱熹《集傳》：「崇，積而高大也。」

鳧鷖在亹，公尸來止熏熏。

> 亹（mén）：朱熹《集傳》：「水流峽中，兩岸如門也。」止：臨止。熏熏：《毛傳》：「和說也。」說，悅。又何楷《古義》：「熏熏，當依《說文》作醺醺，謂尸醉也。」

旨酒欣欣，燔炙芬芬。

> 旨：味美。欣欣：《毛傳》：「欣欣然樂也。」燔、炙：指燒熟的肉和烤熟的肉。芬芬：《毛傳》：「香也。」

公尸燕飲，無有後艱。

> 《毛傳》：「無有後艱，言不敢多祈也。」《孔疏》：「『無有後艱』，守成而已，非神加之福，見孝子之意，不敢多祈也。……『不敢』更復望福，是所謂能持盈也。」按：「持盈」語本《老子》九章「持而盈之，不如其已」，意保守成業。言盡力去把持、佔有，不如得止則止。

〔註1〕「夫祭有餕（音 jùn，吃剩的食物），餕者祭之末也，不可不知也。是故古之人有言曰『善終者如始』，餕其是已。是故古之君子曰『尸亦餕鬼神之餘也，惠術也，可以觀政矣。』是故尸謖（音 sù，肅敬起身），君與卿四人餕。君起，大夫六人餕，臣餕君之餘也。大夫起，士八人餕，賤餕貴之餘也。士起，各

執其具以出，陳於堂下，百官進，徹（撤）之，下餕上之餘也。凡餕之道，每變以眾，所以別貴賤之等，而興施惠之象也。是故以四簋黍見其脩於廟中也。廟中者，竟內之象也。祭者，澤之大者也，是故上有大澤，則惠必及下，顧上先下後耳，非上積重而下有凍餒之民也。是故上有大澤，則民夫人待於下流，知惠之必將至也，由餕見之矣。故曰：『可以觀政矣。』」

大雅・假樂

「德」本之於周禮的履行，漢儒偷換概念以封建士大夫的「道德修養」作指向；「民」在西周早中期或並不包括「野人」、「庸」和被征服土地上的原住民在內，漢儒一併將其與「三家分晉」之後「封建」社會意義上的「小民」、「平民」等同起來。如此解「詩」，周王朝得到了美化是其次，要之「皇帝」與「天子」能夠形成對接——經學家們天眞地希望，關於《詩》說，關於周人之言說，能裨益於漢王室。

然而周人所謂「敬德」、「明德」、「保民」、「息民」，並不是眞正意義上的民本思想。直到後期政權行將傾塌時的政治攻訐和謾罵中，還是一片「人有土田，女反有之。人有民人，女覆奪之……」「民人」和土地從來都是天子、諸侯、大夫的私有財富。〔註1〕雖《假樂》、《泂酌》言「民之攸墍」，但王室最在意的當然是「百辟卿士，媚于天子」宗法政權的壯大與穩定。反反覆覆強調「令德」、「德音」、「威儀」，即於周禮的循守，曾是西周較長歷史時期「國內」最大的政治。詩無論作於何時，事合成、康——周人最喜以「受祿于天」、「自天申之」言其時。

假樂君子，顯顯令德。

假：《毛傳》：「嘉也。」《禮記・中庸》、《左傳・襄公二十六年》引作「嘉樂」。君子：指周王。顯顯：《鄭箋》：「顯，光也。」馬瑞辰《通釋》：「《廣雅・釋訓》：『顯，顯著也。』」令德：美德。參見《小雅・賓之初筵》四章「醉而不出，是謂伐德。飲酒孔嘉，維其令儀」注。

宜民宜人，受祿于天。

民人：民、人所指當不同，「民」指遠屬族人；參見《小雅・伐木》三章「民之失德，乾餱以愆」注。「人」或指被征服土地上的土著居民，或指受封土地上的「庸」。〔註2〕《抑》五章「質爾人民」、《桑柔》八章「民人所瞻」、《瞻卬》二章「人有民人」之民、人當同。又《毛傳》：「宜民宜人，宜安民，宜官人也。」《鄭箋》：「安民官人皆得其宜，以受福祿於天。」《孔疏》：「宜於民而能安之，宜於人而能官之，以此能受其福祿於天，是天嘉樂之也。……民、人散雖義通，對宜有別。」〔註3〕又朱熹《集傳》：「民，庶民也。人，在位者也。……言王德之既宜民人，而受天祿矣。」參見《皇矣》一章「皇矣上帝，臨下有赫。監觀四方，求民之莫」注。

保右命之，自天申之。

右：通「祐」。申：《毛傳》：「重也。」朱熹《集傳》：「而天之於王，猶反覆眷顧之而不厭，既保之右之命之，而又申重之也。」

干祿百福，子孫千億。

干：《毛傳》：「求也。」俞樾《平議》以爲干爲「千」之誤。億：《鄭箋》：「十萬曰億。」〔註4〕

穆穆皇皇，宜君宜王。

《毛傳》：「宜君王天下也。」王，用爲動詞。又朱熹《集傳》：「穆穆，敬也。皇皇，美也。君，諸侯也。王，天子也。……言王者干祿而得百福。故其子孫之蕃，至於千億。適（嫡）爲天子，庶爲諸侯，無不穆穆皇皇，以遵先王之法者。」

不愆不忘，率由舊章。

《鄭箋》：「愆，過。率，循也。……不過誤，不遺失，循用舊典之文章，謂周公之禮法。」率：遵循。

威儀抑抑，德音秩秩。無怨無惡，率由群匹。

威儀：參見《小雅・湛露》四章「豈弟君子，莫不令儀」注。《毛傳》：「抑抑，美也。秩秩，有常也。」《鄭箋》：「抑抑，密也。秩秩，清也。

成王立朝之威儀緻密無所失，教令又清明，天下皆樂仰之，無有怨惡。循用群臣之賢者，其行能匹耦己之心。」清，清晰，條理。又陳奐《傳疏》：「秩讀『咸秩無文』之秩，秩有次第之意，重言之曰秩秩。」「咸秩無文」見《周書・洛誥》，文，紊。參見《小雅・賓之初筵》一章「賓之初筵，左右秩秩」、三章「其未醉止，威儀抑抑」注。德音：德言，指內有尊循周禮之良德而外有好的言語。參見《鹿鳴》二章「我有嘉賓，德音孔昭」、《車舝》一章「匪飢匪渴，德音來括」、《隰桑》三章「既見君子，德音孔膠」注。又朱熹《集傳》：「言有威儀聲譽之美，又能無私怨惡，以任眾賢。」鄭玄以為「由」，用。朱熹以為「由」，以。句中「率」或當解為「遍」。

受福無疆，四方之綱。

綱：法度。朱熹《集傳》：「是以能受無疆之福，為四方之綱。」或曰四方之綱即「綱之四方」之倒文，剛即「綱紀」，治理意。

之綱之紀，燕及朋友。

朋友：此處仍指親族中的爵貴者。《毛傳》：「朋友，群臣也。」《鄭箋》：「（成王）能為天下之綱紀，謂立法度以理治之也。其燕飲常與群臣，非徒樂族人而已。」朱熹《集傳》：「燕，安也。朋友，亦謂諸臣也。」〔註5〕參見《常棣》三章「每有良朋，況也永歎」、五章「雖有兄弟，不如友生」、《沔水》一章「嗟我兄弟，邦人諸友」、《十月之交》八章「天命不徹，我不敢傚我友自逸」、《雨無正》六章「亦云可使，怨及朋友」、《大雅・既醉》四章「朋友攸攝，攝以威儀」注。

百辟卿士，媚于天子。

《鄭箋》：「百辟，畿內諸侯也。卿士，卿之有事也。媚，愛也。」參見《小雅・十月之交》四章「皇父卿士……」注。此處「卿士」泛指群臣百官各級官吏。〔註6〕

不解于位，民之攸墍。

解：通「懈」，不解于位，之於「百辟卿士」而言。《鄭箋》：「恩意及群臣，群臣故皆愛之，不解於其職位。民之所以休息，出此也。」攸：所。現於動詞前，形成名詞性詞組。墍：《毛傳》：「息也。」《左傳・哀公五

年》引詩楊柏峻注：「塈，息也，安寧也。此謂百官勤於職守，民所以得安寧。」又馬瑞辰《通釋》：「《方言》：『息，歸也。』『民之攸塈』，謂民之所息，即謂之所歸。」塈音見《小雅・蓼蕭》讀注。

〔註 1〕《周書・梓材》「欲至於萬年惟王，子子孫孫永保民」，孟子靈機一動，在《梁惠王上》中說「保民而王，莫之能禦也」。(《周語上》「至於武王，昭前之光明而加之以慈和，事神保民，莫弗欣喜」) 因爲民不屬於民自己，民之權不歸民，所以「保民」實即「馭民」、「制民」之變稱。

包括《詩》、《書》在內，儒生們已研注「五經」一百多年——西漢末匡衡對「柔仁好儒」的元帝劉奭說了一通「蓋保民者，『陳之以德義』，『示之以好惡』，觀其失而制其宜，故動之而和，綏之而安」的話，「上說 (悅) 其言，遷衡爲光祿大夫、太子少傅」。(《漢書・匡衡傳》) 但元帝時西漢政權已開始走向衰落，「保民」是一句空話，「馭民」的效果也不好。

〔註 2〕《大盂鼎》(康王)「人鬲」(人鬲即《周書・大誥》中的「民獻」)，《矢令簋》(昭王) 作「鬲」，「姜商 (賞) 令貝十朋，臣十家，鬲百人」。朋，古制貝五枚一系，二系爲一朋。參見《小雅・菁菁者莪》三章「既見君子，錫我百朋」注。

〔註 3〕《虞書・皋陶謨》有「在知人，在安民」「知人則哲，能官人」「安民則惠，黎民懷之」句，按孔穎達的說法是「其文與此相類，故知『宜民宜人』是『宜安民，宜官人也』」。

〔註 4〕數詞「億」古諸說不同，《魏風・伐檀》「不稼不穡，胡取禾三百億兮」，《毛傳》：「萬萬曰億。」沈括《夢溪筆談》：「古法以十萬爲億，十億爲兆，百兆爲秭。」《孫子算經》：「凡大數之法，萬萬曰億，萬萬億曰兆，萬萬兆曰京，萬萬京曰垓 (gāi)，萬萬垓曰秭……」

〔註 5〕行文中的「朋友」之稱可看出周代「貴族」根深蒂固和極端的宗族觀念，表現出了泛宗族之愛和宗族天下的得意與極欲。

又劉家和《〈書・梓材〉人歷、人宥試釋》：「金文中稱臣僚爲朋友的例子很多。《毛公鼎銘文》：『普效乃友正，毋敢湎於酉 (酒)。』『友正』即僚友。在上古小邦林立的時代，君主專制制度尚未形成，邦君與臣僚之間，界限和差別遠不如秦漢以後那樣森嚴和懸殊，友的關係在當時還是被公認的重要關係。尤其

值得我們注意的是：漢代君臣關係已非朋友關係，而漢代經師卻以『群臣』訓釋『朋友』，這更說明他們的說法是有師承的，反映的是先秦時期確曾存在過的歷史事實。」（《古代中國與世界》，p121）

〔註6〕《卷阿》七章「藹藹王多吉士，維君子使，媚于天子」。西周宗法政治語境下的「媚于天子」，詩歌語言於秦漢以降之王權政治一語成讖。且不論「百辟卿士」中能有多少是「吉士」，「維君子使」並媚於「天子」，不但放任「天子」為所欲為，也使「天子」常常著以「皇帝的新衣」而「穆穆皇皇」。

大雅・公劉

　　且不論詩中「取厲取鍛」是否取鐵礦而鍛鍊，〔註1〕維其字句流暢通曉，也迴異於商末周初之古奧艱澀。《公劉》或春秋初、中期周人追念先祖之筆——平王東遷後王室衰微，諸侯紛爭，一代王朝的氣數已一眼看到底；而「君之宗之」、「徹田爲糧」〔註2〕也不是周初就能憑空雕造出來的字句，而是長期熟知宗法制和與之相對應的生產關係的詩歌表達。

　　從字句上看，《公劉》「迺場迺疆，迺積迺倉」，《豳風・七月》「九月築場圃，十月納禾稼。黍稷重（穜）穆（tónglù），禾麻菽麥。嗟我農夫，我稼既同，上入執宮功」；《公劉》「執豕於牢，酌之用匏。食之飲之，君之宗之」，《七月》「九月肅霜，十月滌場。朋酒斯饗，曰殺羔羊，躋（jī）彼公堂。稱彼兕觥：萬壽無疆……」而《國風》者，則幾乎全部是進入東周時期的作品。〔註3〕

　　漢儒於詩歌的系統說辭（「太史公」會寫成了「歷史」），〔註4〕是基於漢王朝的建立。秦帝國雖僅十四年而滅卻是肇基了中國的「大一統」，一番陳勝、吳廣起義和楚漢之戰，接手的劉漢王朝倍覺山河無限不用說，儒家也甚歡欣——「天下」又有了統一穩定的政權，「天下」由「天子」領屬轉而成皇帝擁有。〔註5〕於是無限心情盡說《詩》，說后稷、公劉，說文王、武王，說姬家王朝！〔註6〕

篤公劉，匪居匪康。

　　篤：《毛傳》：「厚也。公劉居於邰，而遭夏人亂，迫逐公劉。公劉乃辟中國之難，遂平西戎，而遷其民邑於豳焉。」陸德明《釋文》：「王（肅）

云：『公，號；劉，名也。《尚書傳》云：『公，爵；劉，名也。』王基云：『公劉，字也，后稷之曾孫。』」居、康：《鄭箋》：「厚乎，公劉之爲君也，不以所居爲居，不以所安爲安。」朱熹《集傳》：「居，安。康，寧也。」

廼場廼疆，廼積廼倉。

《毛傳》：「廼場廼疆，言修其疆場也。廼積廼倉，言民事時和，國有積倉也。」場，田界，用爲動詞。參見《緜》四章「廼疆廼理，廼宣其畝」、《小雅・信南山》四章「中田有廬，疆場有瓜」注。

廼裹餱糧，于橐于囊，思輯用光。

裹：裝。《鄭箋》：「乃裹糧食於囊橐之中。」餱：《鄭箋》：「食也。」指乾食。橐、囊：《毛傳》：「小曰橐，大曰囊。」橐音見《小雅・斯干》三章「約之閣閣，椓之橐橐」注。思，句首助詞。嚴粲《詩緝》：「《書》『輯五瑞』注云：斂也。此『輯』亦聚集之也。」《孟子・梁惠王下》引作「思戢用光」。戢，《爾雅・釋詁》：「戢，聚也。」《小爾雅》：「戢，斂也。」參見《小雅・桑扈》三章「不戢不難，受福不那」、《鴛鴦》二章「鴛鴦在梁，戢其左翼」注。用：連詞，而。光：大，廣。句意或指糧食聚斂而多，或指綜合力量集聚而大。

弓矢斯張，干戈戚揚，爰方啟行。

干：《方言》：「自關而東或謂之瞂（fá），或謂之干，關西謂之盾。」〔註7〕戚、揚：《毛傳》：「戚，斧也。揚，鉞也。張其弓矢，秉其干戈戚揚，以方開道路去之豳，蓋諸侯之從者十有八國焉。」〔註8〕《孔疏》：「言公劉乃避中國之難，遂平西戎，而遷其民，邑之於豳者，言其遷之所由也。豳地雖亦與狄鄰，而近戎爲多，故云遂平西戎。平之者，謂與之交好，得自安居耳。公劉不忍鬥民而去，不與戎戰爭而平之也。」爰：助詞。方：朱熹《集傳》：「始也。……然後以其弓矢斧鉞之備，爰始啟行，而遷都於豳焉。」

篤公劉，于胥斯原。

于：助詞。胥：《毛傳》：「相。」《孔疏》：「相此原地，以居其民。」原：《毛傳》：「廣平曰原。」

既庶既繁，既順迺宣，而無永歎。

庶：眾多。順：朱熹《集傳》：「安。」宣：《毛傳》：「遍也。」朱熹《集
傳》：「言居之遍也。」又馬瑞辰《通釋》：「宣之言通也，暢也，言民
心既順，其情乃宣暢也。」又于省吾《新證》：「順、旬古並與巡通。……
上言公劉於相斯原，既庶既繁，故曰既巡乃宣，謂公劉既巡行，乃宣
示。巡行其原，宣示其眾，故下承以『而無詠歎』，謂人民之安其居也。」
（p40）「既庶既繁」當指公劉率周人來到斯原所看到的景象。

陟則在巘，復降在原。

陟：升。巘（yǎn）：《毛傳》：「小山，別於大山也。」又朱熹《集傳》：「巘，
山頂也。」《鄭箋》：「公劉之相此原地也，由原而升巘，復下而在原，言
反覆之，重居民也。」言公劉上下「巡行其原，宣示其眾」。

何以舟之？維玉及瑤，鞞琫容刀。

舟：一說通「周」，環而佩之。《毛傳》：「舟，帶也。」《鄭箋》：「民亦
愛公劉之如是，故進玉瑤、容刀之佩。」俞樾《平議》：「《傳》以舟猶
『周』也……；《箋》意舟亦為『周』，周與『酬』通……何以舟之即
『何以酬之』……鄭意謂民以此相酬。」〔註9〕維：助判斷。鞞琫：朱
熹《集傳》：「鞞，刀鞘也。琫，刀上飾也。」參見《小雅·瞻彼洛矣》
二章「君子至止，鞞琫有珌」注。容刀：朱熹《集傳》：「容飾之刀也。」
即佩刀。

篤公劉，逝彼百泉，瞻彼溥原。

《鄭箋》：「逝，往。瞻，視。溥，廣也。……厚乎公劉之相此原地也，
往之彼百泉之間，視其廣原可居之處。」百，泛指多。

迺陟南岡，迺覯于京。

《鄭箋》：「山脊曰岡，絕高為之京。……乃升其南山之脊，乃見其可居
者於京，謂可營立都邑之處。」覯：《毛傳》：「見也。」

京師之野，于時處處，于時廬旅，于時言言，于時語語。

《毛傳》：「是京乃大眾所宜居之也。廬，寄也。」《鄭箋》：「時，是也。
京地乃眾民所宜居之野也，於是處其所當處者，廬舍其賓旅，言其所
當言，語其所當語。謂安民館客，施教令也。」是，代詞。朱熹《集

傳》：「京，高丘也。師，眾也。京師，高山而眾居也。董氏曰：『所謂京師者，蓋起於此，其後世因以所都爲京師也。』」于省吾《新證》：「詩義本謂於是處、於是廬、於是言、於是語，是說京師之野，正是可處、可廬、可言、可語的居住地址，猶《斯干》之稱『爰居爰處，爰笑爰語』，作重言者以足成其詞句而已。」（p108）又劉家和《說〈詩・大雅・公劉〉及其反映的史事》：「旅字屢見於殷周的甲骨文和金文中，正如容庚先生所言：『旅，象聚眾人於旗下形。』（見《金文編》）有時下面還有一個車字。這大概是『旅』字本義。（《說文》所釋顯非本義）旅即眾，但非一班烏合之眾，而是聚於一個旗幟之下的眾人。……公劉時代的旅，顯然不能指賓或軍旅，而只能是一種亦血緣亦地域、亦兵亦農、亦行亦止的渾然未分的共同體。所謂廬旅，就是組成這種共同體的周人暫時寄居下來。」「《周禮・秋官・小司寇》：『小司寇之職，掌外朝之政，以致萬民而詢焉。一曰詢國危，二曰詢國遷，三曰詢立君。』在當時的情況下，要討論的自然是在豳定居的事。」（《古代中國與世界》，p134、135）

篤公劉，于京斯依。

斯：代詞，復指前置賓語。依：朱熹《集傳》：「安也。」

蹌蹌濟濟，俾筵俾几。

《鄭箋》：「蹌蹌濟濟，群臣有威儀貌。」指行而有節貌。參見《小雅・楚茨》二章「濟濟蹌蹌，絜爾牛羊，以往烝嘗」注。俾：《鄭箋》：「使也。」朱熹《集傳》：「使人爲之設筵幾也。」筵，席。幾，座前小桌。

既登乃依，乃造其曹。執豕于牢，酌之用匏。

《毛傳》：「賓已登席坐矣，乃依幾矣。曹，群也。執豕於牢，新國則殺禮也。酌之用匏，儉以質也。」毛意「俾筵俾几」爲公劉設宴饗燕群臣。《鄭箋》：「公劉既登堂負扆（yǐ）而立，群臣乃適其牧群，搏豕於牢中，以爲飲酒之殽。酌酒以匏爲爵，言忠敬也。」鄭以曹爲「牧群」，意「俾筵俾几」是群臣爲公劉而設，與《毛傳》理解不同。胡承珙《後箋》：「《一切經音義》卷九引詩云：『乃告其曹。傳》云：「曹，群也。」』據此，今《毛詩》『造』字恐係『告』字之誤。告其曹，謂

有司告其屬，使搏豕於牢中。《傳》以『曹』爲『群』者，謂『曹』爲『曹輩』，則『群』不當爲『牧群』之『群』也。」有司，參見《十月之交》六章「擇三有事，亶侯多藏」注。匏：此指用匏瓜殼做的匏爵。匏，俗稱瓢葫蘆。扆，《孔疏》：「《明堂位》注云：『負之言背也。斧依，爲斧文（紋）屏風於戶牖之間。』然則斧者是屏風之名，扆則戶牖之間地耳。」

食之飲之，君之宗之。

《毛傳》：「爲之君，爲之大宗也。」參見《文王》二章「文王孫子，本支百世」注。《鄭箋》：「宗，尊也。公劉雖去邰國來遷，群臣從而君之尊之，猶在邰也。」〔註10〕《孔疏》：「毛以爲，上既言處止於京，此又言宮室既就，饗燕群臣焉。厚乎公劉之爲君也，既爲邑於京地，於此依之而築宮室。宮室既成，則饗燕群臣，其威儀蹌蹌之士，及濟濟之大夫，將來君所。公劉則使人爲之設筵，使人爲之設幾。賓來就燕，既登席矣，乃依幾矣。公劉乃使人造適其群牧，執其豕於牢中，以爲飲酒之殽。其飲此酒，酌之用匏。匏以酌之，言其新爲邦國，儉而禮合也。又說公劉，其於群臣設饌以食之，設酒以飲之，己身與之爲君，與之爲大宗也。言公劉之厚於群臣如此，欲成王之法傚之。」「（鄭）言公劉築室既成，與群臣飲酒以落之。其爲如此，蹌蹌濟濟之威儀者，謂公劉之朝士大夫者，則相使爲公劉設筵，相使爲公劉設幾，欲使公劉昇扆而坐也。公劉既登堂矣，乃負扆而立。其群臣乃造其群牧，執豕于牢，以爲飲酒之殽。得殽乃飲，遂酌之用匏，以進於公劉。於此之時，群臣之於公劉也，獻酒以飲之，進食以食之，從而君敬之，從而尊重之。言雖去舊國，見尊如本國，由愛厚其民，故下不失敬，欲成王之厚於民以見敬。」

篤公劉，既溥既長，既景迺岡。相其陰陽，觀其流泉。

《鄭箋》：「厚乎公劉之居豳也，既廣其地之東西，又長其南北，既以日景定其經界於山之脊，觀相其陰陽寒暖所宜、流泉浸潤所及，皆爲利民富國。」朱熹《集傳》：「溥，廣也，言其芟夷墾闢，土地既廣而且長也。景，考日景以正四方也。岡，登高以望也。相，視也。陰陽，向背寒暖之宜也。流泉，水泉灌溉之利也。」芟夷：除草，刈除。景，

古「影」字。

其軍三單，度其隰原，徹田為糧。

三單：馬瑞辰《通釋》：「按《逸周書・大明武》篇，『隳城湮溪，老弱單處。』孔晁注：『單處謂無保障。』是單即單處之謂。此詩『徹田爲糧』承上『度其隰原』言，『豳居允荒』承上『度其夕陽』言，則知『其軍三單』亦承上『相其陰陽，觀其流泉』言之，謂分其軍，或居山之陰，或居山之陽，或居流泉之旁，故謂三。公劉遷豳之始，無城郭保障之固，故謂其軍爲三單耳。」〔註11〕隳音 huī，毀。度：計算。《鄭箋》：「度其隰與原田之多少。」徹：《毛傳》：「治也。」《鄭箋》：「什一而稅謂之徹。」朱熹《集傳》：「徹，通也。一井之田九百畝，八家皆私百畝，同養公田，耕則通力而作，收則計畝而分也。周之徹法自此始，其後周公蓋因而修之耳。」參見《小雅・甫田》一章「倬彼甫田，歲取十千」、《大田》三章「雨我公田，遂及我私」注。

度其夕陽，豳居允荒。

夕陽：《毛傳》：「山西曰夕陽。」允：《鄭箋》：「信也。」副詞，確實。荒：《毛傳》：「大也。」

篤公劉，于豳斯館。

館：《毛傳》：「舍也。」用爲動詞。

涉渭為亂，取厲取鍛。

亂：《毛傳》：「正絕流曰亂。」朱熹《集傳》：「亂，舟之截流橫渡者也。」厲：通「礪」。鍛：《毛傳》：「石也。」《鄭箋》：「鍛石，所以爲鍛質也。厚乎公劉，於豳地作此宮室。……而南取鍛厲斧斤之石，可以利器，用伐取材木，給築事也。」《孔疏》：「鍛者，冶鐵之名，非石也。《傳》言『鍛，石』，嫌鍛是石名，故明之云『鍛石，所以爲鍛質』者，質，椹也，言鍛金之時，須山石爲椹質，故取之也。礪者，磨刀劍之名，亦非石名也。言取礪者，亦取其爲礪之石耳。」椹（zhēn），通「砧」。

止基迺理，爰眾爰有。

《鄭箋》：「爰，曰也。止基，作宮室之功止，而後疆理其田野，校其夫家人數日益多矣，器物有足矣。」校，計算。牟庭《詩切》：「止基，謂

始館於豳之基址也。」又朱熹《集傳》：「止，居。基，定也。理，疆理也。」有：多。朱熹《集傳》：「眾，人多也。有，財足也。」〔註12〕參見《小雅‧魚麗》三章「君子有酒，旨且有」注。

夾其皇澗，遡其過澗。

《毛傳》：「皇，澗名也。遡（sù），鄉也。過，澗名也。」鄉即向。《鄭箋》：「皆布居澗水之旁。」《孔疏》：「以皇、過與澗共文，故知皆澗名也。夾者，在其兩傍，故知遡者向也，謂開門向之。大率民以南門為正，此蓋皇澗縱，在兩傍而夾之；過澗橫，故在北而向之。王肅云：『或夾或向，所以利民也。』」

止旅迺密，芮鞫之即。

《毛傳》：「密，安也。芮，水厓也。」《鄭箋》：「芮之言內也。水之內曰隩（yù，），水之外曰鞫。公劉居豳既安，軍旅之役止，士卒乃安，亦就澗水之內外而居，修田事也。」《孔疏》：「公劉見其佈在水傍，各服田畝，又止其軍旅之役，乃安息其士卒，令此士卒於彼芮鞫之就也。……謂止其在官之役，使就水營田也。言公劉之愛民如是，王豈得不法傚之乎？」隩，水涯彎曲處。又朱熹《集傳》：「芮，水名……《周禮‧職方氏》作『汭（ruì）』。鞫，水外也。……既止基於此，乃疆理其田野，則日益繁庶富足。其居有夾澗者，有遡澗者。其止居之眾，日以益密，乃復即芮鞫而居之，而豳地，日以廣矣。」〔註13〕朱熹從《爾雅‧釋詁》，意「旅」，眾。鞫音見《小雅‧小弁》二章「踧踧周道，鞫為茂草」注。又馬瑞辰《通釋》：「旅、廬古通用，旅當讀如『十里有廬』之廬。廬，寄也。謂民既寄廬於此，乃見其繁密也。」按：「十里有廬」句自《地官‧遺人》，原文為：「凡賓客、會同、師役，掌其道路之委積。凡國野之道，十里有廬，廬有飲食；三十里有宿，宿有路室，路室有委；五十里有市，市有候館。候館有積。」候館，鄭玄注：「樓可以觀望者也。」委、積，儲備的糧食柴木等，以備賑災或往來者使用，少曰委，多曰積。

〔註 1〕西周有無鐵器是一個仍有爭論的問題。郭沫若《中國古代社會研究》以為「取厲取鍛」是「採取鐵礦來鍛鍊」，引《豳風‧七月》「三之日于耜」、

《小雅・大田》「以我覃耜」、《周頌・臣工》「庤（zhì）乃錢（jiǎn）鎛（bó），奄觀銍（zhì）艾（yì）」、《載芟》「有略其耜」、《良耜》「畟畟（cè）良耜」「其鎛斯趙，以薅（hāo）荼蓼（liǎo）」，以其「錢」、「鎛」、「銍」等田器從金，以爲「大約這時候的田器已經是在用金器了」，並引《齊語》管仲之語「美金以鑄劍戟，試諸狗馬；惡金以鑄鋤、夷、斤、斸（音 zhǔ，大鋤），試諸壤土」和《管子・海王》「今鐵官之數曰：一女必有一針一刀，……耕者必有一耒一耜一銚（音 yáo，大鋤），……行服連軺（音 yáo，輕便的馬車）輂（音 jú，大的馬車）者必有一斤一鋸一錐一鑿」，認爲「所謂惡金就是鐵」，「鐵的發現，理論應該是在周初」。

郭文時爲 1930 年前後，其時正是郭氏興致勃勃提出中國社會歷史發展幾段論的時候，同書《周代——鐵的出現時期——奴隸制》言「中國的鐵器時代是有三個段落的：第一次是用作耕器；第二次是用作手工業的器具；第三次是用作武器」。1944 年郭又在其《古代研究的自我批判》中除肯定「惡金可能就是毛鐵」外，推翻了其鐵器使用始於西周之說，推後至春秋、戰國時期。「《公劉篇》絕不是周初的詩，鍛字的初文即是段字，有礦石、石灰石以及椎冶的含義，並沒有鐵礦的意思。我以前根據鄭玄『石所以爲鍛質』的解釋認爲鐵礦，那完全是牽強附會。」學界也有殷周使用青銅農具說者，近年又有以《詩經》等文獻肯定「西周鐵器」說，均待證——「青銅農具」或也不失爲一種「歷史自信」。參見趙世超《西周國人、野人的基本狀況和相互關係》（下）「生產工具的總體觀察」。（《周代國野制度研究》，p139～p154）參見《小雅・大田》一章「以我覃耜，俶載南畝」注及〔註5〕。

〔註 2〕胡承珙《毛詩後箋》：「《崧高》『徹申伯土田』《傳》：『徹，治也。』《箋》云：『治者，正其井牧，定其賦稅。』此正解也。『徹』之訓『治』，其義甚廣，什一稅法自在其中。此《箋》云『什一而稅謂之徹』者，乃因詩而推言之，以徹法亦治田之事耳。其實『徹，治』爲正訓，如《崧高》又云『徹申伯土疆』，《箋》但云：『使召公治申伯土界之所至。』《江漢》云『徹我疆土』，《箋》亦止云『命召公治我疆界於天下』。彼二『徹』豈得專指爲什一之稅乎？設泥於周『徹』之名，則與夏貢殷助相同，豈可云貢田爲糧、助田爲糧邪？」

許倬雲《周的起源》：「（徹）不必拘泥於『貢助徹』的稅法解，當然更不必著重在稅法一義上，解釋爲『剝削』原農民了。」（《西周史》，p72）

但受孟子「什一而稅」影響和出於對歷史的「溫情與敬意」（錢穆語），在沒

有任何金文材料支持的情況下，學者們還是亦眞亦幻論說了「貢助徹」：

萬國鼎《上古田制之推測及土地私有制之成立》：「《詩‧大雅‧公劉》篇『度其隰原，徹田爲糧。』《崧高》篇『王命召伯，徹申伯土田。』又曰『王命召伯，徹申伯土疆』。《江漢》篇『江漢之滸，王命召虎，式辟四方，徹我疆土。』是則西周固行徹法矣。然玩《詩》之語意，徹蓋含有劃分田界，規定制度，以給公家費用之意。意者所謂徹法，蓋係劃土分疆，使耕者通力合作於公田，以爲賦稅，退而耕其私田，用以自養也。」（《中國田制史》，p50）

徐中舒《西周的社會性質》：「中國古代租、稅、賦是不同性質的東西，在後代才有所混淆的。租，助也，是爲公田耕種，屬於勞役地租，如『徹田爲糧』是也。魯宣公十五年履畝（私田）稅，這是記載徵收實物地租之始。賦，是軍賦，原是統治集團的臨時性徵取關於軍事的裝備給養，衣甲、車馬都屬此。」（《徐中舒先秦史講義》，p113）

《試論周代田制及其社會性質》：「公田、私田原來都是屬於原始公社中公有的財產。公劉時代周部族征服這些原始的農業公社，徹取公社土地十分之一作爲公田謂之徹，徹是徹取，如詩『徹彼桑土』、『徹我牆屋』，都是徹取之意。《大雅‧篤公劉》之詩曰：『度其隰原，徹田爲糧。』這是徹法的開始。後來周宣王征服了謝人，還是承襲了這個辦法。《大雅‧崧高》之詩曰：『王命召伯，徹申伯土田。』『王命召伯，徹申伯土疆，以峙其粻。』凡此徹田，徹土田，土疆，都是徹取公社土地的一部分作爲公田；它只是爲藉助人民進行生產糧食的準備，並不是直接徵收什一的生產稅。」（《中國的奴隸制與封建制分期問題論文選集》，p462；此說並見《西周的社會性質》，p105）粻音 zhāng。

劉家和《說〈詩‧大雅‧公劉〉及其反映的史事》：「不論公劉是否征服當地部落，從公社中徹取一部分田地作爲『公田』，這是原始社會解體和階級社會開頭一段時期普遍存在的一種情況。例如，古希臘有一種田地名曰 Temenos，原義就是『徹割出來的』或『劃出來的』土地。在荷馬史詩中，軍事首領們握有這種土地，以後希臘的神廟擁有這種土地，甚至邁錫尼時代的國王也有這種土地。……徹田在歷史的這一時期並非中國特有的現象。」（《古代中國與世界》，p138、p139）

〔註 3〕于省吾《澤螺居詩經新證》：「我國的韻文，從不見於商代甲骨文和金文，乃萌芽於周初。周頌中屬於西周前期的作品約十篇左右，有的一篇中僅二、三句押韻。魯頌和商頌都係春秋前期作品。大小雅的撰著時期，有的屬於西周末

期，有的屬於春秋早期。《正月》稱『赫赫宗周，褒姒威之』，《雨無正》稱『周宗（應以左昭十六年傳作宗周）既滅，靡所止戾』。《正月》和《雨無正》兩篇都係《小雅》裏詞句最爲古奧的作品，但也不過是『周宗既滅』之後春秋早期所作。至於國風，則係春秋前期所作，屬於西周末期是很少的。總之，《詩經》中除去周頌中十篇左右外，最早的篇什都超不出西周後期或末期。」（p95、p96）並見《文王》〔註2〕。

〔註4〕《周本紀》：「后稷卒，子不窋（zhú，又音 kū）立。不窋末年，夏后氏政衰，去稷不務，不窋以失其官而奔戎狄之間。不窋卒，子鞠立。鞠卒，子公劉立。公劉雖在戎狄之間，復修后稷之業，務耕種，行地宜，自漆沮度渭，取材用，行者有資，居者有畜積，民賴其慶。百姓懷之，多徙而保歸焉。周道之興自此始，故詩人歌樂思其德。」

〔註5〕史遷在《高祖本紀》中煞有介事地分析了一通夏、商、周、秦之政，說劉邦「承敝易變，使人不倦，得天統矣」，班固於《高帝紀》中也「贊」劉邦「漢承堯運，德祚已盛……得天統矣」——不然，作爲被重用的史學家，又該怎樣評價本朝的開國皇帝呢？

事實上劉邦時代遠非是民眾能夠「暫時做穩了奴隸的時代」，而「想做奴隸而不得」，又豈止劉邦與有漢一代？（語見魯迅《墳·燈下漫筆》）

〔註6〕鄭玄在《小大雅譜》中以爲「正大雅」十八篇「文王之什」者爲文王、武王時詩，《生民》至《卷阿》八篇爲「周公、成王之時詩也」——朱熹以爲稍後，「多周公制作時所定也」（《詩集傳·鹿鳴之什》），「《文王》首句即云『文王在上』，則非文王之詩矣。又曰『無念尔祖』，則非武王之詩矣。《大明》、《有聲》並言文、武者非一，安得爲文武之時所作乎？蓋正雅皆成王周公以後之詩」（《詩集傳·文王有聲》）。

〔註7〕《方言》之「自關而東」、「自關而西」、「自山而東」、「自山而西」、「自河而北」、「自江而北」是指其大方言區，「關」即函谷關，「山」即「崤山」，也即賈誼《過秦論》「秦孝公據崤函之固」者；「河」即黃河，「江」即長江。

〔註8〕「十有八國」不見於文獻，可能是漢人沒有依據的行文之辭，孔穎達也覺得「毛自言蓋爲疑辭，不知出何文也」。

〔註9〕劉家和《說〈詩·大雅·公劉〉及其反映的史事》：「舟可以訓爲酬，不過非報酬之酬，而是酬作之酬。……公劉同豳地的戎狄打好了交道，化干戈爲

玉帛，於是有玉、瑤、容刀（《釋名·釋兵》：「佩刀，在佩旁之刀也，或曰容刀，有刀形而無刃，備儀容而已。」）之類純粹禮品性的東西的交往。公劉啟行時『弓矢斯張，干戈戚揚』，豳地如無人，本不必如此。既然如此，從詩中又見不到他們同當地人作戰的事，原因只能從第二章中尋找。毛傳說公劉『平西戎』，不是靠武力鎮平，而是和平。」劉「和平」說與六章「止基迺理，爰眾爰有」注朱鳳瀚「武裝佔領」說異。（《古代中國與世界》，p133）

〔註 10〕毛、鄭此釋表達不同。毛以公劉為君的同時並為其「大宗」。鄭玄只以「宗」為「尊」，未涉《禮記·喪服小記》、《大傳》注言之「大宗」、「小宗」。究其原因，《傳》時漢帝國方立，毛氏想說帝王「本支百世」並「厚於群臣」的領袖氣度；《箋》時已是東漢之末，覺得再說「大宗」、「小宗」已不合適，就作了個「下不失敬」的解釋。

朱鳳瀚《關於周民族的形成》：「這是描寫公劉率武裝的族人佔據豳地建築了居室後，舉行宴會的情景。其中『君之宗之』一句，毛注……鄭玄云……後世學者遂在『宗』究竟是『大小宗』之『宗』還是『尊』上，辯論不休，但鄭玄釋『宗』為『尊』，只是疏解『宗』之引申義，朱熹《詩集傳》曰『宗，尊也，主也，嫡子孫主祭祀，而族人尊立以為主也』，則是調和以上二說，但實際上還是以大小宗關係來解釋這句話。『宗』本義是宗廟，西周人作詩詠頌祖先採用『宗之』一語，其義當是指奉公劉為宗子之義，所以朱熹所釋有一定道理，可能符合詩之本義。當然，公劉時代是否確如詩所言已有以後那種大小宗的宗法制度難以確知，但在姬姓周族內部已將公劉之類首領奉為君主，則用以強調尊卑關係、主從關係的等級制度已在周族內發展到相當的程度，宗法制度的內涵實已存在。」（《商周家族形態研究》，p235）

〔註 11〕楊向奎《宗周社會》：「『其軍三單』是三旗軍，雖然其中的組織、人數固屬茫然，我們對周初八師六師之理解亦然，但同屬軍旅組織則無疑問。公劉有軍旅組織，是當時宗周已具國家之雛形。這是宗周發展史上的大事。」「在政治上由氏族社會進入國家雛形即城邦政治（City—sta—te），在氏族組織上也由父系家長制進入宗法社會。」（《宗周社會與禮樂文明》，p97）

劉家和《說〈詩·大雅·公劉〉及其反映的史事》：「『軍』為營屯之意……所以這裡的『軍』，不是指其人員，而是指其營地。」「至於『單』，于省吾先生於《釋四單》一文中說：『四單的單字應讀作臺，單臺雙聲故通用。臺乃後起字。』……『其軍三單』，就是說營地設在三塊臺地上。前面『相其陰陽，觀其

流泉』，就是爲了選定周人居住的營地。」（《古代中國與世界》，p137、p138）

　　許倬雲《周的起源》：「此中有相度地形、安置軍旅的意思……『三單』可能指組織周人爲三作戰單位，也是管理單位，周人在公劉時代大約是一個由族長率領的武裝移民，到達豳地之後，如將土地分配各人，整治田畝，以求定居。」（《西周史》，p72）

　　〔註12〕朱鳳瀚《關於周民族的形成》引《周本紀》「百姓懷之」：「此種『百姓』應該即是鄰近地區周人以外的其他族姓。及至古公亶父時代，因避薰育、戎狄而遷岐下，『豳人舉國扶老攜弱，盡復歸古公於岐下。及他旁國聞古公仁，亦多歸之』。這即是說，公劉至古公亶父時代的周民族已進一步發展爲一個以姬姓族爲骨幹，包括若干姓族的較強大的共同體。《周本紀》講這一共同體形成與壯大的原因時有宣揚聖王業績之意，故多講公劉與古公亶父之仁政，反不如周人自己歌頌祖先尚武精神之詩篇講得眞切。《大雅・公劉》頌其遷豳之舉時詠道：『弓矢斯張，干戈戚揚，爰方啓行。』可見周人實是靠武裝佔領豳地而據爲己有的，當然亦應包括對當地土著族屬的征服。」（《商周家族形態研究》，p230）

　　〔註13〕于省吾《澤螺居詩經新證》認爲「止基迺理」、「止旅迺密」之「止」即古文「之」字，讀「茲」，指代詞。「之基迺理，茲基迺理也。之旅迺密，茲眾迺安也。」（p42）「『茲基迺理』……承上『于豳斯館』爲言，是說公劉遷豳後，對於館舍的建築基礎已經有了條理。『茲旅迺密』……承上『爰眾爰有，夾其皇澗，遡其過澗』爲言，是說公劉遷豳後，人民居二澗之旁而『茲眾迺安』。」（p125）

大雅・泂酌

《左傳・隱公三年》：「鄭武公、莊公爲平王卿士。王貳於虢（杜預注：「虢，西虢公，亦仕王朝。王欲分政於虢，不復專任鄭伯」）。鄭伯怨王，王曰：『無之。』故周、鄭交質。王子狐爲質於鄭，鄭公子忽爲質於周。王崩，周人將畀虢公政（注：「畀，予」）。四月，鄭祭（zhài）足帥師取溫之麥。秋，又取成周之禾。周、鄭交惡。」

爲此「君子」發表了一段關於「信不由中，質無益也」的評論，其中說到《泂（jiǒng）酌》，「昭忠信也」。如此朝廷與諸侯，〔註1〕儒家依然還在「昭忠信」！〔註2〕

以取彼行潦之水可以「餴（fēn）饎」、「濯罍」、「濯溉」，與「豈弟君子，民之父母、民之攸歸、民之攸墍」，的確頗有些費解。但《隱公三年》「苟有明信，澗谿沼沚之毛，蘋蘩蘊藻之菜，筐筥錡釜之器，潢汙行潦（lǎo）之水，可薦於鬼神，可羞於王公」啓示，《泂酌》的詩歌元素採自祭祀而非日常生活，仍然相關祭祀。〔註3〕

詩中出現與「玉瓚」「黃流」反差極大的行潦之水，既是周王室後期的窘困寫實，也是艱厄時世之下部分周人的心志反映，這部分人的信心還沒有倒！「民之攸歸」正是「民之不歸」之憂，「民之攸墍」正是「民之不墍」之狀——詩人急迫地強調「君子」們依然須得「豈弟」，不要放棄最後的努力……〔註4〕

泂酌彼行潦，挹彼注茲，可以餴饎。

《毛傳》：「泂，遠也。行潦，流潦也。餴，餾（liù）也。饎，酒食也」

饎音見《小雅・天保》四章「吉蠲爲饎，是用孝享」注。酌：舀取。流潦，即山澗中的流水。《說文》：「潦，雨水也。」段玉裁注：「雨水，謂雨下之水也。……潦，水流而聚焉，故曰行潦。」茲：此。《鄭箋》：「流潦，水之薄者也，遠酌取之，投大器之中，又挹之注之於此小器，而可以沃酒食之饎者。」參見《小雅・大東》七章「維北有斗，不可以挹酒漿」注。朱熹《集傳》：「饎，蒸米一熟，而以水沃之，乃再蒸也。」

豈弟君子，民之父母。

豈弟：同「愷悌」。見《小雅・蓼蕭》讀注。《毛傳》：「樂以強教之，易以說安之。民皆有父之尊，母之親。」《孔疏》：「樂者人之所愛，當自強以教之，易謂性之和悅，當以安民，故云『悅安之』。」君子：朱熹《集傳》：「指王也。……言遠酌彼行潦，挹之於彼而注之於此，尚可以饎饎。況豈弟之君子，豈不爲民之父母乎？」參見《小雅・南山有臺》〔註4〕。

泂酌彼行潦，挹彼注茲，可以濯罍。

罍：祭器。《爾雅・釋器》郭璞注：「罍形似壺，大者受一斛（hú）。」十斗爲一斛。（南宋末改五斗爲一斛）

豈弟君子，民之攸歸。

攸：所。參見《皇矣》一章「皇矣上帝，臨下有赫。監觀四方，求民之莫」、《假樂》一章「假樂君子，顯顯令德。宜民宜人，受祿于天」注。

泂酌彼行潦，挹彼注茲，可以濯溉。

溉：《毛傳》：「清也。」朱熹《集傳》：「溉，亦滌也。」

豈弟君子，民之攸墍。

《鄭箋》：「墍，息也。」參見《假樂》四章「不解于位，民之攸墍」注。

〔註1〕事情發生在公元前720年。十三年後，鄭莊公已不再耐煩「交質」而直接出兵，開諸侯抵抗王師之先。見《緒言》〔註9〕。

〔註2〕這位「君子」無疑是漢儒筆下的人物。但較早的《毛序》與他的說法不同：「《泂酌》，召康公戒成王也。言皇天親有德、饗有道也。」

二千年後，方玉潤又得如下新識：「此等詩總是欲在上之人當以父母斯民為心，蓋必在上者有慈祥豈弟之念，而後在下者有親附來歸之誠。曰『攸歸』者，為民所歸往也；曰『攸墍』者，為民所安息也。使君子不以『父母』自居，外視其赤子，則小民又豈如赤子相依，樂從夫『父母』？故詞若褒美而意實勸誡。」（《詩經原始》）於兩次「鴉片戰爭」的槍炮聲和「洋務運動」的聲浪中，還能於《泂酌》中讀得如此「在上者」和「在下者」──晚清革故與守舊「共存」，「傳統」與新學「齊飛」，海天間的汽笛聲還遠不足以趕走儒家思想的幽靈。

方氏以《詩經原始》而名，但遠不是晚清有影響的文人。他偏於西北黃土高原窮鄉僻壤一隅（同治四年〔1865〕被吏部銓選為陝西隴州長寧驛州同），公務之餘的「寫作」，更多的是一種「文化情懷」。他因襲舊說，有所發揮但表現出的多是一種「筆桿子」能耐，一種炫技式的文筆。

〔註3〕《春官‧大胥》「春入學，舍采，合舞」，鄭玄注：「春始以學士入學宮而學之。合舞，等其進退，使應節奏。鄭司農云：『舍采，謂舞者皆持芬香之采……』玄謂舍即釋也，采讀為菜。始入學必釋菜，禮先師也。菜，蘋蘩之屬。」（又見《禮記‧月令》「仲春之月」）但《泂酌》絕非寫的是周室世子或卿、大夫子弟入學的「禮先師」之祭。

（開學典禮上學生們手持「芬香之采」跳舞意趣盎然。但為什麼「禮先師」就是蘋蘩之屬，一把野草？西周政權「明忠信」對準的目標也是學生？）

〔註4〕有謂「泂酌」喻遠國異土之民感恩戴德來歸附周天子，仿漢儒之說。「仁義」至春秋之末方才由以孔子為代表的儒家提出，也很快就被諸侯國相互攻伐的廝殺聲湮沒了。周王室已非「天下共主」，誰來「仁義」，「仁義」於誰？

大雅・卷阿

　　《今本竹書紀年》成王三十三年「王遊於卷阿，召康公從」，似乎可以印證《毛序》「召康公戒成王也。言求賢用吉士也」的說法。但《紀年》至西晉武帝時出土，且原簡已佚，今本者多被（錢大昕等）認爲是明人據古注、類書所編，可靠性有限。朱熹端詳「豈弟君子，來游來歌，以矢其音」，又推測《卷阿》是「（召康）公從成王遊歌於卷阿之上，因王之歌，而作此以爲戒」（《詩集傳》）。《禮記・玉藻》「動則左史書之，言則右史書之」，天子的一言一行史官是要點滴不漏地記錄下來的，既以《卷阿》「因王之歌」，那麼所因者「王之歌」在哪裏，敢不編入「詩經」？

　　周初既行「分陝而治」之策，周公對付殷商遺民和東夷之反亂不說，還要去「制禮作樂」，那麼，「勸勉」之類的功德就應該歸集於召公身上了。「君」的地位被無條件確立後，儒家通過「賢臣」形象的塑造，以期達到君臣政治之願景。《卷阿》被認爲是召公所作，無疑是儒家的故事甄選與編排。

　　末章「矢詩不多，維以遂歌」句，類《小雅・節南山》「家父作誦，以究王訩」、《何人斯》「作此好歌，以極反側」、《巷伯》「寺人孟子，作爲此詩」、《四月》「君子作歌，維以告哀」，《大雅・桑柔》「雖曰匪予，既作爾歌」、《崧高》「吉甫作誦，其詩孔碩，其風肆好，以贈申伯」、《烝民》「吉甫作誦，穆如清風。仲山甫永懷，以慰其心」等「變雅」者；〔註1〕「豈弟」「君子」等用詞以及相關句式的使用也表明，《卷阿》絕不是西周早期的「詩」。

　　或爲宣王時期——乘「中興」而虛擬了一時氣象。朝矸「禮部」的才子們，無限心曲，情意深長，所言竟成爲了後世無數帝王之心儀。直至滿清，

皇帝去山莊消遣，「東宮」主殿仍題名之爲「卷阿勝境」。所以「勝境」，意在昭示某種「盛世」——從周初「成康之治」始，中國歷史之所謂「中興」、「盛世」，實皆之於皇權的歸復與熾盛而非「民生」，更非「民權」。

有卷者阿，飄風自南。

> 《毛傳》：「卷，曲也。飄風，回風也。」有卷，即卷卷。《鄭箋》：「有大陵卷然而曲，回風從長養之方來入之。」長養，撫育培養。參見《皇矣》六章「無矢我陵，我陵我阿」注、《小雅·菁菁者莪》〔註4〕。「有卷者阿」句式同「有菀者柳」、「裳裳者華」、「蓼蓼者柳」、「菁菁者莪」、「皇皇者華」等同。飄風：牟庭《詩切》：「《九歌·山鬼》曰：『東風飄飄兮神靈雨』，王（逸）注曰：『飄飄，風貌。』宋玉《風賦》曰：『清凉雄風，飄舉升降。』據知飄風本義謂和風飄揚而來。」《爾雅·釋天》「南風謂之凱風」，某些詞語的意指在《詩經》時代同樣並不是統一的。參見《小雅·何人斯》四章「彼何人斯，其爲飄風」、《蓼莪》五章「南山烈烈，飄風發發」注。

豈弟君子，來游來歌，以矢其音。

> 豈弟：同「愷悌」。見《小雅·蓼蕭》讀注。君子：指周王。矢，《毛傳》：「陳也。」參見《皇矣》六章「陟彼高岡，無矢我陵，我陵我阿」注。

伴奐爾游矣，優游爾休矣。

> 《鄭箋》：「伴渙，自縱弛之意也。」朱熹《集傳》：「伴奐、優游，閑暇之意。爾、君子，皆指王也。」

豈弟君子，俾爾彌爾性，似先公酋矣。

> 俾，使。彌：《毛傳》：「終也。」朱熹《集傳》：「言使終其壽命。」又王國維《與友人論〈詩〉〈書〉中成語書》（二）：「是『彌性』即彌生，猶言永命也。」言「彌生」即長命意。（《觀堂集林》卷二）。傅斯年《性命古訓辯證》（上卷）也謂「《大雅》所謂『彌爾性』，按之金文，乃是『彌厥生』」。〔註2〕先公：當指先君文王、武王。似：《毛傳》：「嗣也。」酋（yóu）：于省吾《新證》：「即猷之省文。」猷，謀略，引爲功業。

爾土宇昄章，亦孔之厚矣。

　　土宇：《鄭箋》：「謂居民以土地屋宇也。」昄（bǎn）：《毛傳》：「大也。」
　　《鄭箋》：「女得賢者，與之爲治，使居宅民大得其法則，王恩惠亦甚
　　厚矣。」又朱熹《集傳》：「或曰：『昄，當作版。』版章，猶版圖也。」

豈弟君子，俾爾彌爾性，百神爾主矣。

　　《鄭箋》：「使女爲百神主，謂群神受饗而佐之。」朱熹「常爲天地山川
　　鬼神之主也。」主即主祭者。《禮記・祭法》：「山林、川谷、丘陵能出雲，
　　爲風雨，見（現）怪物，皆曰神。有天下者祭百神。」

爾受命長矣，茀祿爾康矣。

　　茀：《鄭箋》：「福。」

豈弟君子，俾爾彌爾性，純嘏爾常矣。

　　《毛傳》：「嘏，大也。」意大福。《鄭箋》：「純，大也。予福曰嘏。使女
　　大受神之福以爲常。」朱熹《集傳》：「常，常享之也。」參見《小雅・
　　賓之初筵》二章「錫爾純嘏，子孫其湛」注。

有馮有翼，有孝有德，以引以翼。

　　《鄭箋》：「有德，謂群臣也。」德爲履周禮之「德」。朱熹《集傳》：「馮
　　（píng 憑），謂可爲依者。翼，謂可爲輔者。孝，謂能事親者。德，謂得
　　於己者。引，導其前也。翼，相其左右也。」「德」。參見《行葦》四章
　　「黃耇台背，以引以翼」注。

豈弟君子，四方爲則。

　　朱熹《集傳》：「言得賢以自輔如此，則其德日修，而四方以爲則也。」

顒顒卬卬，如圭如璋，令聞令望。

　　《毛傳》：「顒顒（yóng），溫貌。卬卬（áng），盛貌。」卬卬即「昂昂」。
　　《鄭箋》：「體貌則顒顒然敬順，志氣則卬卬然高朗，如玉之圭璋也。人
　　聞之則有善聲譽，人望之則有善威儀，德行相副。」朱熹《集傳》：「顒
　　顒卬卬，尊嚴也。如圭如璋，純潔也。令聞，善也。令望，威儀可望法
　　也。」圭、璋：見《小雅・斯干》七章「載衣之裳，載弄之璋」注。

豈弟君子，四方為綱。

　　《鄭箋》：「綱者能張眾目。」嚴粲《詩緝》：「綱舉則目張，謂總提綱維也。」綱，本義爲提網的總繩。

鳳皇于飛，翽翽其羽，亦集爰止。

　　鳳皇：《毛傳》：「靈鳥仁瑞也，雄曰鳳，雌曰皇。」朱熹本作「鳳凰」。于：助詞。一說于，往。翽翽（huì）：《毛傳》：「眾多也。」一說羽聲。爰：《鄭箋》：「於也。鳳皇往飛，翽翽然，亦與眾鳥集於所止。眾鳥慕鳳皇而來，喻賢者所在，群士皆慕而往仕也。」《孔疏》：「鳳與眾鳥俱集所止，猶賢與群士俱在王朝。眾鳥慕鳳似群士慕賢，故以爲喻。」〔註3〕止：息。

藹藹王多吉士，維君子使，媚于天子。

　　《毛傳》：「藹藹，猶濟濟也。」《鄭箋》：「媚，愛也。王之朝多善士藹藹然，君子在上位者率化之，使之親愛天子，奉職盡力。」朱熹《集傳》：「媚，順愛也。」吉士：吉，善。吉士當指天子之下百官言。維：唯，只。或曰助語氣。君子：亦指周王。朱熹《集傳》：「藹藹王多吉士，則維王之所使，而皆媚於天子矣。既曰君子，又曰天子，猶曰『王于出征，以佐天子』云爾。」按：句自《小雅・六月》二章，參見其注。

鳳皇于飛，翽翽其羽，亦傅于天。

　　傅：《鄭箋》：「猶戾也。」戾，至。

藹藹王多吉人，維君子命，媚于庶人。

　　《鄭箋》：「命，猶使也。善士親愛庶人，謂撫擾之，令不失職。」又朱熹《集傳》：「順愛於民也。」吉人：裘錫圭《關於商代的宗族組織與貴族和平民兩個階級的初步研究》：「吉士是貴族。吉人可能指統治者從庶人中提拔起來管理庶人的下級官吏。」（《古代文史研究新探》，p330）庶人：《文王世子》：「五廟之孫，祖廟未毀，雖及庶人，冠、取妻必告，死必赴，不忘親也。親未絕而列於庶人，賤無能也。」以其言，則「庶人」爲宗法制度之下與宗子（或曰宗族之長）關係已甚遠的眾族屬。徐中舒《西周的社會性質》以爲「庶人是屬於國人之中的

一部分……庶人有自己的分田，有自己的工具，有自己的私有財產，這表明西周已經有了土地私有制了」。(《徐中舒先秦史講義》，p113) 又晁福林《論周代國人與庶民社會身份的變化》謂「西周時期庶人社會身份蓋爲宗族中的普通勞動者，即宗族中最普通的人數最多的成員」。(《人文雜誌》，2000 年第 3 期) 〔註4〕參見《小雅·節南山》四章「弗躬弗親，庶民弗信」注。

鳳皇鳴矣，于彼高岡。梧桐生矣，于彼朝陽。

《毛傳》「梧桐，柔木也。山東曰朝陽。梧桐不生山岡，太平而後生朝陽。」《鄭箋》：「鳳皇鳴於山脊之上者，居高視下，觀可集止。喻賢者待禮乃行，翔而後集。梧桐生者，猶明君出也。生於朝陽者，被溫仁之氣亦君德也。鳳皇之性，非梧桐不棲，非竹實不食。」《孔疏》：「此亦以鳳皇興賢者。梧桐自是鳳之所棲……因鳳所集，故以興明君焉。」

菶菶萋萋，雝雝喈喈。

《毛傳》：「梧桐盛也，鳳皇鳴也。臣竭其力，則地極其化，天下和洽，則鳳皇樂德。」《鄭箋》：「菶菶萋萋，喻君德盛也。雝雝喈喈，喻民臣和協。」菶菶、萋萋：皆草木茂盛貌。陳奐《傳疏》：「《說文》菶，草盛。萋，草盛。菶與萋，皆本爲草盛，因之爲木盛。」菶音見《小雅·裳裳者華》讀注。雝雝、喈喈：皆言鳳皇之鳴聲美好和諧。《邶風·匏有苦葉》三章「雝雝鳴雁，旭日始旦」，《毛傳》：「雝雝，雁聲和也。」《周南·葛覃》一章「黃鳥于飛，集于灌木，其鳴喈喈」，《毛傳》：「喈喈，和聲之遠聞也。」方玉潤《原始》：「蓋自鳳鳴於岐，而周才日盛。即此一遊，一時扈從賢臣，無非才德具備，與吉光瑞羽，互相輝映，故物瑞人材，雙美並詠，君顧之而君樂，民望之而民喜，有不期然而然者。故又曰『媚于天子』、『媚于庶人』也。然猶未足以形容其盛也。九章復即鳳凰之集於梧桐，向朝陽而鳴高者虛寫一番。則『菶菶萋萋』、『雝雝喈喈』之象，自足以想見其『蹌蹌濟濟』之盛焉。」

君子之車，既庶且多。君子之馬，既閑且馳。

《毛傳》：「上能錫以車馬，行中節，馳中法也。」(所言「錫」「中節」

「中法」皆非文本）《鄭箋》：「庶，眾。閒，習也。今賢者在位，王錫其車眾多矣，其馬又閒習於威儀能馳矣。」朱熹《集傳》：「君子之車，則既眾多而閒習矣。其意若曰：是亦足以待天下之賢者，而不厭其多矣。」

矢詩不多，維以遂歌。

矢：陳。《毛傳》：「不多，多也。明王使公卿獻詩以陳其志，遂爲工師之歌焉。」毛意「不」，語詞。《鄭箋》：「我陳作此詩，不復多也。欲令遂爲樂歌，王日聽之，則不損今之成功也。」毛、鄭意遂，成。維：助語氣。又朱熹《集傳》：「遂歌，蓋繼王之聲而遂歌之。猶《書》所謂『賡載歌』也。」見《虞書·益稷》。賡，續。賡歌即酬唱和詩。朱熹意遂，答。

〔註1〕《詩譜序》「故孔子錄懿王、夷王時詩，訖於陳靈公淫亂之事，謂之變風、變雅」；《詩大序》「至於王道衰，禮儀廢，政教失，國異政，家殊俗，而變風、變雅作矣」。「陳靈公淫亂之事」，見白鳳鳴《先民生存的艱難與悲喜——〈國風〉讀注》之《陳風·株林》注、引。（中國社會科學出版社，2011 年，p404～p406）

〔註2〕《史牆盤》「黃耇、彌生」，徐中舒《西周牆盤銘文箋釋》：「彌，滿也。生，《詩經》作性，指身體精神言，彌生，言有健康的身體，飽滿的精神。《詩·卷阿》於『俾爾彌爾性』之下一則曰：『似先公酋矣』；再則曰：『百神爾主矣』；三則曰：『福祿爾康矣』。這三句話的意義是說有健康的身體，飽滿的精神，則可以終成先公之功烈，則可以爲百神之主，則大福亦爲爾所常有。（《考古學報》1978 年第 2 期）

又徐復觀《生與性——中國人性論史的一個方法上的問題》指出生是「生命」，性是生命中所蘊藏的欲望等「作用」，此種作用可以儘量地伸展。「《詩經》的《大雅·卷阿》『彌爾性』的性字，不僅不應作『生』；且金文的『彌厥生』的生字，我懷疑也有的應作性字解。」「《大雅·卷阿》詩，馬瑞辰《毛詩傳箋通釋》謂『以詩義求之，其爲成王出遊，召康公因以陳詩，則無疑也』，是此詩中之所謂『君子』，乃指王而言。全詩共九章（按：阮刻毛本、朱熹本皆爲十章，前六章章五句，後四章章六句），首卒兩章，乃全篇之起結。第二章言遊豫

之樂，第三章言疆域之大，第四章言受命之長；此三章皆有『彌爾性』之語。餘四章乃教戒之意。」「《生民》《卷阿》兩詩之彌字，皆不應訓終，而應訓滿；《卷阿》的性字，乃指欲望而言。『彌爾性』，即『滿足了你的欲望……傅譯爲『俾爾終爾之一生』（按：傅斯年《性命古訓辯證》），即是讓你活一生之意，不僅與上下文不順，且根本不成意義。」（《中國人性史論》，華東師範大學出版社，2005 年，p5～p7）而清人胡承珙在《毛詩後箋》中已有言：「終者，盡也。彌其性，即盡其性也。」

〔註 3〕臧振在《論鳳鳥在周文化中的地位》中認爲，鳳鳥不是周人崇拜的對象，鳳鳥不是王權、君權的象徵，而是臣服於王權的「賢人」「君子」的象徵。是「異德相及以生民」，不是「大一統」。（《陝西師範大學學報》哲社版，1998 年第 1 期）「異德相及以生民」見《晉語四》。

並見王暉《論周文化中朱鳥赤鳳崇拜的原型、蘊義及演化》（《人文雜誌》1994 年第 5 期）、《周文化中「火」與赤鳥崇拜考》（《陝西師大學報》1999 年第 4 期））

〔註 4〕《裘衛盉》「王爯（音 chēng，舉）旂於豐，矩白（伯）庶人取堇章（瑾 jǐn 璋）於裘衛」，張亞初、劉雨《西周金文官制研究》認爲其「庶人」是一種部屬的職稱名。（p54）

《大盂鼎》「人鬲自馭至於庶人六百又五十又九夫」，張亞初、劉雨《西周金文官制研究》認爲其「庶人」是被賞賜的人的一種稱呼。（p54）

童書業《春秋左傳研究》「宗法制與分封制」認爲：「庶人者，只能使用土地而不能佔有土地之農民也。」又舉《宜侯夨簋》（西周前期）「錫土……錫圖庶人六百又廿夫」，《周書・梓材》「以厥庶民（人）暨厥臣達大家，以厥臣達王惟邦君」，認爲「『馭』即『徒御』之『御』，戰士也，則『庶人』爲身份較低之農民無疑，故與土並賜，而又與『臣』（「臣僚」之「臣」，非「臣妾」之「臣」）連舉也。」（p112、p113）

裘錫圭《說『僕庸』》言「宜庶人當是宜地土著農夫，他們也應該是封賜給宜侯作爲庸的。本地土著一般應該有家室。統治者在征服一地以後，通常不大可能把被征服者的家庭全都破壞」。（《古代文史研究新探》，p371）

斯維至《論庶人》則言「庶人就是眾人」，「當時農業的主要生產者是庶人」，「庶人的來源主要是被征服部族的人民」，「孔子說：『天下有道，則庶人不議。』足證庶人是無權討論國家大事的。又《禮記・曲禮》說：『禮不下庶人，刑不上

大夫。』禮是貴族階級的宗教活動及其他社會活動的儀節、風俗習慣，外族人民是不能參加的，不被知道的，因此說『禮不下庶人』。」（《斯維至史學文集》，p111、p113）在《關於殷周土地所有制的問題》中，斯維至稱「被征服部族的公社」、「公社農民」。（《論庶人》發表於 1978 年，《關於殷周土地所有制的問題》發表於 1956 年）

朱鳳瀚《西周封建所造就之周人貴族家族與土著附庸之族》：「『宜庶人』之『庶人』，在周代文獻中多用以稱種田之農人，如《左傳》襄公九年『庶人力於農穡』。由此可知，在宜地之民眾有三種人：一是『王人』；二是『宜庶人』；三是從鄭地後遷來的移民。『王人』是周王之人，是征服者，顯然不同於『宜庶人』。王人居住在城內……他們之中多數當屬於士之類武士階層，屬低級貴族。『宜庶人』是土著居民，在『王人』到來後，他們整個地淪為『庶人』，在田野中務農，包括為王人服農業勞役。」（《商周家族形態研究》，p252）

趙儷生《中國土地制度史論要》否認「庶人」是「農業生產奴隸」：「試舉五個反證吧。（一）《周書·洪範》篇中說國家每有大事，要『謀及卿士』，還要『謀及庶人』，『卿士從，庶人從，是之謂大同』。這樣的庶人身份，像奴隸嗎？（二）《詩·大雅·卷阿》篇是周代統治者祭祀始祖的煌煌樂章，其中兩個段節的末尾，一個說『媚于天子』，一個說『媚于庶人』。難道有那麼一種奴隸主在祭祖時要向奴隸致敬的嗎？（三）《國語·晉語》（四）中說，『庶人食力，意思是靠獨立勞動吃飯，以與『食官』的工商、『食邑』的大夫等相區別。（四）《左傳·昭公三十二年》記晉叔向的話『三姓之後，於今為庶』，這自然是說貴族淪落成了平民，怎麼一下子會淪落成奴隸的？（五）《左傳·哀公二年》記晉趙簡子鼓勵從軍、鼓勵士氣，說『庶人工商遂，人臣隸圉免』，後句顯然是說有奴隸身份的立了軍功可以放為良人，前句『遂』字注家釋為『遂其仕進』，可以做官，這不是一般奴隸可以企及的。統此五例，庶人是農業生產奴隸的說法，是無論如何站不住腳的。」

「庶人既不是奴隸，它又是農業生產的主力承擔著，當時普遍有農村公社，那麼庶人是農村公社的成員，恐怕不成問題了。」（《中國土地制度史》，p28、p29）

大雅・民勞

魏源在《大雅答問下》中之於「幽厲」和褒姒、虢公長父、榮夷公有過一段頗爲激憤的言說。〔註1〕但「經世致用」、「睜眼看世界」者依然重複漢儒的話，不時「幽則豔妻」、「厲則強禦、掊克……」

某種政權的存亡固然與執政者個人相關，但決定性的因素還是制度與模式。西周之社會矛盾與西周政權相生相伴，晚期之積累與激化是注定和必然的。以土地爲焦點的經濟利益紛爭，是王室權力之爭、朝廷與諸侯之爭以及與周邊各族衝突上升的主因。姚際恒《詩經通論》：「開口說『民勞』，便已悽楚。『汔（qì）可小康』，亦安於時運而不敢過望之辭。曰『可』者，又見唯此時可爲，他日恐將不及也，亦危之之詞。」

但如果承認和正視了西周晚期社會矛盾的深層原因，就等於否定了西周政治和與其相適應的生產關係的「合禮」性。那麼，西周滅亡了，又該如何下好這個臺階呢？

一陣忙亂，儒家七手八腳在道德的層面上將周厲王和周幽王抬了出來！陪伴者除了「豔妻」褒姒，還有諸多的「強禦」、「掊克」、「小人」；直至北宋，《太平御覽・皇王部》「幽王」（卷八十五）仍然引《鎖語》之類以其身世敘寫作踐周幽王，顯得十分猥瑣下作。〔註2〕於《詩經》的解讀來說，則集中體現在了漢人所作詩序和毛傳、鄭箋上。而如果將二章「無棄爾勞」之「爾」、四章「戎雖小子」之「小子」、五章「王欲玉女」之「女（汝）」，理解爲「皆斥小人之詞」（魏源），那麼，詩將會出現另外至少兩種以上的解釋。〔註3〕

民亦勞止，汔可小康。惠此中國，以綏四方。

《毛傳》：「汔，危也。中國，京師也。四方，諸夏也。」《孔疏》：「『中國』之文，與『四方』相對，故知中國謂京師，四方謂諸夏。若以中國對四夷，則諸夏亦爲中國。」〔註4〕止：語助詞。下同。陳啓源《稽古編》：「毛云危，即『近』義。」《鄭箋》：「汔，幾也。康、綏皆安也。惠，愛也。今周民罷勞矣，王幾可以小安之乎？愛京師之人以安天下，京師者，諸夏之根本。」幾，庶幾。《左傳・昭公二十年》引詩杜預注：「汔，期也。」于省吾《新證》：「言民亦罷勞矣，求可小安也。下文『汔可小休』……意同。序以此詩爲刺厲王，然則求可以小安，非有希於郅治之隆也，其意婉而諷矣。」（p42）

無縱詭隨，以謹無良。

《左傳・昭公二十年》引作「毋從詭隨」，聽從。《毛傳》：「詭隨，詭人之善、隨人之惡者。以謹無良，愼小以懲大也。」《鄭箋》：「謹，猶愼也。良，善……王爲政無聽於詭人之善不肯行而隨人之惡者，以此敕愼無善之人。」《後漢書・陳忠傳》引詩李賢注：「言詭誑委隨之人不可縱，宜即罪之，用謹來不善之人也。」王引之《述聞》：「謂譎詐謾欺之人也。」又于省吾《新證》：「『謹』本應作董，董、覲古今字，金文覲不從見……『無縱詭隨，以謹無良』，應讀爲無從詭隨，以覲無良。以，與也。覲，見也……言無從譎詐，與見無良，謂譎詐之人不可從，無良之人不可見。下言『式遏寇虐』，言以遏止寇虐也。下四章仿此。……詭隨無良，乃寇虐之見端，寇虐乃詭隨無良之極行，故曰無從譎詐，與見無良之人，此防止寇虐也。詩人之杜漸防微，旨深而意諷矣。」（p43）

式遏寇虐，憯不畏明。

式：助詞。憯：《毛傳》：「曾也。」俞樾《平議》：「《傳》訓憯爲曾，乃語詞，無實義。憯不畏明，不畏明也。」參見《小雅・十月之交》三章「哀今之人，胡憯莫懲」注。明：俞樾《平議》：「《尙書・洪範篇》云：『無虐煢獨，而畏高明。』《史記集解》引馬注曰：『高明顯寵者，不枉法畏之。』此云畏明，與彼云畏高明義同。言爲寇虐者必遏止之，不以其高明而畏之也。」見《宋微子世家》。

柔遠能邇，以定我王。

　　柔：《毛傳》：「安也。」能：《漢書・百官公卿表》「十有二牧，柔遠能邇」，顏師古注：「能，善也。」邇：近。

民亦勞止，汔可小休。惠此中國，以為民逑。

　　《毛傳》：「休，定也。逑（qiú），合也。」《鄭箋》：「休，止息也。合，聚也。」民無離散。

無縱詭隨，以謹惛怓。

　　惛怓（hūn náo）：《毛傳》：「大亂也。」《鄭箋》：「惛怓，猶讙譁（huá）也，謂好爭訟者也。」讙譁，即喧嘩。讙音見《小雅・正月》〔註1〕引《鄭語》。

式遏寇虐，無俾民憂。

　　俾：使。

無棄爾勞，以為王休。

　　《毛傳》：「休，美也。」《鄭箋》：「勞，猶功也。無廢女始時勤政事之功，以為女王之美。述其始時者，誘掖之也。」《陳風・衡門》毛序「作是詩以誘掖其君也」，《鄭箋》：「誘，進也。掖，扶持也。」

民亦勞止，汔可小息。惠此京師，以綏四國。無縱詭隨，以謹罔極。

　　《鄭箋》：「罔，無。極，中也。無中，所行不得中正。」《衛風・氓》四章「士也罔極，二三其德」，《孔疏》：「士也行無中正，故二三其德。」又朱熹《集傳》：「罔極，為惡無窮極之人也。」

式遏寇虐，無俾作慝。

　　慝：《毛傳》：「惡也。」姦邪，邪惡。慝音見《小雅・庭燎》讀注。

敬慎威儀，以近有德。

　　威儀：見《小雅・湛露》四章「豈弟君子，莫不令儀」注。《毛傳》：「求近德也。」參見《小雅・賓之初筵》四章「醉而不出，是謂伐德。飲酒孔嘉，維其令儀」注。有：助詞。〔註5〕

民亦勞止，汔可小愒。

    愒：《毛傳》：「息。」參見《小雅·菀柳》二章「有菀者柳，不尙愒焉」
    注。

惠此中國，俾民憂泄。

    《毛傳》：「泄，去也。」《鄭箋》：「泄，猶出也，發也。」

無縱詭隨，以謹醜厲。式遏寇虐，無俾正敗。

    《毛傳》：「醜，眾。厲，危也。」參見《緜》七章「迺立冢土，戎醜
    攸行」注。《鄭箋》：「厲，惡也。……敗，壞也。無使先王之正道壞。」
    「正」參見《小雅·正月》八章「今茲之正，胡然厲矣」注。王引之
    《述聞》：「寇虐之徒，敗壞國政，遏之則政不敗矣。」

戎雖小子，而式弘大。

    《鄭箋》：「戎，猶女也。式，用也。弘，猶廣也。今王雖小子自遇，
    而女用事於天下甚廣大也。《易》曰：『君子出其言善，則千里之外應
    之，況其邇者乎？出其言不善，則千里之違之，況其邇者乎？』是以
    此戒之。」用，法式。《孔疏》：「在王之大位者雖小子，而用事甚大，
    大不可不愼，故須息民勞而止寇虐也。」《抑》八章「彼童而角，實虹
    小子」，《孔疏》：「《民勞》云『戎雖小子』者，言王意以小子自遇，非
    臣之稱君。」

民亦勞止，汔可小安。惠此中國，國無有殘。

    《毛傳》：「賊義曰殘。」《孟子·梁惠王下》：「"賊仁者謂之賊，賊義者
    謂之殘。」又《鄭箋》：「王愛此京師之人，則天下邦國之君不爲殘酷。」

無縱詭隨，以謹繾綣。

    繾綣（qiǎnquǎn）：《毛傳》：「反覆也。」《孔疏》：「此云『以謹繾綣』，
    是人反覆爲惡，固著不捨，常爲惡行也。」

式遏寇虐，無俾正反。

    正：政。

王欲玉女，是用大諫。

    《鄭箋》：「玉者，君子比德焉。王乎！我欲令女如玉然，故作是詩，
    用大諫正女。」朱熹《集傳》：「玉，寶愛之意。言王欲以女爲玉而寶

愛之，故我用王之意，大諫正於女。蓋託爲王意以相戒也。」是用，是以。

〔註 1〕「幽、厲之惡，無大於親小人，而幽則豔妻、奄寺，皆傾惑柔惡之人；厲則強禦、掊克，皆爪牙剛惡之人。且厲王監謗，道路以目。故召穆、凡伯皆託諷僚友，一詩義者，則餘篇大同。姑先以《民勞篇》發之。次章『毋（無）棄爾勞，以爲王休』，末章『王欲玉女，是用大諫』，《箋》皆以『爾』、『女』斥王，無此文義，故知與四章『戎雖小子』，皆斥小人之詞。『無棄爾勞，以爲王休』，則諷世臣之語，『柔遠能邇，以定我王』，則勸輔辟之臣。《板》詩『我雖異事，及爾同寮』，即斯誼也。《墨子》言厲王染於虢公長父及榮夷公。而史傳言虢公長父爲厲王主兵，征伐於外，是強禦之臣。《國語》言榮夷公專利，聚斂於內，是掊克之臣。流彘之禍起於貪暴。故詩屢言『民亦勞止』，而欲其惠中國『以綏四方』，柔遠邇以遏寇虐，言所患者不在四方，而在國中之民，其賊民者又非戎狄，而在朝廷小人也。小人者，貪暴於外，而獨能詭隨於內，故每章以『無縱詭隨』爲言。詭隨在側，則忠言不聞，民怨不達。足寒傷心，民寒傷國，王則受之。」

〔註 2〕「《鎖語》曰：宣王之元妃獻后，生子不恒期月而生，后弗敢舉。天子召問群王之元史，史皆答曰：『若男子也，身體有不全，諸骨節有不備者則可，身體全骨節備，不利於天子也，將必喪邦。』天子曰：『若而，不利余一人，命棄之。』仲山父曰：『天子年長矣，而未有子，或者天將以是棄周，雖棄之何益！』天子弗棄之。」

〔註 3〕裘錫圭《關於商代的宗族組織與貴族和平民兩個階級的初步研究》：「關於這種『小子』的涵義，有種種不同說法，我們認爲曾星笠《尚書正讀》的解釋最爲合理。《正讀》注釋上引《酒誥》說：『小子，蓋同姓小宗也，』注釋上引《多士》說：『小子，同姓小宗也。此篇誥多士，蓋誥殷士大夫爲大宗者。大宗既往，小宗乃興，所謂宗以族得民也。周遷殷民，皆以族相從。若左傳分魯衛以殷民六族七族，是也。若訓爲民之子孫，則祖父既往，子孫爲有不從之理，於文無取。』所言極爲有理。」「殷民六族和七族，大概就屬於卜辭所說的『多子族』之列。《左傳》說他們『帥其宗氏，輯其分族』，分族就是這些族內部的小宗。多子族族長對商王來說是小宗，對他們的分族來說則是大宗。這跟周代卿大夫對公室而言是小宗，對他們的側室、貳宗則是大宗的情況，是完全一致的。上引《多士》記周公告誡殷多士，要他們做『小子』們，即小宗宗子們的表率，正可與此

互證。」（《古代文史研究新探》，p308、p310）

　　「左傳分魯衛以殷民六族七族」指《左傳・定公四年》所紀（祝佗追敘）成王分封魯、衛等諸侯國的情況，即分魯公以殷民六族，分康叔以殷民七族，分唐叔以懷姓九宗。「側室」「貳宗」見《左傳・桓公二年》、《襄公十四年》。

　　許倬雲《封建制度》「氏族組織」：「西周金文中每見小子之稱，其中有的是國王自己的謙稱，有的是官名。但也有一些『宗小子』、『小子某』、『某小子某』，則可能都是小宗對大宗的自稱。宗小子是大宗，小子某是王室的小宗，某小子某則是王臣家的小宗。」（《西周史》，p174）

　　又王夫之《詩經稗疏》：「《逸周書》芮良夫曰：『惟爾執政小子。』又曰：『惟王暨爾執政小子。』則小子蓋當時執政之稱也。按《周禮・夏官》有『小子』，其屬下士二人。職雖卑賤，而掌徇陳、贊牲、受徹之事，則左右之近臣也。或因狎習而與執政，故《詩》、《書》皆斥告之。猶『趣馬』亦下士，而《十月》、《雲漢》皆鄭重言之。蓋周末寵任童昏便嬖，小子在王左右，得以上執國政，遂為要職已。」徇陳，軍隊出征或田獵，斬牲並左右巡行陳示。贊牲，原文應為「贊羞」，進獻祭品。受徹，指接過撤下的祭品。狎習，親近熟習。童昏，《晉語四》「童昏不可使謀」，韋昭注：「童，無智。」童昏，即「憧愚」，意蠢愚。便（piáán）嬖，指善於迎合的親信寵臣。

　　張亞初、劉雨《西周金文官制研究》：「西周銘文中的小子有的地位不低，這與《周禮》是不符的。」「西周銘文中所見的小子，有的是指職官，有的則不是指職官。指職官的又可分為兩種情況，一是屬官之官，二是諸子之官（或者就是指諸子、庶子言）。這些問題都不是簡單地與《周禮》之小子對一下號就可以解決問題的。」「要強調指出，銘文中的小子之職往往與武事有關，而《周禮》雖然說小子是主管祭祀的官吏，但把這種職官放在夏官司馬這一部分，這是一個十分耐人尋味的問題。」（p45～p47）

　　斯維至《兩周金文所見職官考》：「小子之官彝銘屢見……古者公卿大夫之子弟皆謂小子，故亦以小子自稱；官名並取義於此，蓋掌國子教育之事者也。銅器中《師望鼎》《鄭大師小子盨》均以大師與小子兼職，蓋小子亦為掌教育之事，與大師性質相近，故一人兼之也。《周禮》司馬小子，雖與此名相同，然其職掌祭祀，與此不合，前人所釋皆誤。以余所考，當是《周禮》司馬之諸子，其職文云：『掌國子之倅。使之修德學道。春合諸學，秋合諸射，以考其藝而進退之。』」（《斯維至史學文集》，p16。引文見《禮記・燕義》。「掌國子之倅」為

《夏官・諸子》句。甗，蒸食之炊具）

〔註 4〕「中國」在《雅》詩中凡七現，本詩四處。又《蕩》四章「女炰烋于中國，斂怨以爲德」、六章「內奰于中國，覃及鬼方」、《桑柔》七章「哀恫中國，具贅卒荒」，或指王畿地區（《周書・梓材》「皇天既付中國民越厥疆土於先王」，《何尊》有「余其宅茲中國，自之乂民〔按：乂，治理，安定〕」句）。「諸夏」在典籍中通常指中原地區各諸侯國，而「四方」或指較遠諸侯，或指並未納入王朝政權之其他方國。

〔註 5〕「敬愼威儀，以近有德」，是周人以詩歌形式的一個典型「表達」。詩句裏濃縮著以「威儀」（包括朝覲、冊封、聘問、宴饗、祭祀等所有維持政治秩序之行爲）體現禮──→履禮而德──→明德而治──→治而「家天下」之邏輯。「民勞」之下，依然寄望於「周禮」，這是周人的操守和境界，秦漢帝制後難以企及。也由此推論，《民勞》之於「國人暴動」前之政治。

大雅・板

周厲王在位三十七年，加上「共和」十四年間名義之天子，除穆王五十五年外，他和昭王都達到了五十一年，是西周史上在位最長者之一。

所以成「幽厲」，於厲王來說，很可能於此環節上犯了大忌：輔武王滅商、成王時支持周公東征平亂並與其分陝而治的召公姬奭之後人還在這裡，[註1]又有「周公之胤」凡伯也已「入爲王卿士」（《鄭箋》），他卻任榮夷公爲卿士主政務，重用虢公長父主軍事。即便召穆公和凡伯不說什麼，但其做法已嫌打亂西周「傳統」的政治安排，於「禮」也不合，先秦儒家和漢儒（包括史遷）自然不免憤憤然。

因了《周語上》「芮良夫論榮夷公專利」、《逸周書・芮良夫》、《史記・周本紀》之說，以及《墨子・所染》（《呂氏春秋・當染》引）之斷，榮夷公和虢公長父遂爲「歷史」所黑。

其實，虢公長父先祖虢仲也是季歷第二子、「文王」的兄弟，武王滅商後封西虢，其弟虢叔封東虢，以爲王畿左右藩屏（《虢仲盨蓋》、《虢仲鬲》、《公臣簋》於虢公長父有紀）。成王時已有「榮伯」，《周本紀》「成王即伐東夷，息慎來賀，王賜榮伯作《賄息慎之命》」；《𤺈簋》（厲王時）紀與淮夷之戰「奪俘人四百，稟於榮伯之所」——「榮伯」即當爲榮夷公，是姬姓榮國之第六任國君。

稍稍變換一個角度看問題，周厲王的作爲並非如儒家所說。其父夷王時，《楚世家》「王室微，諸侯或不朝，相伐」，楚國更是囂張之至：「熊渠甚得江漢間民和，乃興兵伐庸、楊粵，至於鄂。熊渠曰：『我蠻夷也，不與中國之號諡。』乃立其長子康爲句亶王，中子紅爲鄂王，少子執疵爲越章王，皆在江

上楚蠻之地……」夷王烹殺齊哀公，也正是內外交困之下（聽信紀侯讒言）喪心病狂的無能之舉。

而厲王時，「暴虐，熊渠畏其伐楚，亦去其王」。與暗弱無斷的夷王相比，他使出了朝廷的威力。《今本竹書紀年》厲王三年「淮夷侵洛，王命虢公長父征之，不克」（但《禹鼎》詳紀周師擊敗噩（鄂）侯率南淮夷、東夷各邦國反周的全過程），十四年，「召穆公帥師追荊蠻，至於洛……」東、南之患應該在厲王時得到了相當程度的控制。金文中至少還有師《癲簋》、《十月敔簋》、《虢仲盨蓋》、《癲簋》、《翏生盨》、《噩侯馭方鼎》、《師寰簋》等可以佐證。

在朝廷經濟捉襟見肘的情況下，厲王採取了他認為是必要的「專制」措施。但分封已二百多年，無論同姓還是異姓，無論遠宗還是近族，他們已習慣了受封受爵的食邑生活。當其利益受到剝損、權勢受到削弱，什麼王朝不王朝，一番喧嚷鼓動，由氏族成員轉化而來、但其成分卻已極為複雜的「國人」於是暴動了，他的厄運接踵而至。《今本竹書紀年》十二年「王亡奔彘」（《周語上》「國人莫敢出言，三年，乃流王於彘」），十三年「王在彘，共伯和攝行天子事」，十四年「玁狁侵宗周西鄙」，二十二、二十三、二十四、二十五、二十六連續五年大旱，「大旱既久，廬舍俱焚」。終至公元前 841 年，〔註2〕「召公、周公二相行政，號曰『共和』」。

《周語上》、《周本紀》紀，召穆公用自己兒子的性命換來了太子「靜」，〔註3〕「宣王即位，二相輔之，修政，法文、武、成、康之遺風，諸侯復宗周」，周厲王的「專利」政策當然也被廢除了。以「正史」之寫作言，這是為其後的「宣王中興」作鋪墊。

《毛序》以為《板》是凡伯刺厲王的詩（魏源《大雅答問下》以為凡伯即共國國君共伯和）——當初成王封周公庶子於凡，「凡伯」世為周王室卿士，《板》詩出自其手也是符合邏輯的推斷。詩無論是否為其所作，皆當與厲王撇開召穆公和凡伯而任用榮夷公、虢公長父，以及以「專利」強化朝廷財政實力、「國人暴動」等幾個關鍵節點相關。「价人維藩，大師維垣。大邦維屏，大宗維翰……」表白、標榜交織在一起，恨恨哪可論！

上帝板板，下民卒癉。

《毛傳》：「板板，反也。上帝，以稱王者也。癉（dàn），病也。」又朱熹《集傳》：「世亂乃人所為，而曰『上帝板板』者，無所歸咎之詞耳。」

卒：朱熹《集傳》：「盡也。」

出話不然，為猶不遠。

《毛傳》：「話，善言也。猶，道也。」又《鄭箋》：「猶，謀也。王為政反先王與天之道，天下之民盡病，其出善言而不行之也。此為謀不能遠圖，不知禍之將至。」

靡聖管管，不實于亶。

靡聖：王先謙《集疏》引黃山云：「『靡聖』，謂心無忌憚，不信有聖人，非無聖人也，故《箋》訓『管管』為『以心自恣』。《廣雅》『管管，欲也』者，如《漢書·汲黯傳》『吾欲』云云之欲，是亦為『自恣』之意矣。」管管：《毛傳》：「管管，無所依也。」《鄭箋》：「管管然以心自恣，不能用實於誠信之言，言行相違也。」實：忠實於，踐行。亶：《毛傳》：「誠也。」誠信。

猶之未遠，是用大諫。

《毛傳》：「猶，圖也。」《鄭箋》：「王之謀不能圖遠，用是故我大諫王也。」是用，是以。朱熹《集傳》：「首章言天反其常道，而使民盡病矣。而女之出言，皆不合理，為謀又不久遠。其心以為無復聖人，但恣己妄行，而無所依據，又不實之於誠信，豈其謀之未遠而然乎？」

天之方難，無然憲憲。

天：《鄭箋》：「斥王也。」斥，參見《小雅·南有嘉魚》一章「君子有酒，嘉賓式燕以樂」注。難：用為動詞，指發難，降臨災難。憲憲：《毛傳》：「猶欣欣也。」

天之方蹶，無然泄泄。

蹶：《毛傳》：「動也。」變更，引為「動盪」。參見《緜》九章「虞芮質厥成，文王蹶厥生」注。泄泄（yì）：《說文》引《詩》作「詍詍（yì）」：「詍，多言也。……《詩》曰：『無然詍詍。』」《毛傳》：「泄泄，猶沓沓也。」意妄言多語。參見《小雅·十月之交》七章「噂沓背憎，職竟由人」注。胡承珙《後箋》：「此及下《傳》『泄泄猶沓沓』，皆以今語釋古語之例。凡古今語言相變，有從聲轉者，古言『憲憲』後言『欣欣』是也。有以義通者，古言『泄泄』後言『沓沓』是也。」《鄭箋》：

「王方欲艱難天下之民，又方變更先王之道。臣乎，女無憲憲然，無
沓沓然爲之制法度，達其意，以成其惡。」

辭之輯矣，民之洽矣。

辭：《鄭箋》：「謂政教也。王者政教和說（悅）順於民，則民心合定。
此戒語時之大臣。」輯：《毛傳》：「和。」洽：《毛傳》：「合。」《左傳‧
襄公三十一年》引《詩》洽作「協」，杜預注「協同」。參見《小雅‧
正月》十二章「洽比其鄰，昏姻孔云」注。

辭之懌矣，民之莫矣。

《毛傳》：「懌，說。莫，定也。」說即悅。又于省吾《新證》據金文以
爲「辭」應訓爲「我」。「『我』者詩人與同僚之稱也。我之和矣，民之合
也。我之說也，民之勉也。」「莫、勉古同聲……二章（按：當爲三章）
云：『我雖異事，及爾同寮。』則全篇係戒同僚之詞，至顯明矣。士大夫
和則民合，士大夫說則民勉。」（p44）

我雖異事，及爾同寮。

異事：指職事不同。及：與。寮：《毛傳》：「官也。」朱熹《集傳》：「同
爲王臣也。」朱熹本寮作「僚」。

我即爾謀，聽我囂囂。

《毛傳》：「囂囂，猶謷謷（áo）也。」《鄭箋》：「即，就也。我雖與爾職
事異者，乃與女同官，俱爲卿士。我就女而謀，欲忠告以善道，女反聽
我言，謷謷然不肯受。」《九思‧怨上》「令尹兮謷謷，群司兮濃濃」，王
逸注：「謷謷，不聽話言而妄語也。」濃濃，雜語多言貌。

我言維服，勿以爲笑。

《鄭箋》：「服，事也。我所言，乃今之急事，女無笑之。」維：助判斷。
又于省吾《新證》：「徐灝訓『服』爲『行』，甚是。……『維』猶與也……
《靈臺》『賁鼓維鏞』，言賁鼓及鏞也。『我言維服，勿以爲笑』，言我言
與行，勿以爲笑也。此詩係戒同僚之詞，彼此言行之不相洽可知也。」
（p44）徐灝訓見《通介堂經說》。

先民有言，詢于芻蕘。

芻蕘（ráo）：《毛傳》：「薪采者。」草野之人。《鄭箋》：「古之賢者有言，

有疑事當與薪采者謀之。匹夫匹婦或知及之，況於我乎？」按：後世「芻蕘」也指在野之士。先民：參見《小雅·小旻》四章「哀哉爲猶，匪先民是程，匪大猶是經」注。

天之方虐，無然謔謔。

《毛傳》：「謔謔然，喜樂。」《鄭箋》：「今王方爲酷虐之政，女無謔謔然以讒慝助之。」讒慝，邪惡姦佞。

老夫灌灌，小子蹻蹻。

《毛傳》：「灌灌，猶款款也，蹻蹻（jiǎo），驕貌。」《孔疏》：「我老夫教諫汝，其意乃款款然情至意盡，何爲汝等而未知！幼弱之小子，反蹻蹻然自驕恣而不聽我之言乎！」或曰「老夫」、「小子」並非簡單的對言關係，注意裘錫圭《關於商代的宗族組織與貴族和平民兩個階級的初步研究》引曾星笠「小子，蓋同姓小宗也」說，見《民勞》四章「戎雖小子，而式弘大」注。

匪我言耄，爾用憂謔。

耄：《毛傳》：「八十曰耄。」用：以。爾用憂謔，即「爾以憂爲謔」。《孔疏》：「汝不用我言，豈不以我爲老也？非我之言爲老耄有所失誤，乃告汝可憂之事，汝何爲反用可憂之事以爲戲謔而慢我？」又俞樾《平議》：「憂當爲『優』。襄公六年《左傳》『長相優』，杜注曰：『優，調戲也。』『爾用憂謔』，言爾用我言相戲謔也。優謔連文。」

多將熇熇，不可救藥。

《毛傳》：「熇熇（hè）然，熾盛也。」《鄭箋》：「將，行也。……多行熇熇慘毒之惡，誰能止其禍？」藥：療。《左傳·襄公二十六年》有「今楚多淫刑，其大夫逃於四方，而爲之謀主，以害楚國，不可救療」句。

天之方懠，無爲夸毗。威儀卒迷，善人載尸。

載：則。卒：盡。《毛傳》：「懠（qí），怒也。夸毗，體柔人也。」《鄭箋》：「王方行酷虐之威怒，女無夸毗以形體順從之。君臣之威儀盡迷亂。賢人君子則如尸矣，不復言語。」朱熹《集傳》：「則不言不爲，飲食而已者也。」王夫之《稗疏》：「《方言》：『夸，淫也。毗，懣也。』

《爾雅》:『誇毗，體柔也。』……蓋淫夫耽色，心懇急而體柔靡之狀。故曰:『威儀卒迷。』則誇毗者，筋骸不束而無儀可象也。小人之迷於貨賄權勢者，誠有如淫者之懇悶而骨醉情柔也。」威儀:參見《小雅・湛露》四章「豈弟君子，莫不令儀」注。

民之方殿屎，則莫我敢葵。

殿屎（xī）:《毛傳》:「呻吟也。」馬瑞辰《通釋》:「《說文》引《詩》作『念呭（yī）』者正字，《詩》及《爾雅》作『殿屎』者，叚借字也。」葵:《鄭箋》:「揆也。民方愁苦而呻吟，則忽然無有揆度知其然者。」忽，忽視、忽略。

喪亂蔑資，曾莫惠我師。

蔑資:《毛傳》:「蔑，無，資，財也。」嚴粲《詩緝》:「無以為資，言無生生之計也。」《鄭箋》:「其遭喪禍，又素以賦斂空虛，無財貨以共其事。窮困如此，又曾不肯惠施以周贍眾民，言無恩也。」又朱熹《集傳》:「蔑，猶滅也。資，與諮同。嗟歎聲也。」又于省吾《新證》:「『資』應讀為濟……《莊子・齊物論》『厲風濟則萬竅為虛』注:『濟，止也。』止亦定也。《傳》訓『蔑』為無，無猶未也……喪亂蔑濟，言喪亂未定也。……《節南山》『亂靡有定』，《瞻卬》『邦靡有定』，意皆相仿。」（p44、p45）師:民眾。

天之牖民，如壎如篪，如璋如圭，如取如攜。

牖（yǒu）:同「牖（yǒu）」，本義窗戶，借指。《毛傳》:「牖，道也。」道即「導」，導引。朱熹《集傳》:「牖，開明也。猶言天啟其心也。」《禮記・樂記》引《詩》作「誘」。壎:陶製吹奏樂器。篪:竹製管樂器。璋、圭:皆玉製禮器，半圭曰璋。參見《小雅・斯干》七章「載衣之裳，載弄之璋」注。《毛傳》:「如壎如篪，言相和也。如璋如圭，言相合也。如取如攜，言必從也。」《鄭箋》:「王之道民以禮義，則民和合而從之如此。」

攜無曰益，牖民孔易。

益:通「隘」。俞樾《平議》:「攜無曰益，言如取如攜，無曰有所阻塞也，牖民乃孔易耳。」又于省吾《新證》:「曰、日古籍多互訛。……

益、溢同字……溢、泆、佚、逸古並通……『攜無曰益』，應讀作攜無曰逸。言天之牖民，既如取如攜，無曰逸自安，則其牖民固甚易也。此詩爲誡同官之詞。二章之『無然憲憲』、『無然泄泄』，四章之『無然謔謔』、『小子蹻蹻』、『爾用憂謔』（俞樾讀『憂』爲優，以『憂謔』爲戲謔），八章之『無敢戲豫』、『無敢馳驅』，在在以日逸爲戒。」（p45）

民之多辟，無自立辟。

前一僻字：邪僻。《鄭箋》：「民之行多爲邪辟者，乃女君臣之過，無自謂所建爲法也。」後一辟字，《毛傳》：「辟，法也。」《孔疏》：「言上爲善政，民必爲善，是甚易也。汝當行善以化之。令民之所行皆多邪僻，乃汝君臣之過，汝無自謂所建立者爲法，當更改行以化民，無得行此惡政也。」又朱熹《集傳》：「辟，邪也。……今民既多邪辟矣，豈可又自立邪辟以道之邪？」道，通「導」。又吳闓生《會通》：「居邪僻之世，不可自爲立法。」

价人維藩，大師維垣。大邦維屏，大宗維翰。

維：助判斷。《毛傳》：「价（jiè），善也。藩，屏也。垣，牆也。王者天下之大宗。翰，幹也。」《鄭箋》：「价，甲也。被甲之人，謂卿士掌軍事者。大師，三公也。大邦，成國諸侯也。大宗，王之同姓之適（嫡）子也。王當用公卿諸侯及宗室之貴者爲藩屏垣幹，爲輔弼，無疏遠之。」鄭意价同「介」，但黃焯《平議》引汪中「稽之經典，無以甲人稱卿大夫士者」，不以鄭說爲是。三公，見《小雅·節南山》一章「赫赫師尹，民具爾瞻」注。臧振《「价人維藩」解》認爲按周禮三公地位高於諸侯（大邦），也不應低於大宗，解大師爲三公，以遠於「屏」、「翰」的「垣」來比喻三公是不合適的。（《孔子研究》，1990 年第 1 期）范處義《詩補傳》：「觀詩人藩垣屏翰及維城之喻，則是五者皆所以固國；若以價爲善，則五者皆當用善人，豈特維藩者乎？」范氏以爲价通介，介人即「大人」，「意其大臣之在外爲方伯連帥者，故曰『維藩』。」又朱熹《集傳》：「价，大也。大德之人也。藩，籬。師，眾。……大邦，強國也。屏，樹也，所以爲蔽也。大宗，強族也。……宗子、同姓也。」馬瑞辰《通釋》：「大師宜謂大眾，『大師維垣』猶云眾志成城也」。〔註 4〕翰，參見《文王有聲》四章「王公伊濯，維豐之垣。四方攸同，王后

維翰」注。

懷德維寧，宗子維城。

懷德：有德。德，參見《小雅・賓之初筵》四章「醉而不出，是謂伐德。飲酒孔嘉，維其令儀」注。宗子：即上句「大宗」之諸侯。《鄭箋》：「宗子，謂王之適（嫡）子也。」《孔疏》：「以上言大宗謂同姓之適。此言宗子，嫌與上同，故辨之云：『宗子，謂王之適子也。』」裘錫圭《關於商代的宗族組織與貴族和平民兩個階級的初步研究》：「在宗法制度下，一族的主要財產掌握在世代相傳的族長，即所謂『宗子』手裏。大家族的公社性由宗子『庇族』、『收族』的義務歪曲地反映出來。」「周代稱族長爲宗子或子，稱子尤爲常見。……《尙書・洛誥》記周公的話說：『予旦以多子越御事篤前人成烈，答（合）其師，作周孚先。』曾星笠《尙書正讀》說：『多子，大小各宗也。』這個解釋是很正確的。卿大夫基本上都是族長，所以一般尊稱他們爲子。」「古代的宗法制度下，族長的位置原則上由現任者的兒子一代代繼承下去，因此族長就很自然地被稱爲子了。」（《古代文史研究新探》，p301、p303）收族，謂以上下尊卑、親疏遠近之序管理族人。《儀禮・喪服》「大宗者，收族者也」，鄭玄注：「收族者，謂別親疏、序昭穆。」「合族」、「恤族」「庇族」爲家族長之責任。《禮記・大傳》：「上治祖禰（nǐ），尊尊也。下治子孫，親親也。旁治昆弟，合族以食，序以昭繆，別之以禮義，人道竭矣。」禰，對已在宗廟中立牌位的亡父之稱。參見《文王》二章「文王孫子，本支百世」、《公劉》四章「食之飲之，君之宗之」注，《小雅・常棣》一章「凡今之人，莫如兄弟」注引斯維至《釋宗族》說。

無俾城壞，無獨斯畏。

俾：使。城：本指城池，〔註5〕此處借指依憑。《鄭箋》：「城壞則乖離，而女獨居而畏矣。」乖離，背離，《荀子・天論》有「父子相疑，上下乖離，寇難並至」句。「價人」、「大師」、「大邦」、「大宗」、「懷德」、「宗子」，朱熹《集傳》：「是六者，皆君子所恃以安……城壞，則藩垣屏翰，皆壞而獨居，獨居而所可畏者至矣。」

敬天之怒，無敢戲豫。

　　敬：敬畏。戲豫：《毛傳》：「逸豫也。」逸豫，逸樂。

敬天之渝，無敢馳驅。

　　渝：《鄭箋》：「變也。」馳驅：《毛傳》：「自恣也。」

昊天曰明，及爾出王。

　　曰：助詞。明：明鑒。朱熹《集傳》：「言天之聰明，無所不及，不可以
　　不敬也。」王：《毛傳》：「往。」即「往」之誤。

昊天曰旦，及爾游衍。

　　《毛傳》：「旦，明。游，行。衍，溢也。」《鄭箋》：「昊天在上，人仰之
　　皆謂之明，常與女出入往來，游溢相從，視女所行善惡，可不慎乎？」
　　游溢，浮現。

　　〔註 1〕周、召二公世爲卿士。王符《潛夫論・志氏姓》：「周氏、邵氏、畢
氏、榮氏、單氏、尹氏、鎦氏、富氏、鞏氏、蒩氏，此皆周室之世公卿家也。周、
召者，周公、召公之庶子，食二公之采，以爲王吏，故世有周公、召公不絕也。」

　　〔註 2〕《今本竹書紀年》與《周本紀》於「共和行政」說法的不一致，屬
王紀年出現差異。

　　〔註 3〕此類故事暗示朝廷與天子至高無上，臣子應該極端忠誠、擔當，無
條件犧牲。以孔子爲發端，儒家爲此做了大量的功課。「君君、臣臣、父父、子子」
（《顏淵》）不用說，《呂氏春秋・行論》「父雖無道，子敢不事父乎？君雖不惠，
臣敢不事君乎？」董仲舒之「三綱」，史遷「冠雖敝，必加於首；履雖新，必關於
足。何者，上下之分也……」（《儒林列傳》「黃生」語。此語又見《六韜》、《漢書・
儒林傳》、《意林》，《太平御覽》六百八十四、六百九十七說「履」、「冠」引）

　　所謂「法家」的韓非子也在《忠孝》中說：「臣事君，子事父，妻事夫，三
者順則天下治，三者逆則天下亂，此天下之常道也……」不過他的「君」應該指
的是戰國時的一國之君，既不是周天子，也不是漢皇帝。主張君主專制的他「仁
義用於古不用於今也」（《五蠹》），甚至在《二柄》中十分卑鄙地杜撰「楚靈王好
細腰而國中多餓人；齊桓公妒外而好內，故豎刁自宮以治內；桓公好味，易牙蒸
其子首而進之」之類的故事。參見《小雅・黍苗》讀注及〔註 2〕、〔註 4〕。

〔註 4〕如同《公劉》四章「食之飲之，君之宗之」傳箋，毛、鄭在此對於「大宗」的理解和解釋也不相同。《毛傳》「王者天下之大宗」，意周王即天下之大宗。而《鄭箋》「大宗，王之同姓之適（嫡）子也」，意「大宗」是指分封出去的同姓諸侯言，也指王朝的卿士。

關於「價人」、「大師」，臧振在《『价人維藩』解》中，舉裘錫圭《關於商代的宗族組織與貴族和平民兩個階級的初步研究》以卜辭中許多「介子」、「介兄」、「介父」、「介母」之「介」字相當於周人的「庶」，《禮記・曾子問》「曾子問曰：『宗子爲士，庶子爲大夫，其祭也如之何？』孔子曰：『以上牲祭於宗子之家。祝曰：「孝子某爲介子某薦其常事」』」，說明周代仍有以「介」爲「庶」的用法，「介人」即「庶人」。臧文認爲，在莊重場合將周人所謂「庶子」稱爲「介子」以示恭敬，「庶人」爲周時「白話」，而「介人」爲周時「文言」，「介人」在商代爲常用語而在周代則成爲敬辭；引《儀禮・鄉飲酒禮》鄭玄注「賢者爲賓，其次爲介，又其次爲眾」，「賓、介，處士賢者」，賈公彥引鄭玄「君子有大德行不仕者，以其未仕，有德自處，故名處士」，《玉藻》將處士列在大夫、士之下，弟子之上，臧文認爲「介」爲庶人中較有德行者，低於士而高於眾人，在介人身份屬常識的時代，毛傳注「介」爲「善」是正確的，翻譯成現代漢語，「介人」就是「良民」；引《荀子・君道》「君人者，愛民而安，好士而榮，兩者無一焉而亡。《詩》曰：『介人維藩，大師爲垣。』此之謂也」，臧文認爲：「十分清楚，介人就是庶民，而大師就是『士』。後代經師想當然，『善人』一定是『大人』，於是曲解《荀子》，說『介人』指當官的，而『大師』指民眾。於是一池清水被攪渾了兩千年。……處於戰國末的荀子說大師指『士』，亦即指百官。而在春秋以前，宗法制尚未崩潰，在《板》詩作者語言中的百官，就應包括卿、大夫、士三級。」「可將『价人維藩』章今譯如下：『善良的百姓是王室的藩籬，大小官吏是王室的牆垣，邦國諸侯是王室的屏障，本族大宗是王室的棟樑。天子懷德則國家安寧，宗族長子猶如國都城防，萬不能讓城防毀壞，沒有比孤獨更可怕的事情。』這樣，從『价人維藩』章可以看出，周代的宗法組織下至庶人，上至天子，通過宗族血緣關係紐帶，形成一牢固整體。各級都有拱衛王室的義務，而天子則必須以『懷德』來庇護宗族、諸侯、百吏、庶民，換取他們對周室的擁戴。」

〔註 5〕《周南・兔罝》一章「赳赳武夫，公侯干城」，《鄭箋》：「干也，城也，皆以禦難也。」杜正勝《周民族的武裝殖民運動》：「殖民營國之要務是建

立軍事據點，以統治土著民族，古書名之曰『城』。因爲四下統治的都是懷抱敵意的異民族，周人統治者屬少數民族，不得不以堅固的城壘自保，以強悍的武力鎮壓。」（《周代城邦》，p24）

大雅・蕩

《毛序》：「厲王無道，天下蕩蕩，無綱紀文章，故作是詩也。」但鄭玄並沒有指出詩中的「強禦」「掊克」者是何人，朱熹也沒有。

清人魏源聯想《墨子・所染》、《荀子・成相篇》，〔註1〕有了新解：「次章掊克在位，強禦在服，謂榮夷公以專利，內尸三公之位，而虢公長父以二伯專征，外擅五服之事。〔註2〕四章炎炰中國，斂怨爲德，則刺掊克在位也。六章『內奰于中國，覃及鬼方』，則刺強禦在服也。」（《大雅答問下》）〔註3〕

一朝之政「僭越」若此，「禮」何在，履禮之「德」何在？是「僭越」使得天子無奈，還是天子失「德」而使「諸侯專征，大夫擅政」？倘若「三公」、「二伯」者尸位素餐不履職，榮夷公和虢公長父的行爲又該怎樣解釋？而以《禹鼎》所紀，周厲王手裏還掌握著「西六師」、「殷八師」，那虢公長父又何以得「專征」？

一切皆由情勢倒逼「改革」而引起。反對階層反應激烈且指向性十分明確。〔註4〕詩託言「文王」歎商之亡而刺周王。「殷鑒不遠，在夏后之世」詛咒式的勸誡，貌似於時政痛心疾首，實則利益獲取被改變後情急之下的一種「小人」心態。「禮」只成格局，具體問題的解決都是人治。天子爲難，諸侯、卿、大夫、士也都覺得不滿。

蕩蕩上帝，下民之辟。

蕩蕩：朱熹《集傳》：「廣大貌。」上帝：《毛傳》：「上帝以託君王也。辟，君也。」辟：《毛傳》：「君也。」

疾威上帝，其命多辟。

　　疾威：《毛傳》：「疾，病人也。威，罪人也。」《鄭箋》：「疾病人者，
重賦斂也。威，罪人者，峻刑法也。」命：令。朱熹《集傳》：「疾威，
猶暴虐也。多辟，多邪辟也。……此言蕩蕩之上帝，乃下民之君也。
今此暴虐之上帝，其命乃多邪辟者，何哉！」邪辟，即邪僻。

天生烝民，其命匪諶。靡不有初，鮮克有終。

　　《毛傳》：「諶，誠也。」《鄭箋》：「烝，眾。鮮，寡。克，能也。」朱
熹《集傳》：「諶，信也……蓋天生眾民，其命有不可信者。蓋其降命
之初，無有不善。而人少能以善道自終，是以致此大亂。使天命亦罔
克終，如疾威而多辟也。蓋始為怨天之辭，而卒自解之如此。」

**文王曰咨，咨汝殷商！曾是彊禦，曾是掊克，曾是在位，曾
是在服。**

　　曰：助詞。曾：副詞，竟。是：代詞。《毛傳》：「咨，嗟也。彊禦，強
梁禦善也。掊克，自伐而好勝人也。服，服政事也。」《鄭箋》：「女曾
任用是惡人，使之處位執職事也。」朱熹《集傳》：「彊禦，暴虐之臣
也。掊克，聚斂之臣也。」本陸德明《釋文》。一說服，侯服。《夏官‧
職方氏》「乃辨九服之邦國，方千里曰王畿，其外方五百里曰侯服」，
鄭玄注：「服，服事天子也。」

天降滔德，女興是力。

　　滔：本意為水勢盛大貌，引為倨慢。《毛傳》：「滔，慢也。」滔，一作
「慆」。朱熹《集傳》：「託於文王所以嗟歎殷紂者，言此暴虐聚斂之臣，
在位用事，乃天降慆慢之德而害民。然非其自為之也，乃汝興起此人
而力為之耳。」是：乃。

文王曰咨，咨女殷商！而秉義類，彊禦多懟。

　　而：朱熹《集傳》：「亦女也。」女即汝。義類：《鄭箋》：「義之言宜也。
類，善。」朱熹《集傳》：「義，善。懟（duì），怨也。……言汝當用善
類，而反任此暴虐多怨之人。」馬瑞辰《通釋》：「《詩》四句皆謂王用善
人則為群小所怨也。」

流言以對，寇攘式內。

　　流言：朱熹《集傳》：「浮浪不根之言。」對：《毛傳》：「遂也。」胡承珙
　　《後箋》：「遂者，進也。謂彊禦多懟之人，爲毀賢之流言以進於王也。」
　　寇攘：寇，寇盜；攘，攘竊。式：以，因而。朱熹《集傳》：「則是爲寇
　　盜攘竊而反居內矣，是以致怨謗之無極也。」又吳闓生《會通》：「如此
　　則寇賊生乎內。」于省吾《新證》：「內、入金文同用。『式』猶以也。上
　　言『彊禦多懟，流言以對』，故接以寇攘以入也。」（p46）

侯作侯祝，靡屆靡究。

　　《毛傳》：「作（zǔ）、祝，詛也。屆，極。究，窮也。」朱熹《集傳》：「作，
　　讀爲詛。詛祝，怨謗也。」意怨謗無窮盡。參見《小雅・何人斯》七章
　　「出此三物，以詛爾斯」注。又俞樾《平議》：「作，始也。祝，亦始也。
　　『侯作侯祝，靡屆靡究』，兩句反覆相承。作祝義同。屆訓極，究訓窮，
　　其義亦同。蓋言厲王任用小人，方興未艾也。」侯：《鄭箋》：「維也。」
　　助詞，助語氣。

文王曰咨，咨女殷商！女炰烋于中國，斂怨以為德。

　　炰烋：《鄭箋》：「自矜氣健之貌。」炰烋音見《小雅・賓之初筵》讀注。
　　中國：見《民勞》一章「惠此中國，以綏四方」注。一說中國，國中，
　　國內。斂：聚。朱熹《集傳》：「多爲可怨之事，而反自以爲德也。」

不明爾德，時無背無側。

　　明德：此以周人角度言，指符合周禮之德行。德，參見《小雅・賓之
　　初筵》四章「醉而不出，是謂伐德。飲酒孔嘉，維其令儀」注。時：
　　通「是」，於是。《毛傳》：「背無臣，側無人也。」《鄭箋》：「無臣、無
　　人，謂賢者不用。」又于省吾《新證》：「時猶『以』也……《漢書・
　　五行志》引作『以亡陪亡卿』。」（p64）按：《五行志》原文引爲：「《詩》
　　云：『爾德不明，以亡陪亡卿；不明爾德，以亡背亡仄。』」

爾德不明，以無陪無卿。

　　《毛傳》：「無陪貳也，無卿士也。」貳，貳佐，指輔佐之臣。又朱熹《集
　　傳》：「前後左右公卿之臣，皆不稱其官，如無人也。」參見《假樂》四
　　章「百辟卿士，媚于天子」注。

文王曰咨，咨女殷商！天不湎爾以酒，不義從式。

湎：沉湎。朱熹《集傳》：「湎，飲酒變色也。……言天不使爾沉湎於酒。」義：《毛傳》：「宜也。」式：《鄭箋》：「法也。……有沉湎於酒者，是乃過也，不宜從而法行之。」法，效法。

既愆爾止，靡明靡晦。

愆：《鄭箋》：「過也。」止：朱熹《集傳》：「容止也。」指威儀容止。
明、晦：屈萬里《詮釋》：「明，晝也。晦，夜也。」

式號式呼，俾晝作夜。

式：助詞。俾：使。《鄭箋》：「醉則號呼相效，用晝日作夜，不視政事。」參見《殷本紀》。

文王曰咨，咨女殷商！如蜩如螗，如沸如羹。

朱熹《集傳》：「蜩、螗（táng），皆蟬也。如蟬鳴，如沸羹，皆亂意也。」馬瑞辰《通釋》：「蓋謂時人悲歎之聲如蜩螗之鳴，憂亂之心如沸羹之熱。」蜩音見《小雅·小弁》三章「菀彼柳斯，鳴蜩嘒嘒」注。

小大近喪，人尚乎由行。

《鄭箋》：「殷紂之時，君臣失道如此，且喪亡矣。時人化之甚，尚欲從而行之，不知其非。」《孔疏》：「言舉世皆不知其惡也。」又朱熹《集傳》：「小者大者幾於喪亡矣，尚且由此而行，不知變矣。」又于省吾《新證》以爲晚周金文「其」字作亓（qí），亓與𢀖古通用，《說文》謂「亓讀若箕」，「小大近喪」本應作「小大𢀖喪」，即「小大其喪」。（p108、p109）

內奰于中國，覃及鬼方。

奰（bì）：《毛傳》：「怒也。」覃：朱熹《集傳》：「延也。」鬼方：《毛傳》：「遠方也。」《孔疏》：「此奰然惡行乃延及中國之外，至於鬼方之遠鄉，言其惡化之廣也。」又朱熹《集傳》：「鬼方，遠夷之國也。言自近及遠，無不怨怒也。」參見《小雅·采薇》一章「靡室靡家，獫狁之故」注。

文王曰咨，咨女殷商！匪上帝不時，殷不用舊。

時：通「是」，善。陳奐《傳疏》：「言匪天帝之不善是也。」舊：指舊

的典章，先王之故法。

雖無老成人，尚有典刑。

朱熹《集傳》：「老成人，舊臣也。典刑，舊法也。言非上帝爲此不善之時，但以殷不用舊致此禍爾。雖無老成人與圖先王舊政，然典刑尚在，可以循守。」

曾是莫聽，大命以傾。

曾：副詞，竟。是：代詞。大命：指商王朝命運。朱熹《集傳》：「乃無聽用之者，是以大命覆而不可救也。」

文王曰咨，咨女殷商！人亦有言：顛沛之揭，枝葉未有害，本實先撥。

朱熹《集傳》：「顛沛，僕拔也。揭，本根蹶（juē）起之貌。拔，猶絕也。……言大木揭然將蹶，枝葉未有折傷，而其根本之實已先絕。然後此木乃相隨而顛拔爾。蘇氏曰『商周之衰，典刑未廢，諸侯未畔（叛），四夷未起，而其君先爲不義，以自絕於天，莫可救止』，正猶此爾。」

殷鑒不遠，在夏后之世。

夏后：即夏后氏，指夏朝王族。朱熹《集傳》：「夏后，桀也。……殷鑒在夏，益爲文王歎紂之辭。然周鑒之在殷，亦可知矣。」

〔註1〕《墨子‧所染》：「……厲王染於厲（虢）公長父、榮夷終（公），幽王染於傅公夷、蔡公谷。此四王者所染不當，故國殘身死，爲天下僇（孫詒讓引高誘：「不當者，不得其人。僇，辱也。」）。舉天下不義辱人，必稱此四王者。」

《荀子‧成相篇》：「……上壅蔽，失輔勢，任用讒夫不能制。郭（虢）公長父之難，厲王流於彘。周幽厲，所以敗，不聽規諫忠是害。嗟我何人，獨不遇時當亂世！」

虢公長父即「虢仲」。參見陳夢家《西周銅器總論‧虢國考》。（《西周銅器斷代》，p384～p397）

〔註2〕二伯，指周初分別主東方和西方諸侯者周公、召公。見《王制》及鄭玄注、《孔叢子‧居衛》。五服，見《小雅‧采菽》四章「樂只君子，殿天子之

邦」注。專征，指受命自主征伐或擅自進行征伐。陳傅良《歷代兵制（周）》：「古者五侯九伯，二伯專征，而諸侯皆共四方之事，畿兵不輕出也。」「五侯」即儒家史學體系中的公、侯、伯、子、男五等諸侯；「九伯」指九州之長（方伯）。

《左傳・僖公四年》：「春，齊侯（按：齊桓公）以諸侯之師侵蔡。蔡潰，遂伐楚。楚子（楚成王）使與師言曰：『君處北海，寡人處南海，唯是風馬牛不相及也，不虞君之涉吾地也何故？』管仲對曰：『昔召康公（姬奭）命我先君大公（太公望），曰：「五侯九伯，女實征之，以夾輔周室！」賜我先君履（所踐履之界），東至於海，西至於河，南至於穆陵，北至於無棣……』」

杜預注：「五等諸侯，九州之伯，皆得征討其罪。」「五侯九伯」當泛指「天下」諸侯。《左傳》故事，所涉制度不足全信。

〔註3〕「……《後漢書・東夷傳》：『厲王無道，淮夷入寇，王命虢仲征之不克。』《史記・楚世家》：熊渠畏厲王暴虐，去其三子王號。此則『內奰于中國』及『自西徂東』，『孔棘我圉』之事也。《西羌傳》：先是夷王時，荒服不朝，命虢公率六師伐太原及戎。厲王無道，戎狄寇掠入犬丘，殺秦仲之族。王命伐戎不克……匡衡以成湯之服氐羌為懷鬼方。此則『內奰（於）中國，覃及鬼方』之事也。其刺用虢公強禦之臣明矣。《蕩》詩之義，猶《民勞》之義也。枝葉未有害，本實先拔者，厲時威令頗行於四方，而民心已叛於畿內。厲虐類紂，故召穆屢諮殷商以陳刺。」「自西徂東」「孔棘我圉」《桑夷》句。

按說魏源應該清楚，「厲王無道」不是「淮夷入寇」、「戎狄寇掠」的原因；從夷王時的「荒服不朝」到厲王時的「熊渠畏厲王暴虐」，正是其強化中央權力的結果。「氐羌」、「鬼方」所指並不相同。鬼方地域大抵今陝北及接壤山西大片地帶。

〔註4〕五百年後，商鞅變法時同樣遭「宗室多怨」。「天資刻薄人也」的商鞅最後結果是「車裂以徇秦國」。戰國時期的政治變化──秦國高度中央集權，使商鞅具備了殘暴施政的條件，也使他死得比周厲王要慘得多。

大雅・抑

　　「天子」需耳提面命！誰「提」誰「命」？《毛序》：「《抑》，衛武公刺厲王，亦以自警也。」

　　衛武公，《衛康叔世家》：「四十二年（前 812 年），釐侯卒，太子共作餘立爲君。共伯弟和有寵於釐侯，多予之賂；和以其賂賂士，以襲攻共伯於墓上，共伯入釐侯羨自殺。衛人因葬之釐侯旁，謚曰共伯，而立和爲衛侯，是爲武公。」

　　《楚語上》又有另外的說法。「昔衛武公年數九十有五矣，猶箴儆於國，曰：『自卿以下至於師長士，苟在朝者，無謂我老耄而舍我，必恭恪於朝，朝夕以交戒我；聞一二之言，必誦志而納之，以訓導我。』在輿有旅賁之規，位寧有官師之典，倚几有誦訓之諫，居寢有褻御之箴，臨事有瞽史之導，宴居有師工之誦。史不失書，矇不失誦，以訓御之，於是乎作《懿（抑）》戒以自儆也」，韋昭注：「《懿》，《詩・大雅・抑》之篇也。『懿』，讀之曰『抑』。」

　　衛武公即位時四十歲左右，率軍往助平王命爲卿士——九十五歲時已是平王孫周桓王時代，復談履禮之「德」和體現德之「威儀」？

　　《國語》既爲以紀言爲主之「別史」，人物興致所至，開口往往不能已，於其故事也就大可不必去較眞。該思考的還是「衛武公」、「刺厲王」。

　　小、大《雅》所有五十餘首「刺詩」，除《小雅・何人斯》「蘇公刺暴公」、《大東》「刺亂也」外，餘皆明言刺厲、宣、幽（《都人士》「刺衣服無常」，但意指幽王）。厲王者《民勞》、《板》、《蕩》、《抑》、《桑柔》五首，宣王者《小雅・祈父》、《白駒》、《黃鳥》、《我行其野》四首，餘皆爲幽王者。「幽、厲」是一代王朝的終結者，不去刺他倆刺誰？

「幽厲」固已不齒，已無所謂潑墨多少。而那衛武公原本是殺兄自立（不但殘忍，而且卑鄙），何自《衛風・淇奧》至《抑》、《楚語上》等竭力美化之而成為「君子」之化身？翻開歷史一查，能夠找到的答案是：衛武公的祖先衛康叔是周武王同母少弟，西周已亡，於儒家來說，衛武公這個姬家政治血脈的正面形象，再怎麼也得塑造起來！〔註1〕

抑抑威儀，維德之隅。

抑抑：《毛傳》：「密也。」《鄭箋》：「人密審於威儀抑抑然，是其德必嚴正也。」參見《假樂》三章「威儀抑抑，德音秩秩」注。維：助判斷。隅：《毛傳》：「廉也。」《鄭箋》：「如宮室之制，內有繩直，則外有廉隅。」朱熹《集傳》：「隅，廉角也。」廉隅，本意堂屋之邊角，喻品行端正。《禮記・儒行》：「儒有上不臣天子，下不事諸侯，慎靜而尚寬，強毅以與人，博學以知服，近文章，砥厲廉隅。」一說隅通「偶」。于省吾《新證》：「隅者，偶之借字。……抑抑威儀，維德之偶，是說慎密的威儀，維德之匹配。德為內容，威儀為德之表達形式，言其表裏相稱。《賓之初筵》『醉而不出，是謂伐德，飲酒孔嘉，維其令儀』；《泮水》『穆穆魯侯，敬明其德，敬慎威儀，維民之則』；《儀禮・士冠禮》『敬爾威儀，淑慎爾德』。這都是以德與威儀相配為言。」（p109、p110）本篇一、二、五章「威儀」、八章「儀」，參見《小雅・湛露》四章「豈弟君子，莫不令儀」注。德：參見《小雅・賓之初筵》四章「醉而不出，是謂伐德。飲酒孔嘉，維其令儀」注。下二、三、八、九、十二章「德」同。

人亦有言：靡哲不愚。

《毛傳》：「國有道則知，國無道則愚。」《鄭箋》：「今王政暴虐，賢者皆佯愚不為，容貌如不肖然。」

庶人之愚，亦職維疾。

庶人：見《卷阿》八章「藹藹王多吉人，維君子命，媚于庶人」注。又《鄭箋》：「庶，眾也。眾人性無知，以愚為主，言是其常也。」朱熹《集傳》：「夫眾人之愚，蓋其稟賦之偏，宜有是疾，不足為怪。」亦：語助詞。職：《毛傳》：「主。」維：助判斷。

哲人之愚，亦維斯戾。

　　戾：《毛傳》：「罪也。」《鄭箋》：「賢者而爲愚，畏懼於罪也。」又朱熹
　　《集傳》：「戾，反也。……哲人而愚，則反戾其常矣。」

無競維人，四方其訓之。

　　競：《鄭箋》：「強也。人君爲政，無強於得賢人。」嚴粲《詩緝》：「無
　　競者，莫強也。《孟子》曰『晉國，天下莫強矣』。經中言『無競』，皆
　　同。」維：唯。訓：《毛傳》：「教。」朱熹《集傳》：「言天地之性人爲
　　貴。故能盡人道，則四方皆以爲訓。」一說訓，順。《鄭箋》：「有大德
　　行，則天下順從其政。」

有覺德行，四國順之。

　　覺：《毛傳》：「直也。」朱熹《集傳》：「覺，直大也。……有覺德行，則
　　四國皆順從之。」此處之「德」仍然是之於重在秩序的周禮之維護。

訏謨定命，遠猶辰告。

　　訏謨：《毛傳》：「訏，大。謨，謀。」參見《生民》三章「實覃實訏，
　　厥聲載路」注。朱熹《集傳》：「大謀，謂不爲一身之謀，而有天下之
　　慮也。定，審定不改易也。命，號令也。」猶：《鄭箋》：「圖也。……
　　爲天下遠圖庶事，而以歲時告施之。」朱熹《集傳》：「遠謀，謂不爲
　　一時之計，而爲長久之規也。」辰：《毛傳》：「時也。」按時，及時。
　　告：朱熹《集傳》：「戒也。辰告，謂以時播告也。」

敬慎威儀，維民之則。

　　維：爲。則：《鄭箋》：「法也。」朱熹《集傳》：「必大其謀，定其命，遠
　　圖時告，敬其威儀，然後可以爲天下法也。」

其在于今，興迷亂于政。

　　興：俞樾《平議》：「興與舉同義。舉，皆也。……『興迷亂于政』，言皆
　　迷亂於政也。」又《鄭箋》：「興，猶尊尚也。王尊尚小人，迷亂於政事
　　者。」

顛覆厥德，荒湛于酒。

　　厥：其。湛：通「酖」。《說文》：「酖，樂酒也。」參見《小雅・賓之

初筵》二章「錫爾純嘏，子孫其湛」注。《商書‧微子》「天毒降災荒
殷邦，方興沈酗於酒」，僞孔傳：「天生紂爲亂，是天毒下災，四方化
紂沉湎，不可如何。」

女雖湛樂從，弗念厥紹。

雖：助詞，惟。《周書‧無逸》有「不知稼穡之艱難，不聞小人之勞，惟
耽樂之從」句。從：追求。紹：《毛傳》：「繼。」朱熹《集傳》：「紹，謂
所承之緒也。」即所承繼之業。

罔敷求先王，克共明刑。

罔：《鄭箋》：「無也。」敷：遍，廣。朱熹《集傳》：「敷求先王，廣求
先王所行之道也。」克：能，意盡力。共、刑：《毛傳》：「共，執。刑，
法也。」

肆皇天弗尚，如彼泉流，無淪胥以亡。

肆：連詞，故，遂。弗尚：朱熹《集傳》：「厭棄之也。」王引之《述
聞》：「言皇天不右助之也。」《毛公鼎》有「肆皇天無斁臨保我有周」
銘文。無：助詞。王引之《釋詞》：「無，發聲。『無淪胥以亡』，淪胥
以亡也。言周德日衰如泉水之流，滔滔不返，周之君臣，將相率而底
（抵）於敗亡也。」淪：《毛傳》：「率也。」胥：《鄭箋》：「皆也。」
一說淪，陷。參見《小雅‧小旻》五章「如彼泉流，無淪胥以敗」注。

夙興夜寐，洒埽廷內，維民之章。

埽：同掃。指勤勉盡職。維：爲。章：《毛傳》：「表也。」表率。又《鄭
箋》：「章，文章法度也。」

修爾車馬，弓矢戎兵。用戒戎作，用遏蠻方。

戎兵：泛指各種兵器。用：以。戒：備。作：起。戎作，即指兵事起。
遏（tì）：《毛傳》：「遠也。」用作動詞，使之遠去。朱熹《集傳》：「言
天所不尚，則無乃淪陷相與而亡，如泉流之易乎？是以內自庭除之近，
外及蠻方之遠，細而寐興灑埽之常，大而車馬戎兵之變，慮無不周，
備無不飭也。上章所謂『訏謨定命，遠猶辰告』者，於此見矣。」又
《鄭箋》：「遏，當作剔。剔，治也。」馬瑞辰《通釋》：「剔爲治，治
猶除耳。」

質爾人民，謹爾侯度，用戒不虞。

  質：《毛傳》：「成也。」朱熹《集傳》：「質，成也，定也。」意安定。
  人民：見《假樂》一章「宜民宜人，受祿于天」注。侯：《鄭箋》：「君
  也。」朱熹《集傳》：「侯度，諸侯所守之法度也。」用：以。戒：備。
  不虞：《毛傳》：「非度也。」指料想不到的情勢。

慎爾出話，敬爾威儀，無不柔嘉。

  《毛傳》：「話，善言也。」《鄭箋》：「言，謂教令也。柔，安。嘉，善
  也。」《周書・洪範》「次六曰乂用三德……三德，一曰正直，二曰剛
  克，三曰柔克」，偽孔傳：「治民必用剛、柔、正直之三德。」

白圭之玷，尚可磨也；斯言之玷，不可為也。

  玷：本意玉上的斑點，缺損。此借喻。《毛傳》：「玷，缺也。」《鄭箋》：
  「玉之缺，尚可磨鑢（lǜ）而平，人君政教一失，誰能反覆之？」鑢，
  磋磨玉骨角類之器。

無易由言，無曰苟矣。

  《鄭箋》：「由，於。……女無輕易於教令，無曰苟且如是。」

莫捫朕舌，言不可逝矣。

  《毛傳》：「莫，無。捫，持也。」《鄭箋》：「逝，往也。……今人無持我
  舌者，而自輕恣也。教令一往行於下，其過誤可得而已之乎？」已，止。
  又朱熹《集傳》：「蓋無人為我持其舌者，故言語由己，易致差失，當常
  執持不可放去也。」

無言不讎，無德不報。

  讎：《孔疏》：「相對謂之讎。」意反應，對答。朱熹《集傳》：「且天下
  之理，無有言而不讎，無有德而不報者。」「德」是之於周禮的遵循、
  踐行、自覺，「報德」所希冀的效果是政治秩序的穩定。

惠于朋友，庶民小子。

  朋友：指親族成員。參見《常棣》三章「每有良朋，況也永歎」、五章
  「雖有兄弟，不如友生」、《沔水》一章「嗟我兄弟，邦人諸友」、《十
  月之交》八章「天命不徹，我不敢傚我友自逸」、《雨無正》六章「亦
  云可使，怨及朋友」、《大雅・既醉》四章「朋友攸攝，攝以威儀」、《假

樂》四章「之綱之紀，燕及朋友」注。庶民：見《小雅·節南山》四章「弗躬弗親，庶民弗信」、《卷阿》八章「藹藹王多吉人，維君子命，媚于庶人」注。小子：見《民勞》四章「戎雖小子，而式弘大」注裘錫圭引曾星笠「同姓小宗」說。

子孫繩繩，萬民靡不承。

《鄭箋》：「繩繩，戒也。王之子孫敬戒行王之教令，天下之民不承順之乎？言承順也。」又朱熹《集傳》：「若爾能惠于朋友庶民小子，則子孫繩繩而萬民靡不承矣，皆謹言之效也。」朱氏以「繩繩」為綿綿不絕之意。

視爾友君子，輯柔爾顏，不遐有愆。

友：用作動詞。《毛傳》：「輯，和也。」朱熹《集傳》：「遐、何通。愆，過也。……言視爾友于君子之時，和柔爾之顏色，其戒懼之意，常若自省曰：豈不至於有過乎？蓋常人之情，其修於顯者無不如此。」又《鄭箋》：「柔，安。遐，遠也。今視女諸侯及卿大夫，皆脅肩諂笑以和安女顏色，是於正道不遠有罪過乎，言其近也。」《孔疏》：「上勸王惠于朋友，此言王朋友不忠。我今視汝王之所友諸侯及卿大夫之君子皆不忠正，但脅肩諂笑，以和安爾王之顏色，以求王愛，無能一匡諫王者。是於正道不遠其有罪過，言其近有罪過矣。」

相在爾室，尚不愧于屋漏。無曰不顯，莫予云覯。

《毛傳》：「西北隅謂之屋漏。覯，見也。」朱熹《集傳》：「尚，庶幾也。……然視爾獨居於室之時，亦當庶幾不愧於屋漏，然後可爾。無曰此非明顯之處，而莫予見也。」又《鄭箋》：「相，助。顯，明也。諸侯卿大夫助祭在女宗廟之室，尚無肅敬之心，不慚愧於屋漏有神見人之為也。女無謂是幽昧不明，無見我者。神見女矣。」

神之格思，不可度思，矧可射思。

格：神享用祭祀。參見《小雅·楚茨》三章「神保是格，報以介福，萬壽攸酢」注。又《毛傳》：「格，至也。」度：測。思：助詞。《鄭箋》：「矧，況。射，厭也。」朱熹《集傳》：「當知鬼神之妙，無物不體。其至於是，有不可得而測者。不顯亦臨，猶懼有失，況可厭射而不敬

乎？此言不但修之於外，又當戒謹恐懼乎其所不睹不聞也。」體，體察，體知。又《鄭箋》：「神之來至去止，不可度知，況可於祭末而有厭倦乎？」射，通「斁」。參見《小雅・伐木》一章「矧伊人矣，不求友生」、《思齊》三章「不顯亦臨，無射亦保」、五章「古之人無斁，譽髦斯士」注。

辟爾為德，俾臧俾嘉。淑慎爾止，不愆于儀。

《毛傳》：「女為善則民為善矣。」《鄭箋》：「辟，法也。止，容止也。當審法度女之施德，使之為民臣所善所美，又當善慎女之容止，不可過差於威儀。」俾：使。臧：善。參見《蕩》五章「既愆爾止，靡明靡晦」注。

不僭不賊，鮮不為則。投我以桃，報之以李。

僭：《毛傳》：「差也。」過差。賊：朱熹《集傳》：「害。」用為動詞。又于省吾《新證》以為「賊」與「貳」因形近而訛，貳即《衛風・氓》「士貳（貳）其行」之「貳」，「僭貳」係古人諧語。「僭貳訓差爽，愆訓過錯，語義有輕重。『不愆于儀，不僭不貳』，猶言其儀既沒有大的過錯，也沒有小的差爽。」（p110、p111）則：朱熹《集傳》：「法也。既戒以修德之事，而又言為德而人法之，猶投桃報李之必然也。」

彼童而角，實虹小子。

《毛傳》：「童，羊之無角者也。而角，自用也。虹，潰也。」潰亂。《鄭箋》：「此人實潰亂小子之政。」虹通「訌」，《召旻》二章「天降罪罟，蟊賊內訌」，《毛傳》：「訌，潰也。」朱熹《集傳》：「彼謂不必修德而可以服人者，是牛羊之童者而求其角也，亦徒潰亂汝而已，豈可得哉！」又于省吾《新證》：「虹、空俱從『工』聲……《節南山》『不宜空我師』傳：『空，窮也。』……《楚辭・天問》『阻窮西征』注：『窮，窘也。』空、窮、窘三字，音近義亦相因。羊之無角者曰童。彼童而角，實窘小子，意謂以無理之事相難，不可信也。」（p47）小子：《禮記・曲禮下》：「天子未除喪，曰予小子。」僞《周書・泰誓上》有「肆予小子發，以爾友邦冢君，觀政於商」句，《周頌・閔予小子》有「閔予小子，遭家不造」句。參見《民勞》四章「戎雖小子，而式弘大」注。

荏染柔木，言緡之絲。溫溫恭人，維德之基。

　　《毛傳》：「緡，被也。溫溫，寬柔也。」《鄭箋》：「柔忍之木荏染然，人則被之弦以爲弓。寬柔之人溫溫然，則能爲德之基止。言內有其性，乃可以有爲德也。」朱熹《集傳》：「荏染，柔貌。柔木，柔忍（韌）之木也。」言：助詞。緡：單細曰絲，糾合曰緡。馬瑞辰《通釋》：「言被之絲，猶云施之絲耳。」又陳奐《傳疏》：「絲者，八音之琴瑟也。被絲，猶言安弦耳。」參見《小雅·巧言》五章「荏染柔木，君子樹之」注。維：助判斷。又于省吾《新證》：「基應讀爲『極』……《荀子·王霸》『是綦定也』注：『綦當爲基，基本也。』劉台拱云：『此綦亦訓極，義如皇極之極。極猶言標準。』然則溫溫恭人，維德之極，言維德之則也。與《殷武》『商邑翼翼，四方之極』，詞例同。」（p47、p48）清人劉台拱有《荀子補注》一卷，刊《端臨遺書》。

其維哲人，告之話言，順德之行。

　　維：助語氣。話言：《毛傳》：「古之善言也。」陳奐《傳疏》：「話，當爲詰字之誤也。《釋爲》引《說文》作『告之詰言』，云：『詰，故言也。』」

其維愚人，覆謂我僭，民各有心。

　　《鄭箋》：「覆，猶反也。僭，不信也。語賢知之人以善言則順行之，告愚人反謂我不信，民各有心，二者意不同。」朱熹《集傳》：「民各有心，言人心不同，愚智相越之遠也。」

於乎小子，未知臧否。

　　於：歎詞。《鄭箋》：「『於乎』，傷王不知善否。」

匪手攜之，言示之事。匪面命之，言提其耳。

　　匪：非但。言：助詞。《鄭箋》：「我非但以手攜挈之，親示以其事之是非。我非但對面語之，親提撕其耳。此言以教道（導）之勢，不可啓覺。」朱熹《集傳》：「非徒手攜之也，而又示之以事；非徒面命之也，而又提其耳，所以喻之者，詳且切矣。」

借曰未知，亦既抱子。

　　借：《毛傳》：「假也。」朱熹《集傳》：「假令言汝未有知識，則汝既長大而抱子，宜有知矣。」

民之靡盈，誰夙知而莫成？

> 莫：《毛傳》：「晚也。」《鄭箋》：「萬民之意，皆持不滿於王，誰早有所知而反晚成與（歟）？言王之無成，本無知故也。」又朱熹《集傳》：「人若不自盈滿，能受教戒，則豈有既早知，而反晚成者乎？」

昊天孔昭，我生靡樂。視爾夢夢，我心慘慘。

> 《毛傳》：「夢夢，亂也。慘慘，憂不樂也。」《鄭箋》：「孔，甚。昭，明也。昊天乎，乃甚明察。我生無可樂也，視王之意夢夢然，我心之憂悶慘慘然。訴其自恣，不用忠臣。」

誨爾諄諄，聽我藐藐。匪用為教，覆用為虐。

> 《毛傳》：「藐藐然，不入也。」《鄭箋》：「我教告王，口語諄諄，然王聽聆之藐藐然忽略，不用我所言為政令，反謂之有妨害於事，不受忠言。」

借曰未知，亦聿既耄。

> 聿：助詞。耄：《毛傳》：「老也。」朱熹《集傳》：「八十九十曰耄。」《禮記・曲禮》文。

於乎小子，告爾舊止。聽用我謀，庶無大悔。

> 《鄭箋》：「舊，久也。止，辭也。庶，幸。悔，恨。」朱熹《集傳》：「舊，舊章也。」止：語助詞。

天方艱難，曰喪厥國。

> 朱熹《集傳》：「言天運方此艱難，將喪厥國矣。」厥，其。

取譬不遠，昊天不忒。回遹其德，俾民大棘。

> 《鄭箋》：「今我為王取譬喻不及遠也，維近爾。王當如昊天之德有常，不差忒也。王反為無常，維邪其行為貪暴，使民之財匱盡而大困急。」又朱熹《集傳》：「我之取譬，夫豈遠哉？觀天道禍福不差忒，則知之矣。今汝乃回遹其德，而使民至於困急，則喪厥國也必矣。」忒：差錯。遹：邪僻。棘：困急艱難。

〔註 1〕魏源《大雅答問下》：「周室東遷以後，欲復豐、鎬文、武之治，非齊桓、晉文所能匡；非周、召之佐，不能回虞淵（按：即「隅谷」，日沒處）之日而復覩（dǔ 睹）中天也。文、武子孫，能傳聖學，無雜伯功利之習者，惟武公一人。……及其沒也，國人謂之睿聖武公，年數九十有五，猶使人日誦詩於其側。《大學》引《淇奧》之詩以爲盛德至善；《中庸》兩引《抑》詩以爲誠不可掩。不動而敬，不言而信，此其修己治人，純乎王而絕乎伯，固爲孔子、曾子、子思所深予。且翼戴平王，中興王室，則立德、立功兼之，其本末體用，豈齊桓、晉文所覬其萬一哉？而東周卒不復西者，則鄭武公間之也。武公掘突取於申，與申侯爲婭，故迎立平王，不正申侯之罪。又寄孥虢、檜（鄶），圖人家國，何暇計及豐、鎬，光復舊物？其時勤王之兵，至者四國，晉文侯、秦襄公各迫戎狄，勢不能留相王朝。其相王朝者，非衛即鄭，衛武公不世出之聖相也，使其得君行道，修內攘外，禮樂征伐自天子出，安在不可以紹（按：承續）宣王之烈？」孥，指妻、子家室。《小雅・常棣》八章有「宜爾室家，樂爾妻孥」句。參見《鄭世家》、《國語・鄭語》。

大雅・桑柔

　　《毛序》:「《桑柔》，芮伯刺厲王也。」《鄭箋》:「芮伯，畿內諸侯，王卿士也，字良夫。」

　　「芮」者，《緜》「虞芮質厥成，文王蹶厥生」，《周本紀》:「西伯陰行善，諸侯皆來決平。於是虞、芮之人有獄不能決，乃如周。入界，耕者皆讓畔，民俗皆讓長。虞芮之人未見西伯，皆慚，相謂曰:『吾所爭，周人所恥，何往為？祇取辱耳。』遂還，俱讓而去。」但此「芮」處地史載不詳，時屬殷商王朝，按說應該是「西伯」所率西部靠近岐周地區的方國之一。〔註1〕

　　「芮伯」者，《書序》「巢伯來朝，芮伯作《旅巢命》」，僞孔傳:「芮伯，周同姓，圻內之國，為卿大夫。」《周書・顧命》開頭一段寫自覺不久於世的成王囑託身後事，「召太保奭、芮伯、彤伯、畢公、衛侯、毛公、師氏、虎臣、百尹、御事……」傳云芮伯時為「司徒」;《康王之誥》「太保暨芮伯咸進……」，傳:「冢宰與司徒皆共群臣諸侯並進陳戒。」說明芮國歷史久遠，「芮伯」於朝中地位顯要。

　　如果說芮國、芮伯從西周初至晚期皆於王朝政治舉足輕重的話，那麼具體在厲王時期者又是什麼情形呢？毛、鄭之斷語的依據又是什麼？

　　毛亨、毛萇生卒不詳。陸璣《毛詩草木鳥獸蟲魚疏》「(荀)卿授魯人毛亨，亨作《詁訓傳》(《藝文志》據劉向《別錄》、劉歆《七略》「《毛詩故訓傳》」)，以授趙國毛萇」，則二人在荀子之後，早於史遷、劉向。如果說毛亨當時的確有《桑柔》「芮伯刺厲王」之依據，那麼至東漢鄭玄時已近四百年，其「檔案」是不會保存下來的。鄭玄確定芮伯為「芮良夫」，除《今本竹書紀年》厲王八年「芮良夫戒百官於朝」，當不外《周書序》「芮伯稽古作訓，

納王於善。暨執政小臣，咸省厥躬，作《芮良夫》」，《周語上》「芮良夫論榮夷公專利」，《逸周書‧芮良夫解》——依是漢人過手之作。〔註2〕

　　鄭玄之前的王符於此詩已有言說。〔註3〕鄭玄與服虔、何休等年輩略等，但他們都晚生於王符、馬融（《後漢書‧鄭玄傳》紀鄭玄曾從學於馬融），而王、馬出生不前後鄭司農（眾）去世。翻開漢史，從光武帝劉秀到漢獻帝劉協，整個東漢近二百年的時間裏，儒生們最熱衷的事始終是注「經」。劉秀結束了新莽末年以來十幾年的混戰與割據，復又中央集權，帝位一時鞏固，所以這一時期的儒生與西漢者（劉邦時甚至創設了「漢家堯後」之說）已有不同，他們——思量著要去「正君心」。〔註4〕

　　《桑柔》之王政與世道，於末代天子幽王又似乎不太像，那麼就指向厲王吧。而言「芮良夫」作詩，大抵也是經過反覆考慮而後「一致通過」的合適人選——早在西周建國之前的「西伯」時代，爭訟的芮人就很有覺悟！

菀彼桑柔，其下侯旬。捋采其劉，瘼此下民。

　　《毛傳》：「菀，茂貌。旬，言陰（蔭）均也。劉，爆爍而希也。瘼，病也。」菀，參見《小雅‧菀柳》一章「有菀者柳，不尚息焉」注；瘼，參見《小雅‧四月》二章「亂離瘼矣，爰其適歸」注。爆爍，稀疏之貌。侯：助詞，維。捋（lǔ）：手握枝條抹取其葉。劉，本義「殺」。《商書‧盤庚上》有「重我民，無盡劉」句。《鄭箋》：「桑之柔濡，其葉菀然茂盛，謂蠶始生時也。人庇陰其下者，均得其所。及已捋採之，則葉爆爍而疏，人息其下，則病於爆爍。」

不殄心憂，倉兄填兮。

　　殄：《鄭箋》：「絕也。民心之憂無絕已。」倉兄：朱熹《集傳》：「與愴怳（huǎng）同，悲閔之意也。」填（chén）：《毛傳》：「久也。」《孔疏》：「《釋言》云：『坋，塵也。』孫炎曰：『坋，物久之塵。』則塵為久義。古者塵、填字同，故填得為久。」按：《爾雅》郭璞注「人眾所以生塵埃」。所解表現的是「因聲求義」之牽強。朱熹《集傳》「填……舊說與塵、陳同……或疑與瘨字同。為病之義」，但他在《瞻卬》、《召旻》中還是將「填」釋為「久」。瘨音見《小雅‧小宛》五章「哀我填寡，宜岸宜獄」注。又姚際恒《通論》：「填，填塞之意。愴怳填塞於胸也。」

倬彼昊天，寧不我矜。

　　倬：《鄭箋》：「明大貌。昊天乃倬然明大，而不矜哀下民怨訴之言。」參見《棫樸》四章「倬彼雲漢，爲章于天」注。寧：乃，竟。朱熹《集傳》：「以桑爲比者，桑之爲物，其葉最盛。然及其採之也，一朝而盡，無黃落之漸。故取以比周之盛時，如葉之茂，其蔭無所不遍。至於厲王肆行暴虐，以敗其成業，王室忽焉凋弊，如桑之既採，民失其蔭而受其病。故君子憂之不絕於心，悲閔之甚而至於病，遂號天而訴之也。」

四牡騤騤，旟旐有翩。

　　騤騤：《毛傳》：「不息也。」《孔疏》：「騤騤，馬行之貌。言其常行，則是不息也。」旟旐：《毛傳》：「鳥隼曰旟，龜蛇曰旐」。即上繪鳥隼與龜蛇的旗。有翩：即翩翩。《毛傳》：「翩翩，在路不息也。」

亂生不夷，靡國不泯。

　　《毛傳》：「夷，平。泯，滅也。」

民靡有黎，具禍以燼。

　　黎、燼：王引之《述聞》：「黎者，眾也，多也。……燼者，餘也，少也。黎與燼相對爲文。《雲漢》篇曰『周餘黎民，靡有孑遺』，黎者，眾也，多也。孑者，餘也，少也。黎與孑亦相對爲文。《雲漢》言周之眾民皆餓死，無多留其餘。此詩言民多死於禍亂，不復如前日之眾多，但留餘燼耳。」參見《小雅‧天保》五章「群黎百姓，徧爲爾德」注。具：通「俱」。

於乎有哀，國步斯頻。

　　於：歎詞。步、頻：朱熹《集傳》：「步，猶運也。頻，急蹙也。厲王之亂，天下征役不息，故其民見其車馬旌旗而厭苦之。自此至第四章，皆征役者之怨辭也。」

國步蔑資，天不我將。

　　蔑：陳奐《傳疏》：「蔑之爲無，猶微之爲無、靡之爲無、莫之爲無，皆取雙聲爲訓。」蔑資：姚際恒《通論》：「無所資賴也。」又朱熹《集傳》：「蔑，滅。資，諮。」諮，歎詞。又于省吾《新證》：「『資』應讀

為濟……《莊子·齊物論》『厲風濟則萬竅為虛』注：『濟，止也。』止亦定也。……國步蔑濟，言國步未定也。」（p44、p45）參見《板》五章「喪亂蔑資，曾莫惠我師」注。《齊物論》原文為「厲風濟則眾竅為虛」。將；祐助。《鄭箋》：「將，猶養也。……是天不養我也。」馬瑞辰《通釋》：「天不我將，猶言天不我扶助耳。養又『扶』義之引申。」

靡所止疑，云徂何往？

止：息。參見《祈父》一章「胡轉予于恤，靡所止居」注。疑：《毛傳》：「定也。」朱熹《集傳》：「疑，讀如《儀禮》『疑立』之疑，定也。……居無所定，徂無所往。」見《士昏禮》、《鄉飲酒禮》。云：助詞。徂：往。《鄭箋》：「我從兵役，無有止息時，今復云行，當何之往也！」

君子實維，秉心無競。

君子：《鄭箋》：「謂諸侯及卿大夫也。」實：通「寔」，是，此。陳奐《傳疏》：「寔維，是為也。……言君子之所為，其操心甚強固也。」維：為。競：《毛傳》：「強。」無競，言強也。

誰生厲階，至今為梗。

厲：《毛傳》：「惡。」階：階梯，引為原由。參見《小雅·巧言》六章「無拳無勇，職為亂階」注。梗：《毛傳》：「病也。」朱熹《集傳》：「誰實為此禍階，使至今為病乎！蓋曰禍有根原，其所從來也遠矣。」

憂心慇慇，念我土宇。

慇慇：憂傷貌。參見《小雅·正月》十二章「念我獨兮，憂心慇慇」注。土宇：《孔疏》：「顧念我之鄉土居宅也。」

我生不辰，逢天僤怒。

辰：時。僤（dàn）：《毛傳》：「厚也。」僤怒，即盛怒。

自西徂東，靡所定處。多我覯痻，孔棘我圉。

覯：同「遘」，遭遇。痻（mín）：《鄭箋》：「病也。」意困苦。棘：朱熹《集傳》：「急。」圉：《毛傳》：「垂也。」即邊陲。朱熹《集傳》：「多矣我之見病也，急矣我之在邊也。」又《鄭箋》：「圉當作『御』。多矣，我之遇困病。甚急矣，我之禦寇之事。」參見《蕩》二章「曾是彊禦，曾是掊克，曾是在位，曾是在服」、六章「內奰于中國，覃及鬼方」注。

為謀為毖，亂況斯削。

　　毖：《毛傳》：「慎也。」況：朱熹《集傳》：「滋也。」又《鄭箋》：「女為軍旅之謀，為重慎兵事也。而亂滋甚於此，日見侵削，言其所任非賢。」一說況，狀況。馬瑞辰《通釋》：「亂況，猶亂狀也。……詩蓋言在上者如善其謀，慎其事，亂況斯能減削耳。」

告爾憂恤，誨爾序爵。

　　序：倫次。爵：指爵位。朱熹《集傳》：「序爵，辨別賢否之道也。」《天官・大宰》「以八柄詔王馭群臣，一曰爵，以馭其貴」，鄭玄注：「爵謂公、侯、伯、子、男、卿、大夫、士也。《詩》云『誨爾序爵』，言教王以賢否之第次也。」參見《小雅・白駒》三章「爾公爾侯，逸豫無期」注。

誰能執熱，逝不以濯？

　　《毛傳》：「濯，所以救熱也。」《鄭箋》：「逝，猶去也。我語女以憂天下之憂，教女以次序賢能之爵，其為之當如手持熱物之用濯，謂治國之道，當用賢者。」一說逝，發語詞。

其何能淑，載胥及溺。

　　《鄭箋》：「淑，善。胥，相。及，與也。」載：則。一說胥，皆。朱熹《集傳》：「蘇氏曰：『王豈不謀且慎哉？然而不得其道，適所以長亂而自削耳。故告之以其所當憂，而誨之以序爵。且曰：誰能執熱而不濯者？賢者之能已亂，猶濯之能解熱耳。不然，則其何能善哉？相與入於陷溺而已。』」

如彼遡風，亦孔之僾。

　　遡：《毛傳》：「鄉。」鄉即「向」，指逆向。僾（ài）：《毛傳》：「唈（yì）也。」《鄭箋》：「今王之為政，見之使人唈然，如鄉疾風，不能息也。」唈，氣不舒貌。《荀子・禮論》「悙（gé）詭、唈僾而不能無時至焉」，楊倞注：「悙，變也；詭，異也。皆謂變異感動之貌。唈僾，氣不舒，憤鬱之貌，《爾雅》云『僾，唈也』，郭云『嗚唈，短氣也』。」言人感動或憤鬱不能無時而至。」

民有肅心，荓云不逮。

荓（pīng）：《毛傳》：「使也。」《鄭箋》：「肅，進。逮，及。……王爲政，民有進於善道之心，當任用之，反卻退之，使不及門。」戴震《考證》：「有進心而使之不敢前，所謂如遡風而行，不能喘息也。」朱熹《集傳》：「（蘇氏曰）君子視厲王之亂，悶然如遡風之人，唈而不能息。雖有欲進之心，皆使之曰世亂矣，非吾所能及也。」

好是稼穡，力民代食。稼穡維寶，代食維好。

好（hào）：愛。是：代詞。維：助判斷。朱熹《集傳》：「（蘇氏曰）於是退而稼穡，盡其筋力，與民同事，以代祿食而已。當是時也，仕進之憂，甚於稼穡之勞，故曰『稼穡是寶，代食維好』，言雖勞而無患也。」

天降喪亂，滅我立王。降此蟊賊，稼穡卒痒。

《鄭箋》：「滅，盡也。蟲食苗根曰蟊，食節曰賊。耕種曰稼，收斂曰穡。卒，盡。痒，病也。天下喪亂，國家之災，以窮盡我王所恃而立者，謂蟲孽爲害，五穀盡病。」朱熹《集傳》：「言天降喪亂，固已滅我所立之王矣。又降此蟊賊，則我之稼穡又病，而不得以代食矣。」蟊賊，參見《小雅・大田》二章「去其螟螣，及其蟊賊，無害我田稚」注。

哀恫中國，具贅卒荒。

恫：傷痛。中國：參見《民勞》一章「惠此中國，以綏四方」注。一說中國，即國中。具：通「俱」。贅：《毛傳》：「屬。」連屬，相繼。又于省吾《新證》認爲「贅」乃字誤，「具贅卒荒」應讀作具敖卒荒。「《周書・諡法》：『好樂怠政曰荒。』《廣雅・釋詁》：『敖，戲也。』……哀恫中國，具敖卒荒，言國人俱敖戲而盡荒樂，故下言『靡有旅力，以念穹蒼』，謂盡心於彼，則無力於此也。」（p48、p49）當爲「逸周書」。

靡有旅力，以念穹蒼。

旅力：同「膂力」，泛指氣力。穹蒼：朱熹《集傳》：「天也。穹言其形，蒼言其色。……哀此中國，皆危盡荒。是以危困之極，無力以念天禍也。」又陳奐《傳疏》：「『靡有旅力』，言今無有一力於民者也。」

維此惠君，民人所瞻。

維：助語氣，突出所言對象。下相類句式者同。參見《小雅・出車》
一章「王事多難，維其棘矣」注。《鄭箋》：「惠，順。……維至德順民
之君，爲百姓所瞻仰者。」朱熹《集傳》：「惠，順也，順於義理也。」
民人：見《假樂》一章「宜民宜人，受祿于天」注。

秉心宣猶，考愼其相。

《毛傳》：「相，質也。」素質，品質。《鄭箋》：「宣，徧（遍）。猶，
謀。愼，誠。相，助也。維至德順民之君，爲百姓所瞻仰者，乃執正
心，舉事徧謀於眾，又考誠其輔相之行，然後用之。言擇賢之審。」
一說愼，愼重。朱熹《集傳》：「彼順理之君所以爲民所尊仰者，以其
能秉持其心，周遍謀度，考擇其輔相，必眾以爲賢而後用之。」

維彼不順，自獨俾臧。自有肺腸，俾民卒狂。

《鄭箋》：「臧，善也。彼不施順道之君，自多足獨謂賢，言其所任之
臣皆善人也。不復考愼，自有肺腸行其心中之所欲，乃使民盡迷惑如
狂。」朱熹《集傳》：「彼不順理之君，則自以爲善而不考眾謀，自有
私見而不通眾志，所以使民眩惑，至於狂亂也。」俾：使。

瞻彼中林，牲牲其鹿。

牲牲（shēn）：《毛傳》：「眾多也。」朱熹《集傳》：「牲牲，眾多並行之
貌。」

朋友已譖，不胥以穀。

朋友：見《抑》六章「惠于朋友，庶民小子」注。譖（jiàn）：通「僭」。
《鄭箋》：「譖，不信也。」胥：相。穀：善。朱熹《集傳》：「言朋友相
譖，不能相善，曾鹿之不如也。」

人亦有言：進退維谷。

《毛傳》：「谷，窮也。」朱熹《集傳》：「言上無明君，下有惡俗，是
以進退皆窮也。」維：助語氣。又于省吾《新證》據金文認爲谷即「欲」，
「進退維欲」謂進退維其所欲。「上言『朋友已譖，不胥以穀』，謂朋
友僭差乖違，不能相與爲善。故曰人亦有言，進退維欲，不以禮法自
持，恣意所爲。」（p49）

維此聖人，瞻言百里。

　　《毛傳》：「瞻言百里，遠慮也。」

維彼愚人，覆狂以喜。

　　朱熹《集傳》：「愚人不知禍之將至，而反狂以喜，今用事者蓋如此。」
　　又《鄭箋》：「聖人所視而言者百里，言見事遠而王不用。有愚暗之人，
　　爲王言其事，淺且近耳，王反迷惑信用之而喜。」

匪言不能，胡斯畏忌？

　　胡：何。斯：指代詞。朱熹《集傳》：「我非不能言也，如此畏忌何哉？
　　言王暴虐，人不敢諫也。」又《鄭箋》：「賢者見此事之是非，非不能分
　　別皀白言之於王也，然不言之，何也？此畏懼犯顏得罪罰。」

維此良人，弗求弗迪。維彼忍心，是顧是復。

　　《毛傳》：「迪，進也。」《鄭箋》：「國有善人，王不求索，不進用之。
　　有忍爲惡之心者，王反顧念而重複之，言其忽賢者而愛小人。」朱熹
　　《集傳》：「言不求善人而進用之，其所顧念重複而不已者，乃忍心不
　　仁之人。」是：乃。

民之貪亂，寧爲荼毒。

　　《鄭箋》：「天下之民，苦王之政，欲其亂亡，故安爲苦毒之行，相侵暴
　　慍恚使之然。」慍恚，參見《緜》八章「肆不殄厥慍，亦不隕厥問」注。
　　朱熹《集傳》：「民不堪命，所以肆行貪亂，而安爲荼毒也。」或曰寧，
　　乃，竟。

大風有隧，有空大谷。

　　《毛傳》：「隧，道也。」《鄭箋》：「西風謂之大風。大風之行，有所從而
　　來，必從大空谷之中。喻賢愚之所行，各由其性。」朱熹《集傳》：「風
　　之行有隧，蓋多出於空谷之中。以興下文君子小人所行，亦各有道也。」

維此良人，作爲式穀。

　　式：《鄭箋》：「用。」陳奐《傳疏》：「言良人之所作爲，皆用以善道也。」
　　一說式，合乎法度。嚴粲《詩緝》：「式，法也。……善人所作爲之事，
　　皆合於法，皆本於善。」穀：善。

維彼不順，征以中垢。

　　《毛傳》：「中垢，言暗冥也。」引爲「陰謀」。《鄭箋》：「征，行也。賢
　　者在朝則用其善道，不順之人則行暗冥，受性於天，不可變也。」

大風有隧，貪人敗類。

　　《毛傳》：「類，善也。」敗類，即殘害善良。又朱熹《集傳》：「敗類，
　　猶言圮（pǐ）族也。」毀害族類。

聽言則對，誦言如醉。

　　《鄭箋》：「對，答也。貪惡之人，見道聽之言則應答之，見誦《詩》、
　　《書》之言則冥臥如醉。居上位而行此，人或傚之。」馬瑞辰《通釋》：
　　「《說文》：『誦，諷也。』……誦言即諷諫之言也。」又朱熹《集傳》：
　　「王使貪人爲政，我以其或能聽我之言而對之，然亦知其不能聽也，
　　故誦言而中心如醉。」又于省吾《新證》：「聽與聖古通用……『聽言』
　　應讀作聖言……聞聖善之言則對答之，聞頌諛之言則如酣飲至醉，所
　　謂如飫醇醪也。」（p28）飫，飽食。參見《小雅・角弓》五章「如食
　　宜饇，如酌孔取」、《雨無正》四章「聽言則答，譖言則退」注。

匪用其良，覆俾我悖。

　　《毛傳》：「覆，反也。」《鄭箋》：「居上位而不用善，反使我爲悖逆之
　　行。」《孔疏》：「非能聽用其言，反使我下民傚之爲悖逆之行，是以惡
　　行敗善也」又朱熹《集傳》：「由王不用善人，而反使我至此悖眊（mào）
　　也。」悖眊，昏惑。

嗟爾朋友，予豈不知而作？如彼飛蟲，時亦弋獲。

　　《鄭箋》：「嗟爾朋友者，親而切瑳之也。而，猶女也。我豈不知女所
　　行者，惡與直知之。如所行如是，如鳥飛行自恣東西南北時，亦爲弋
　　射者所得。言放縱久無拘制，則將遇伺女之間者，得誅女也。」直，
　　正。弋（yì），用帶絲線的箭射鳥。又朱熹《集傳》：「『如彼飛蟲，時
　　亦弋獲』，言己之言，或亦有中。猶曰千慮而一得也。」時：有時。

既之陰女，反予來赫。

　　《鄭箋》：「之，往也。……我恐女見弋獲，既往復陰（蔭）女，謂啓告

之以患難也，女反赫我，出言悖怒，不受忠告。」赫：朱熹《集傳》：「威怒之貌。我以言告女，是往陰覆於女，女反來加赫然之怒於己也。張子曰：『陰往密告於女，反謂我來恐動也。』」

民之罔極，職涼善背。

罔：無。無極，無準則。《衛風‧氓》四章「士也罔極，二三其德」，《孔疏》：「士也行無中正，故二三其德。」職：《鄭箋》：「主。」涼：《毛傳》：「薄也。」戴震《考證》：「上多涼德而善欺背以害民，則民亦相欺而罔極矣。」又《鄭箋》：「涼，信也。民之行失其中者，主由為政者信用小人，工相欺違。」鄭讀涼為「諒」。

為民不利，如云不克。

朱熹《集傳》：「言民之所以貪亂而不知所止者，專由此人名為直諒，而實善背，又為民所不利之事，如恐不勝而力為之。」直諒，正直誠信。
云：助詞。

民之回遹，職競用力。

回遹：邪僻。競：強。陳奐
《傳疏》：「言上之人，為民不利，如恐不勝，是以民之邪僻，主強用力而為不善也。」又《鄭箋》：「競，逐也。」

民之未戾，職盜為寇。

戾：《毛傳》：「定也。」《鄭箋》：「為政者主作盜賊為寇者，令民心動搖不安定也。」朱熹《集傳》：「民之所以未定者，由有盜臣為之寇也。」

涼曰不可，覆背善詈。

《鄭箋》：「善，猶大也。我諫止之以信，言女所行者不可。反背我而大詈。言距已諫之甚。」距，拒。又朱熹《集傳》：「蓋其為信也，亦以小人為不可矣。及其反背也，則又工為惡言以詈君子，是其色屬內荏，真可謂穿窬之盜矣。」朱氏意善即「善於」。詈（lì）：責罵。又胡承珙《後箋》：「我言其涼薄為不可，彼即反背而大詈。詈者，謂薄行非其所為，而詈人之謗已。」胡意涼，薄。因毛說。

雖曰匪予，既作爾歌。

《鄭箋》：「予，我也。女雖觝距已言，此政非我所爲。我已作女所行之歌，女當受之而改悔。」觝距，一作「牴距」，即抵拒。又朱熹《集傳》：「然其人又自文飾，以爲此非我言也，則我已作爾歌矣。言得其情，且事已著明，不可掩覆也。」

〔註1〕《左傳・桓公三年》「芮伯萬之母芮姜惡芮伯之多寵人也，故逐之，出居於魏」，杜預注：「芮國在馮翊臨晉縣。」孔穎達疏：「《地理志》云『馮翊臨晉縣芮鄉，故芮國也。河東郡河北縣，《詩》魏國也』。」《昭公九年》「我自夏以后稷，魏、駘、芮、岐、畢，吾西土也」，疏：「《釋例・土地名》云：『魏，河東河北縣也。芮，馮翊臨晉縣芮鄉是也……』今案其地，芮在魏之西南百餘里耳。」《世本》：「芮、魏皆姬姓。」

「芮伯」之「芮」與「虞芮」之「芮」似乎對不上號。即便文王眞能「陰行善」而譽滿四方，虞、芮之人從芮國和虞國相約出發往「周」讓其「決平」，涉河越川，路途也實在太遙遠了。除了周人以「詩」之形式自編自導，沒有資料能證明「虞芮質厥成，文王蹶厥生」。而《周本紀》者則是史遷「採於《書》、《詩》」而爲之。

〔註2〕漢人對先秦文獻改易增附或僞造其主旨口徑是統一的，但各取所需而罔顧材料之間的互證性。將《周語上》、《芮良夫解》、《桑柔》比對，可看出以下問題：

（1）、周厲王既然重用的是「強禦」、「掊克」、「爪牙剛惡之人」，得衛巫使監謗，一時人人自危，道路以目，連召穆公和凡伯都「託諷僚友」，芮良夫何敢無所顧忌直言不諱？

（2）、既然《周語上》芮良夫引《周頌・思文》和《大雅・文王》，說明其時《詩》已基本編定，他再作《桑柔》難以解釋。即便以鄭玄、朱熹之說時間也不符。《小大雅譜》「小雅、大雅者，周室居西都豐、鎬之時詩也」；《詩經傳序》「若夫雅頌之篇，則皆成周之世，朝廷郊廟樂歌之詞，其語和而莊，其義寬而密，其作者往往聖人之徒，固所以爲萬世法程而不可易者也。至於雅之變者，亦皆一時賢人君子，閔時病俗之所爲」。（所謂「變雅」即《大雅・民勞》、《小雅・六月》之後者）

（3）、觀其文字，《周語上》「芮良夫」語直白流暢類《史記》、《左傳》，而《芮良夫解》「芮良夫」語則古奧晦澀似《尚書》，同出芮良夫之口互不相符。

（4）、《周語上》芮良夫直責周厲王任用榮夷公而「專利」，並指出「王室其將卑乎」和「周必敗」的嚴重後果，而《芮良夫解》卻忽又迂而繞之談起了「道」與「德」，唯言「德」而不論履「禮」之「威儀」，與《民勞》、《板》、《蕩》、《抑》等迥異，同出一人說不通。

（5）、《芮良夫解》與《桑柔》在內容和結構上又出現了驚人的巧合：《桑柔》前八章刺周王，後八章諷「僚友」，而《芮良夫解》也是前半部分誡周王，後半部分指責「執政朋友小子」，幾乎是同一命題之下的兩種不同體裁的作文。

〔註 3〕《潛夫論·遏利》：「昔周厲王好專利，芮良夫諫而不入，退賦《桑柔》之詩以諷，言是大風也，必將有遂；是貪民也，必將敗其類。王又不悟，故遂流死於彘。」

〔註 4〕「正君心」只是經學意義上的一種臆想。從馬融到鄭玄，其主要的皇帝依次為和帝劉肇、安帝劉祜、順帝劉保、桓帝劉志、靈帝劉宏、獻帝劉協，哪一個其「君心」又有「正」的可能與必要呢？翻開《後漢書》和《資治通鑒》中的這六帝之「紀」，經學家們的「正君心」顯得很滑稽！

《孝獻帝紀第九》：「初平元年……和、安、順、桓四帝無功德，不宜稱宗……皆請除尊號。」

《漢紀四十九》：「光和元年……是歲，初開西邸賣官，入錢各有差；二千石（按：郡守級）二千萬；四百石（縣級）四百萬；其以德次應選者半之，或三分之一；於西園立庫以貯之。或詣闕上書占令長，隨縣好醜，豐約有賈（價）。富者則先入錢，貧者到官然後倍輸。又私令左右賣公卿，公千萬，卿五百萬。初，帝為侯時常苦貧，及即位，每歎桓帝不能作家居（積），曾無私錢，故賣官聚錢以為私藏。帝嘗問侍中楊奇曰：『朕何如桓帝？』對曰：『陛下之於桓帝，亦猶虞舜比德唐堯。』」皇帝明碼標價賣官，可以先賒帳，到職後加倍償還。

《崔駰列傳》：「靈帝時，開鴻都門榜賣官爵，公卿州郡下至黃綬各有差。其富者則先入錢，貧者到官而後倍輸，或因常侍、阿保（李賢等注：「阿保謂傅母也」）別自通達。是時段潁、樊陵、張溫等雖有功勤名譽，然皆先輸貨財而後登公位。烈時因傅母入錢五百萬，得為司徒。及拜日，天子臨軒，百僚畢會。帝顧謂親幸者曰：『悔不小靳（注：「靳，固惜之也。靳或作『儃』。《說文》曰：『儃，引為價也。』即抬價。儃音 yàn），可至千萬。』」懊悔當初賣官開價太

少了。「經學」巴結政治，政治如此不給臉。

　　……

　　參見《小雅・雨無正》〔註1〕、《小旻》〔註1〕。

大雅・雲漢

　　地理之於歷史，體現在政治上會可能出現某種不可思議的巧合現象——不同類型地域的政治文明也往往不同，反之亦然。雖然不能得出一種普遍性的規律和結論（地理環境並不是社會歷史發展變化的最終決定性因素），但其一個基本的歷史事實是：某個時空裏出現的水深火熱往往是天災與人禍並行，政治和自然雙重地製造著嚴酷的苦難。

　　大旱被認爲是發生在西周晚期的宣王時期。其時周之地域至少應該跨越溫帶大陸性氣候、溫帶季風氣候和亞熱帶季風氣候三個區域。雖則每個區域都有發生旱災的可能，但「不殄禋祀，自郊徂宮」之地點和「靡神不舉，靡愛斯牲」、「圭璧既卒」之超大規模，表明此次有周王參加的大型祈雨活動在都城鎬京和郊外同時舉行——處於渭河谷地的「王畿」地區旱象可能更爲嚴重。〔註1〕

　　千里赤地，草木皆枯，熱風吹過，一片死神之竊竊低語。八章詩中六章首句連續以「旱既大甚」起，字句間充滿了恐懼與絕望。〔註2〕

　　中國早期政權「天災」之重創很多，西周宣王年間這場觸目驚心的大旱被朝廷以「詩」的形式記錄下來了。戰國、兩漢人爲作《三禮》，《周禮・地官・稻人》（「旱暵，共〔供〕其雩斂〔孫詒讓：「修雩所需財用，官不能盡共，則斂之民，故曰雩斂」〕」。雩，祈雨之祭）、《春官・大宗伯》、《小宗伯》、《大祝》、《小祝》、《男巫》（「若國大旱，則帥巫而舞雩」）、《女巫》（「旱暵則舞雩」）之職責，以及《禮記・月令》、《郊特牲》等所紀，〔註3〕皆相關《雲漢》「記憶」。

倬彼雲漢，昭回于天。

　　倬：高遠廣大。參見《桑柔》一章「倬彼昊天，寧不我矜」注。雲漢：
　　《鄭箋》：「謂天河也。」朱熹《集傳》：「言雲漢者，夜晴則天河明，
　　故述王仰訴於天之詞如此也。」昭：《鄭箋》：「光也。倬然天河水氣也，
　　精光轉運於天。時旱渴雨，故宣王夜仰視天河，望其候焉。」回：《毛
　　傳》：「轉也。」

王曰於乎，何辜今之人！

　　於：歎詞。

天降喪亂，飢饉薦臻。

　　《毛傳》：「薦，重（chóng）。臻，至也。」《鄭箋》：「王憂旱而嗟歎云：
　　何罪與（歟），今時天下之人！天仍下旱災，亡亂之道，飢饉之害，複重
　　至也。」參見《小雅・節南山》二章「天方薦瘥，喪亂弘多」注。

靡神不舉，靡愛斯牲。

　　《鄭箋》：「言王為旱之故，求於群神，無不祭也，無所愛於三牲。」愛：
　　惜。三牲，亦稱大牢，指祭祀所用豕、牛、羊。參見《生民》一章「克
　　禋克祀，以弗無子」注。

圭璧既卒，寧莫我聽。

　　卒：盡。《鄭箋》：「禮神之圭璧又已盡矣，曾無聽聆我之精誠而興雲雨。」
　　臧振《玉瓚考辨》：「這裡的圭璧與犧牲都是獻給神靈的祭品。圭璧顯
　　然不是讓神靈嗅嗅氣味，而是用過就無法再收回來的，所以詩人才說
　　『卒』，即用盡了。犧牲是食品，圭璧應當也是食品。」參見《小雅・
　　天保》四章「吉蠲為饎，是用孝享」、《旱麓》二章「瑟彼玉瓚，黃流
　　在中」注。寧：曾。參見《小雅・小弁》五章「心之憂矣，寧莫之知」
　　注。圭璧：《孔疏》：「禮神之圭器自有多名，言圭璧為其總稱。以三牲
　　用不可盡，故言『無愛』。圭璧少而易竭，故言『既盡』。」《考工記・
　　玉人》：「圭璧五寸，以祀日月星辰。」

旱既大甚，蘊隆蟲蟲。

　　《毛傳》：「蘊蘊而暑，隆隆而雷，蟲蟲而熱。」《鄭箋》：「隆隆而雷，
　　非雨雷也，雷聲尚殷殷然。」又朱熹《集傳》：「蘊，蓄。隆，盛也。

蟲蟲，熱氣也。」馬瑞辰《通釋》：「蘊隆謂暑氣鬱積而隆盛，蟲蟲則熱氣薰蒸之狀也。」蟲，據王先謙《集疏》，《韓詩》作「烔（tóng）」，《魯詩》作「爞（chóng）」，皆熱貌。《爾雅・釋訓》「爞爞、炎炎，薰也」，郭璞注：「皆旱熱薰炙人。」

不殄禋祀，自郊徂宮。

殄：絕。禋祀：指天祭，焚柴加牲體玉帛升煙以享天帝。《春官・大宗伯》「以禋祀祀昊天上帝，以實柴祀日、月、星、辰，以槱燎祀司中、司命、風師、雨師」，鄭玄注：「禋之言煙，周人尙臭，煙，氣之臭聞者。槱，積也。《詩》『芃芃棫樸，薪之槱之』（按：《棫樸》一章句）。三祀皆積柴實牲體焉，或有玉帛，燔燎而升煙，所以報陽也。鄭司農云：『昊天，天也。上帝，玄天也。昊天上帝，樂以《雲門》。實柴，實牛柴上也……風師，箕也。雨師，畢也。』玄謂昊天上帝，冬至於圜丘所祀天皇大帝。星謂五緯，辰謂日月所會十二次。司中、司命，文昌第五第四星。」〔註4〕玄天，指北方之天。箕，指二十八宿東方七宿之箕宿。畢，指二十八宿西方七宿之畢宿。五緯，即金、木、水、火、土五星，古稱太白、歲星、辰星、熒惑、塡星（鎮星）。圜丘，祭天之場所，後世帝王同時用以祭天地。「日月所會十二次」，夏曆每月朔日（初一）月球運行到地球和太陽之間，和太陽同時出沒，呈現新月。《左傳・昭公七年》「日月之匯是謂辰」。郊：天子、諸侯於天地之祭。朱熹《集傳》：「郊，祀天地也。」僞《周書・旅獒》「越三日庚戌，柴望，大告武成」，僞孔傳：「燔柴郊天，望祀山川，先祖後郊，自近始。」參見《生民》一章「生民如何，克禋克祀，以弗無子」注。《魯語上》：「凡禘（dì）、郊、祖、宗、報，此五者，國之典祀也。」禘，《禮記・大傳》孫希旦集解引趙匡曰：「禘者，帝王既立始祖之廟，猶謂未盡其追遠尊先之義，故又推尊始祖所自出之帝而追祀之。」祖，天子、諸侯於始祖之祭。宗，於始祖嫡長子（大宗宗子）之祭。報，報恩德之告祭。徂：往，至。宮：《鄭箋》：「宗廟也。」《春官・小宗伯》「凡天地之大災，類社稷宗廟」，鄭玄注：「類者，依其正禮而爲之。」

上下奠瘞，靡神不宗。

《毛傳》：「上祭天，下祭地，奠其禮，瘞其物。宗，尊也。國有凶荒，則索鬼神而祭之。」《鄭箋》：「爲旱故絜（潔）祀不絕，從郊而至宗廟，

奠瘞天地之神，無不齊肅而尊敬之，言徧（遍）至也。」瘞音見《小雅・雨無正》讀注。齊通「齋」，肅敬。《說文》：「齋，戒潔也。」《孔疏》：「奠謂置之於地，瘞謂堙（yīn）之於土。禮與物皆謂為禮事神之物，酒食牲玉之屬也。天言奠，其禮見燔其物。地言瘞，其物亦奠其禮也。天地各舉其一，互以相通。國有凶荒，則索鬼神而祭之，即《司徒》荒政索鬼神是也。」《禮記・祭統》孔穎達疏：「祭祀有求。所云不求者，謂孝子之心無所求也，但神自致福，故有受祿于天之言。若水旱災荒，禱祭百神，則有求也。故《大祝》有六祈之義，《大司徒》有荒政索鬼神之禮。」參見《地官・大司徒》、《春官・大祝》。堙，同「湮」。周代祭祀時並以酒食、牲、玉為神靈之食。參見《小雅・天保》四章「吉蠲為饎，是用孝享」注。

后稷不克，上帝不臨。

克：朱熹《集傳》：「勝也。言后稷欲救此旱災而不能勝也。」又《鄭箋》：「克當作刻。刻，識也。」臨：保。參見《思齊》三章「不顯亦臨，無射亦保」注。

耗斁下土，寧丁我躬！

耗：損。斁（dù）：《鄭箋》：「敗也。」丁：《毛傳》：「當也。」躬：身。《鄭箋》：「奠瘞群臣而不得雨，是我先祖后稷不識知我之所困與（歟）？天不視我之精誠與？猶以旱耗敗天下為害，曾使當我之身有此乎！」又朱熹《集傳》：「何以當我之身而有是災也。」朱意「寧」，何。

旱既大甚，則不可推。

推：《毛傳》：「去也。」

兢兢業業，如霆如雷。

《毛傳》：「兢兢，恐也。業業，危也。」《鄭箋》：「旱既不可移去，天下困於飢饉，皆心動意懼，兢兢然，業業然，狀如有雷霆近發於上。」朱熹《集傳》：「如霆如雷，言畏之甚也。」

周餘黎民，靡有孑遺。

《鄭箋》：「黎，眾也。……周之眾民多有死亡者矣，今其餘無有孑遺者，言又餓病也。」孑遺：殘存。陳奐《傳疏》：「民因飢饉，餓死無存，此

是極盡之詞耳。」參見《桑柔》二章「民靡有黎，具禍以燼」注。又朱
熹《集傳》：「子，無右臂貌。遺，餘也。言大亂之後，周之餘民，無復
有半身之遺者。而上天又降旱災，使我亦不見遺也。」

昊天上帝，則不我遺。

遺：馬瑞辰《通釋》：「遺當讀如問遺之遺，《廣雅・釋詁》：『問，遺也。』
『遺，與也。』與人以物謂之問，亦謂之遺。《鄭風》『雜佩以問之』，
問即遺也。與人相恤問亦謂之遺。此詩『則不我遺』，猶五章『則不我
聞』。聞當讀問。問猶恤問也。」

胡不相畏，先祖于摧！

胡：何，如何。參見《桑柔》十章「匪言不能，胡斯畏忌」注。摧：朱
熹《集傳》：「滅也。言先祖之祀，將自此而滅也。」又《毛傳》：「摧，
至也。」陳奐《傳疏》：「先祖于摧，言欲覬冀先祖之神，庶幾其至，以
救此災耳。」又《鄭箋》：「摧當作『嗺（zuī）』。嗺，嗟也。天將遂旱，
餓殺我與（歟）！先祖何不助我恐懼，使天雨也？先祖之神於嗟乎！告
困之辭。」鄭意相，助。

**旱既大甚，則不可沮。赫赫炎炎，云我無所。大命近止，靡
瞻靡顧。**

《毛傳》：「沮，止也。赫赫，旱氣也。炎炎，熱氣也。大命近止，民近
死亡也。」《鄭箋》：「旱既不可卻止，熱氣大盛，人皆不堪言。我無所庇
陰而處，眾民之命近將死亡，天曾無所視，無所顧，於此國中而哀閔之。」
沮，參見《小雅・巧言》二章「君子如怒，亂庶遄沮」注。云：助詞。
又朱熹《集傳》：「無所，無所容也。」止：語助詞。八章同。

群公先正，則不我助。

公：指先祖先公。先正：《毛傳》：「百辟卿士也。」《孔疏》：「正者，
長也。先世爲官之長，又與群公相配，故知是百辟卿士也。」朱熹《集
傳》：「群公先正，《月令》所謂雩祀百辟卿士之有益於民者，以祈穀實
者也。於群公先正，但言其不見助，至父母先祖，則以恩望之矣。所
謂垂涕泣而道之也。」雩（yú）：祈雨之祭。《禮記・月令》「仲夏之月」：
「命有司爲民祈祀山川百源。大雩帝，用盛樂。乃命百縣雩祀百辟卿

士有益於民者，以祈穀實。」鄭玄注：「陽氣盛而常旱，山川百源，能興雲雨也。眾水始所出為百源，必先祭其本，乃雩。雩，吁嗟求雨之祭也。……百辟卿士，古者上公，若句龍、后稷之類也。」句（gōu）龍：《魯語上》：「共公氏之伯九有也，其子曰后土，能平九土，故祀以為社。」九有，擁有九洲。《左傳‧昭公二十九年》：「共公氏有子曰句龍，為后土。」

父母先祖，胡寧忍予！

《毛傳》：「先祖文、武，為民父母也。」《鄭箋》：「先祖文、武，又何為施忍於我，不使天雨？」胡：何。寧：乃。參見《小雅‧四月》一章「先祖匪人，胡寧忍予」注。

旱既大甚，滌滌山川。

《毛傳》：「滌滌，旱氣也。山無木，川無水。」朱熹《集傳》：「如滌而除之也。」

旱魃為虐，如惔如焚。

魃（bá）：《毛傳》：「旱神也。」《孔疏》：「《神異經》曰：『南方有人，長二三尺，袒身而目在頂上，走行如風，名曰魃。所見之國大旱，赤地千里。一名旱母。」按：《神異經》為志怪小說集，舊題漢東方朔撰，魯迅《中國小說史略》言其「略於山川道里而詳於異物」。惔：《毛傳》：「燎之也。」參見《小雅‧節南山》一章「憂心如惔，不敢戲談」注。

我心憚暑，憂心如熏。

《毛傳》：「憚，勞。熏，灼也。」《鄭箋》：「憚，猶畏也。旱既害於山川矣，其氣生魃而害益甚。草木燋枯，如見焚燎然。王心又畏難此熱氣如灼爛於火，言熱氣至極。」

群公先正，則不我聞。

《鄭箋》：「不我聞者，忽然不聽我之所言也。」忽，忽視，忽略。又見三章「昊天上帝，則不我遺」注馬瑞辰說。

昊天上帝，寧俾我遯。

朱熹《集傳》：「遯，逃也。言天又不肯使我得逃遯（dùn 遁）而去也。」寧：乃，竟。

旱既大甚，黽勉畏去。

    《鄭箋》：「黽勉，急禱請也。欲使所尤畏者去。所尤畏者，魃也。」又朱熹《集傳》：「黽勉畏去，出無所之也。」之，往。又于省吾《新證》：「『畏去』古人謰語，應讀作畏卻。卻俗作卻。……《秦策》『怒戰慄而卻』注：『卻，退也。』黽勉畏卻，言黽勉從事而猶有所畏卻，恐其無濟於事也。」（p49、p50）

胡寧瘨我以旱，憯不知其故。

    瘨：《鄭箋》：「病也。」意傷害。參見《桑柔》一章「不殄心憂，倉兄填兮」注引朱熹說。憯：副詞，曾，竟。參見《桑柔》一章「式遏寇虐，憯不畏明」注。

祈年孔夙，方社不莫。

    《鄭箋》：「我祈豐年甚早，祭四方與社又不晚。」方、社：見《小雅·甫田》二章「以我齊明，與我犧羊，以社以方」注。莫；通「暮」。

昊天上帝，則不我虞。

    《毛傳》：「虞，度也。」《鄭箋》：「天曾不度知我心。」

敬恭明神，宜無悔怒。

    《毛傳》：「悔，恨也。」《鄭箋》：「肅事明神如是，明神宜不恨怒於我，我何由當遭此旱也？」

旱既大甚，散無友紀。

    《鄭箋》：「人君以群臣為友，散無其紀者，凶年祿餼不足，又無賞賜也。」餼，所贈之食。參見《小雅·鴻雁》一章「爰及矜人，哀此鰥寡」注。又朱熹《集傳》：「友紀，猶言綱紀也。或曰：『友，疑作有。』」

鞫哉庶正，疚哉冢宰。

    《鄭箋》：「鞫，窮也。庶正，眾官之長也。疚，病也。窮哉病哉者，念此諸臣，勤於事而困於食，以此言勞倦也。」參見《小雅·節南山》五章「昊天不傭，降此鞫訩」注。冢宰：朱熹《集傳》：「眾長之長也。」即六卿之長。參見《小雅·節南山》一章「赫赫師尹，民具瞻爾」注。

趣馬師氏，膳夫左右。靡人不周，無不能止。

    《毛傳》：「歲凶，年穀不登，則趣馬不秣，師氏弛其兵，馳道不除，

祭事不縣，膳夫徹膳，左右布而不修，大夫不食粱，士飲酒不樂。」
兵，兵器。除，打掃。《春官‧典祀》「若以時祭祀，則帥其屬而修除」，
鄭玄注：「修除，芟掃之。」芟，除草。縣，同「懸」。徹，同「撤」。
趣馬、師氏、膳夫：見《小雅‧十月之交》四章注。又朱熹《集傳》：
「師氏，掌以兵守王門者。」張亞初、劉雨在《西周金文官制研究》
中認爲「師」之職掌主要可歸納爲以下方面：(1)、爲軍事長官，率領
軍隊，參加戰爭。(2)、爲周王的禁衛部隊長官。(3)、爲周王出入王
命，巡視地方，在錫命禮中作儐右。(4)、爲王之司寇及司士。(5)、
爲王管理王室事務。「師」所掌管的事情歸納成三個大的方面，即「師」
是軍事長官，「師」是行政長官，「師」也是教育方面的長官。(p3～p6)
周：當作「賙」。《毛傳》：「周，救也。無不能止，言無止不能也。」
止：止息，指旱象言。又《鄭箋》：「王以諸臣困於食，人人賙給之，
權救其急。」

瞻卬昊天，云如何里！

　　卬（yǎng）：通「仰」。云：助詞。里：《鄭箋》：「憂也。王愁悶於不雨，
　　但仰天曰：當如我之憂何！」

瞻卬昊天，有嘒其星。

　　《毛傳》：「嘒，衆星貌。」朱熹《集傳》：「嘒，明貌。」有嘒，即嘒嘒。
　　夜空晴朗爲無雨之徵。

大夫君子，昭假無贏。

　　朱熹《集傳》：「久旱而仰天以望雨，則有嘒然之明星，未有雨徵也。
　　然群臣竭其精誠而助王以昭假於天者，已無餘矣。」昭假：假通「格」，
　　祀。楊琳《「昭假」新解》：「『昭』者，明潔之謂也。古人祭祀講究潔
　　淨，以爲唯其蠲潔神方能享用，因而亦方能保祐。……『昭假無贏』，
　　意爲傾其所有（無贏）潔祀神靈。上文說：『靡愛斯牲』『圭璧既卒』（卒，
　　盡也），正是『昭假無贏』的具體說明。」〔註5〕蠲，潔淨。《小雅‧天
　　保》四章有「吉蠲爲饎，是用孝享」句。又《鄭箋》：「假，升也。王
　　仰天見衆星順天而行，嘒嘒然，意感，故謂其卿大夫曰：天之光耀，
　　升行不休，無自贏緩之時。」贏：餘。「無餘」或指首章「靡愛斯牲」、
　　「圭璧既卒」言，或指竭誠盡心。

大命近止，無棄爾成！

《鄭箋》：「今眾民之命，將近死亡，勉之助我，無棄女之成功者。」又朱熹《集傳》：「雖今死亡將近，而不可以棄其前功，當益求所以昭假者而休之。」馬瑞辰《通釋》：「願無棄成功，助我求雨，冀天終惠我以安寧也。」

何求為我，以戾庶正。

戾：《毛傳》：「定也。」《鄭箋》：「使女無棄成功者何，但求為我身乎？乃欲以安定眾官之長，憂其職事。」朱熹《集傳》：「固非求為我之一身而已，乃所以定眾正也。於是語終，又仰天而訴之曰：果何時而惠我以安寧乎？張子曰：『不敢斥言雨者，畏懼之甚，且不敢必云爾。』」

瞻卬昊天，曷惠其寧？

《鄭箋》：「曷，何也。王仰天曰：當何時順我之求，令我心安乎？渴雨之至也。」鄭以惠為「順」，朱熹以惠為「惠賜」。吳闓生《會通》認為曷惠猶「曷維」也，《邶風・綠衣》有「心之憂矣，曷維其已」句。維，助語氣。又于省吾《新證》：「惠、謂古通……曷謂其寧，即曷謂之寧，言時之未安也。」（p50）寧：安。

〔註1〕西周中後期的洪、旱等災「民近死亡」，也直接威脅到了王朝政權。僅《今本竹書紀年》所紀孝、夷、厲、宣、幽五世者，孝王七年，「冬，大雨電，江、漢水」；夷王七年，「冬，雨電，大如礪」；厲王二十二年、二十三年、二十四年、二十五年，皆「大旱」。二十六年，「大旱，王陟於彘」（《古本》「共和十四年，大旱，火焚其屋，伯和篡位立。秋，又大旱。其年周厲王死，宣王立」），「大旱既久，廬舍俱焚，會汾王崩，卜於大陽，兆曰厲王為祟。周公、召公乃立太子靖，共和遂歸國」；宣王二十五年，「大旱，王禱於郊廟」；幽王二年，「涇、渭、洛竭，岐山崩」，三年，「冬，大震電」，四年，「夏六月，隕霜……」

鄧雲特《中國救荒史》：「西周以後，史籍略備，水、旱、地震、蝗、疫、霜、雹之災，記錄較多。就《春秋三傳》、《國語・周語》、《史記・周本紀》、《漢書・五行志》及《竹書紀年》、《帝王世紀》、《綱鑒大全》、《廣宏明集》等書，彙集所得，則兩周八百六十七年間，最顯著之災害，凡八十九次。其中頻數最多者，為旱災，達三十次；次為水災，凡十六次；再次為蝗螟蝕蠍之災，凡十

三次。此外書地震者九；書大歉致饑者八；書霜雪者七；書雹者五；書疫者一。而其災情亦有極度兇險者，如厲王二十一年至二十六年（西元前八五八～八五三）連續六年之大旱，據《詩・小雅・雨無正》述其空前之災象云……是誠曠古未有第一次之大旱災也。又如自宣王末年（約當西紀前八〇三年），以迄幽王初年（約當西紀前七八〇年），大旱災、大地震復相繼暴發，使西周統治，加速趨於覆亡。當時旱災之烈，《詩・大雅・雲漢》記之曰……《大雅・召旻》亦曰……此空前之大旱災，直延長至於幽王之時，又遭遇酷烈之大地震。如《國語・周語》所云：『幽王二年，西周三川皆震。伯陽父曰：『周將亡矣，……昔伊、洛竭而夏亡；河竭而商亡。今周德若二代之季矣，其川源又塞，塞必竭。夫國必依山川，山崩川竭，亡之徵；川竭，山必崩。若國亡，不過十年，數之紀也。……是歲也，三川竭，岐山崩。』迨平王東遷之後，災害猶復層見輒出，特災情不如前此之慘重耳。」（陳高傭《中國歷代天災人禍表》，北京圖書館出版社，2007年，p1797～p1799）棲苴（qījū），枯草；蝝音 yuán。公元前 770 年平王東遷，距宣王大旱約三十年。

〔註 2〕絕望中周人將最後的拯救寄希望於「昊天上帝」和「群公先正」、「先母先祖」（《小雅・雨無正》陰雨不止「降喪飢饉」時祈呼的也是「浩浩昊天」）——「天命」、「上帝」說本早期滅商奪取政權時的政治謀略，祭祖尊祖也是維持其政治秩序的手段。因為曾經的成效，久之便也成為一種精神和心理上的依託。這是發自心底的呼喚，是虔誠的祈禱，於天地山川充滿了敬畏之情。

同樣是「祈雨」、「止雨」，比起西漢董仲舒「令吏民夫婦皆偶處」和「官吏千石以下夫婦在官者咸遣婦歸」的荒唐巫術和可笑鬧劇，周人顯得要有信仰得多。（見《春秋繁露・求雨》、《止雨》）

〔註 3〕誕生在黃土地上而非草原、海岸之政權，大旱於其來說是恐懼的。文獻中的大旱，實際上已是政權的一種遭遇，一種政治之意象。《商書・仲虺之誥》「徯予後，後來其蘇」，偽孔傳：「湯所往之民，皆喜曰：『待我君來，其可蘇息。』」孟子曰「民望之，若大旱之望雲霓也」。（《梁惠王下》）

而荀子在《大略》中編的那首「湯旱而禱曰」，說的也並不單是商湯事：「政不節（王先謙「謂不調適」）與（歟）？使民疾與？何以不雨至斯極也！宮室榮（楊倞：「榮，盛也」）與？婦謁（「謂婦言是用也」）盛與？何以不雨至斯之極也！苞苴（「貨賄必以物苞裹，故總謂之苞苴」）行與？讒夫興與？何以不雨至斯極也！」

〔註 4〕「對超越於人類並控制人類生活與自然的神秘力量的邀寵和迎合、取悅」（J·G·弗雷澤《金枝》語）是早期人類智慧所在。但《周書》等文獻中的相關敘寫，或更多的只是一種「傳播」，一種「宣傳」。於周代文化「寫作」來說，在不能獲取金文支持的情況下，《詩經》中的相關信息更具素材價值。

〔註 5〕《詩》凡五見「昭假」：本詩外《烝民》一章「天監有周，昭假于下」、《周頌·噫嘻》「噫嘻成王，既昭假爾」、《魯頌·泮水》四章「允文允武，昭假烈祖」、《商頌·長發》三章「昭假遲遲，上帝是祗」。「昭」字《鄭箋》或訓「天之光耀」、「光明」、「（德）光被四表」，或訓「（僖公）聰明」、「（湯）其德聰明」。「假」字毛、鄭、王肅訓爲「至」。鄭玄隨文釋義，「假」字又有他解。

戴震《毛鄭詩考證》「《詩》凡言『昭假』者，義爲昭其誠敬以假於神，昭其明德以假天。精誠表見曰昭，貫通所至曰格」。而李宗侗認爲「格」是「請祖先來臨的祭禮」，屈萬里《詩經詮釋》「昭假，謂神靈昭然降臨也。神降臨曰昭假，祭祀以祈神臨亦曰昭假」。其他也有認爲「昭假」爲指祭祀而言者。楊琳《「昭假」新解》對「昭假」一詞溯源逐流提出新解，認爲《詩》之「昭假」即「潔祀」。

參見《小雅·楚茨》三章「神保是格，報以介福，萬壽攸酢」、《抑》七章「神之格思，不可度思，矧可射思」注。

大雅・崧高

　　《詩經》的第一次編輯被認爲是在周宣王時期，〔註1〕這似乎在《小雅・出車》、《六月》、《采芑》、《黍苗》以及《崧高》、《烝民》、《韓奕》、《江漢》、《常武》等篇目的入選和編排上有所印證。

　　《世本》「許、州、向、申，姜姓也，炎帝後」，《周語》上、中韋昭注「姜氏之戎，西戎之別種，四嶽之後也」，「齊、許、申、呂由大姜」，所以「四國皆姜姓也」，自然也是「四嶽之後」。

　　「炎帝後」、「四嶽之後」之類無需考論。〔註2〕但「申」究竟在何方？宣王既是移封「王舅申伯」於「謝」，那麼原本之「申」或《古本竹書紀年》晉文侯七年「平王奔西申」之「西申」，又在哪裏呢？若移封之後其政權還有存在，《鄭語》史伯爲桓公論興衰「當成周者……北有……西有……」卻未見有「申」；若無存在，幽王時來攻之「申侯」，難道來自千里之外的「南申」？

　　《緜》「古公亶父，來朝走馬。率西水滸，至于岐下。爰及姜女，聿來胥宇」，在地域和距離上推斷大姜來嫁，「申」應該在「岐」之北部黃土高原某個較大的活動區域內。

　　《僖公二十四年》「封建親戚以蕃屛周」中「文之昭」和「武之穆」以及「周公之胤」，皆是周初主要的政治勢力範圍，而姜申既爲文王祖母「大姜之家」，其後與周室又多有婚姻相通，也就是周室「母弟甥舅」之外戚了。儒家文獻於「西申」之闕如，當不脫厲王、幽王皆娶申女爲后之干係——西周之滅亡既已歸集於「幽厲」，幽王又爲申侯聯合繒侯和犬戎所殺，如此，於所謂「西申」也就含糊其辭，不提也罷。

　　而於西周王朝來說，舉揚「宣王中興」是必然。之前《采芑》宣王五年

（前 823 年）方叔帥師伐荊蠻獲勝，又得意移封其母舅申伯於謝之重大戰略意義（《今本竹書紀年》宣王七年，前 821 年，「王錫申伯命」），詩人於是詩興大發，《黍苗》而《崧高》，召伯而謝功，謝而申伯……

　　儒家將「四國于蕃，四方于宣」之宣威，解釋成「宣德澤」。從文王「德化天下」到宣王「德澤」——謊言始而謊言終，一代王朝終不堪承受「德」之重，在「王命召伯」、「王命申伯」五十年後，平王東遷，西周結束了。

　　《左傳・莊公六年》（前 688 年）「楚文王伐申」，《哀公十七年》楚國大師子穀追溯楚文王「實縣申、息……」申國成了楚國之縣邑。

崧高維嶽，駿極于天。維嶽降神，生甫及申。

　　維：助語氣。《毛傳》：「崧，高貌。山大而高曰崧。嶽，四嶽也。東嶽岱，南嶽衡，西嶽華，北嶽恒。……駿，大，極，至也。」《孔疏》：「當堯之時，有姜氏者，為四方王官之伯，掌此四嶽之祭祀，述其嶽下諸侯之職，德當嶽神之意，故此嶽降神，助其子孫，使之歷代有國，於周之世，則有甫，有申，有齊，有許。此四國，皆姜氏之苗裔也。」甫：即呂，姜姓諸侯國，在今河南南陽西。申：姜姓古國，周宣王時一部分被東遷於謝，建立申國，在今河南南陽東南一帶。即此詩所言者。參見《小雅・黍苗》一章「悠悠南行，召伯勞之」注。朱鳳瀚《西周封建所造就之周人貴族家族與土著附庸之族》：「申伯此次受封，實是改封，所封之謝邑在今河南南陽東南。命其南遷，用意在於『南國是式』，即在周王朝南疆起控制鎮守作用。」（《商周家族形態研究》，p246）參見《小雅・黍苗》一章「悠悠南行，召伯勞之」注。

維申及甫，維周之翰。

　　維：前「維」助語氣，後「維」助判斷。《毛傳》：「翰，幹也。」《鄭箋》：「申，申伯也。甫，甫侯也。皆以賢知入為周之楨幹之臣。」申伯為周宣王母舅。參見《小雅・桑扈》三章「之屏之翰，百辟為憲」注。

四國于蕃，四方于宣。

　　《鄭箋》：「四國有難，則往扞禦之，為之蕃屏。四方恩澤不至，則往宣暢之。」蕃：《韓詩》作「藩」，屏障。陳奐《傳疏》：「于，為也。言為蕃四國，為宣四方也。」朱熹《集傳》：「實能為周之楨幹屏蔽，而

宣其德澤於天下也。」一說宣通「垣」，亦喻屏障。

亹亹申伯，王纘之事。

亹亹：《鄭箋》：「勉也。」參見《文王》二章「亹亹文王，令聞不已」注。
纘：《鄭箋》：「繼。」朱熹《集傳》：「使之繼其先世之事也。」

于邑于謝，南國是式。

前「于」：《毛傳》：「往。」《鄭箋》：「往作邑于謝。」又馬瑞辰《通釋》：
「上于字當讀『作爲』之爲。于邑于謝，猶云作邑於謝也。」後「于」：
介詞。邑：朱熹《集傳》：「國都之處也。」謝：邑名。故址在今河南南
陽唐河境內。參見《小雅・黍苗》四章「肅肅謝功，召伯營之」注。式：
《鄭箋》：「法也。……往作邑於謝，南方之國皆統理施其法度。」式，
用爲動詞，爲法。又朱熹《集傳》：「使諸侯以爲法也。」是：指代詞，
復指前置賓語。

王命召伯，定申伯之宅。

召伯：朱熹《集傳》：「召穆公虎也。」召穆虎爲周宣王時大臣。參見
《小雅・黍苗》一章「悠悠南行，召伯勞之」注。《孔疏》：「封諸侯者，
當即使其人自定居處，不必天子爲築城邑然後遣之。此宣王獨先命召
公定申伯往居之宅，故解其言定之意。王以申伯忠臣，不欲遠離王室，
使召伯先繕治其居，欲以定申伯之意，故言定也。定其意者，以營築
城郭。」杜正勝《周民族的武裝殖民運動》：「宣王時代申伯封於謝，
大概武力不勝，王乃命昭穆公『以峙其粻』，『定申伯之宅』。謝是封給
申伯的，但靠召伯之力而『定』，故詩人說：『申伯之功，召伯是營。』
武裝拓殖通西周之世皆然，列國亦繼承此傳統。」（《周代城邦》，p24）

登是南邦，世執其功。

《毛傳》：「登，成也。功，事也。」《鄭箋》：「成法度於南邦，世世持其
政事，傳子孫也。」朱熹《集傳》：「世執其功，言使申伯後世常守其功
也。」是：代詞。

王命申伯，式是南邦。因是謝人，以作爾庸。

因：朱熹《集傳》：「言因謝邑之人而爲國也。」一說因，治。庸：《毛

傳》：「城也。」庸通「墉」。胡承珙《後箋》：「『以作爾庸』毛訓『庸』
爲城，謂因謝地之人營城築邑，正見因地制宜，不煩調遣勞民之意。」
杜正勝《周民族的武裝殖民運動》：「營國作城，周人唯事監督管理，
勞役則由當地的被統治者擔任，這也是武裝殖民的必然現象。申伯邑
於謝，宣王親命『因是謝人，以作爾庸』；韓侯的韓城也是『燕師所完』
（大雅韓奕）。被征服者服役築城似成爲傳統。」（《周代城邦》，p26）

〔註3〕

王命召伯，徹申伯土田。

《毛傳》：「徹，治也。」《鄭箋》：「治者，正其井牧，定其賦稅。」「治」
可理解爲「整治」，但文獻所言缺乏相關金文支持。〔註4〕朱熹《集傳》：
「徹定其經界，正其賦稅也。」即整治規劃田地，制定賦稅（勞役）。
斯維至《關於殷周土地所有制的問題》：「『徹申伯土田』，就是徹取公
社土地而爲申伯的公田。」（《斯維至史學文集》，p65）參見《小雅‧
甫田》一章「倬彼甫田，歲取十千」、《大田》三章「雨我公田，遂及
我私」、《公劉》五章「其軍三單，度其隰原，徹田爲糧」注。

王命傅御，遷其私人。

傅：《孔疏》：「僖二十八年《左傳》曰『鄭伯傅王』，是謂輔相王事者
爲傅也。」御：《毛傳》：「治事之官也。」《鄭箋》：「傅御者，貳王治
事，謂冢宰也。」貳，副職，引爲輔佐。私人：《毛傳》：「家臣也。」
《孔疏》：「令使冢宰遷徙其申伯之私人。謂申伯私家之臣在京師者遷
之，使從申伯共歸其國也。」「私人者，對王朝之臣爲公人，家臣爲私
屬也。」參見《小雅‧大東》四章「私人之子，百僚是試」注。朱鳳
瀚在《西周封建所造就之周人貴族家族與土著附庸之族》中認爲當時
受命到新封土地上立業的貴族所需要做的事主要有：1、「定宅⋯⋯申
伯此行，先有召伯爲其建城，但周初分封則未必如此，一般當是受封
者征服新土，即自營城邑。」2、「建築寢廟。寢是居室，廟是宗廟。⋯⋯
無論大小封建主，其所居都邑都必須要有宗廟，因爲宗廟是貴族家族
存立於世的象徵。」3、「徹田⋯⋯整治規劃田地，制定賦稅。西周之時
實行藉田，即徵發農民耕種公田，尚未行後世以實物稅田之法，但藉田
亦可曰稅，《大雅‧韓奕》：『實畝實藉』，鄭玄箋曰：『藉，稅也。』」4、
「遷私人⋯⋯此處『私人』當不止家臣，亦應包括申伯家族成員。詩

中既言建築宗廟，則同宗族親屬亦當遷至此。下句言『申伯番番，既入于謝，徒御嘽嘽』……『徒』指隨從申伯的徒兵，是其私屬武裝，身份爲下層家臣；『御』是指御車的武士，身份屬下級貴族，一般是貴族家族成員。此兩種人皆應包括在『私人』中。」「申伯與其私人家族成員，包括『御』之類武士，此外還應有『徒』等家臣，皆居住於有宗廟的謝邑之中。」5、「因當地土著居民爲『庸』。即詩中所謂『因是謝人，以作爾庸』。舊多釋庸爲墉，以爲是用謝邑人民爲申伯修城。但同詩中已兩次講令召伯定宅，『有俶其城』，此處之『庸』不應釋作城（毛詩中凡城墉之墉皆作『墉』不作『庸』。參見王祥《說虎臣與庸》，《考古》1960 年 5 期）。《說文》：『庸，用也』，《爾雅・釋詁》：『庸，勞也』，作人稱用可讀作『傭』。在戰國後秦漢時『傭』是指受雇傭者，西周時稱『傭』者，應是指爲貴族服勞役的人，其中多數是附屬於土地的農業生產者。」（《商周家族形態研究》，p246、p247）

申伯之功，召伯是營。

功：《小雅・黍苗》四章「肅肅謝功，召伯營之」，朱熹《集傳》：「功，工役之事也。」此同，指築城。是：指代詞，復指前置賓語「功」。

有俶其城，寢廟既成。

俶：《毛傳》：「作也，」朱熹《集傳》：「俶，始作也。」馬瑞辰《通釋》：「有俶乃城修繕之貌。」又俞樾《平議》：「有俶，形容其厚也。城貴其高，亦貴其厚。」參見《大雅・既醉》三章「令終有俶，公尸嘉告」注。寢廟：宗廟的正殿和後殿。《鄭箋》：「申伯居謝之事，召公營其位而作城郭及寢廟，定其人神所處。」

既成藐藐，王錫申伯。

藐藐：《毛傳》：「美貌。」錫：賜。

四牡蹻蹻，鉤膺濯濯。

蹻蹻：《毛傳》：「壯貌。」威武強壯。參見《板》四章「老夫灌灌，小子蹻蹻」注。鉤膺：《毛傳》：「樊纓也。」馬胸前的革帶。參見《小雅・采芑》一章「路車有奭，簟茀魚服，鉤膺鞗革」注。濯濯：《毛傳》：「光明也。」明亮貌。

王遣申伯，路車乘馬。

遣：送。路車：諸侯之車。乘馬：《毛傳》：「四馬也。」周制四馬一車曰「乘」。句中「乘馬」當爲泛指。

我圖爾居，莫如南土。

圖：謀，思慮。《鄭箋》：「王以正禮遣申伯之國，故復有車馬之賜。因告之曰：我謀女之所處，無如南土之最善。」

錫爾介圭，以作爾寶。

《毛傳》：「寶，瑞也。」《鄭箋》：「圭長尺二寸謂之介，非諸侯之圭，故以爲寶。諸侯之圭九寸而下。」又朱熹《集傳》：「介圭，諸侯之封圭也。」圭爲天子和諸侯在重要儀式上所用的玉製禮器，圭之大小，因爵位不同而異。周代朝聘、祭祀時多用到圭、璧。《孔疏》：「《堯典》云：『輯五瑞』。即五等諸侯之圭璧也。」

往迊王舅，南土是保。

迊（jī）：助詞，類「哉」。王舅：指申伯。《毛傳》：「申伯，宣王之舅也。」是：指代詞，復指前置賓語。保：《鄭箋》：「守也。安也。」顧炎武《日知錄》（卷三）：「申伯，宣王之舅也。立功於周，而吉甫作《崧高》之頌。其孫女爲幽王后，無罪見黜，申侯（按：指申伯的兒子申侯弘）乃與犬戎攻殺幽王。乃未幾而爲楚所病，『戍申』之詩作焉。（按：當指《王風・楊之水》「彼其之子，不與戍申」句）當宣王之世，周興而申以強；當平王之世，周衰而申以弱；至（周）莊王之世，而申爲楚縣矣。二舅之於周，功罪不同，而其所以自取如此。」西周世序見《小雅・天保》〔註6〕。

申伯信邁，王餞于郿。

信：副詞。「信邁」與下「誠歸」爲對言。邁：《鄭箋》：「行也。」郿（méi）：地名，故址在今陝西眉縣東渭水北。朱熹《集傳》：「郿，在今鳳翔府郿縣，在鎬京之西，岐周之東，而申在鎬京之南。時王在岐周，故餞於郿也。」按：「岐周」指岐山下的周邑，故址在今陝西岐山縣境。

申伯還南，謝于誠歸。

《鄭箋》：「還南者，北就王命於岐周而還反也。謝于誠歸，誠歸於謝也。」

《孔疏》：「以言還者，回反之辭。……蓋王先在岐，得召公之報，知營謝已訖，召申伯於鎬，至岐周而命之也。申伯既受命，王餞還歸於謝而後適申，故云北就還南也……誠歸者，決意不疑之辭。」

王命召伯，徹申伯土疆。以峙其粻，式遄其行。

峙：朱熹《集傳》：「積。」《鄭箋》：「粻，糧。式，用。遄，速也。王使召公治申伯土界之所至，峙其糧者，令廬市有止宿之委積，用是速申伯之行。」粻音見《公劉》〔註 2〕。遄，參見《小雅・巧言》二章「君子如怒，亂庶遄沮」注。式：或為助詞。《孔疏》：「峙其糧者，謂自京至謝，所在道路以具其糧食，使申伯所舍所宿，須（需）則有之，不乏絕也。令廬市有止宿之委積者，《地官・遺人》云：『掌道路之委積。凡國野之道，十里有廬，廬有飲食。三十里有宿，宿有路室，路室有委。五十里有市，市有候館，候館有積。』委積，謂儲聚禾米薪芻之屬。

申伯番番，既入于謝，徒御嘽嘽。

《毛傳》：「番番，勇武貌。諸侯有大功則賜虎賁徒御。嘽嘽，徒行者、御車者嘽嘽喜樂也。」朱熹《集傳》：「嘽嘽，眾盛也。」參見《小雅・采芑》四章「嘽嘽焞焞，如霆如雷」注。虎賁，指勇士。

周邦咸喜，戎有良翰。

《鄭箋》：「周，徧（遍）也。戎，猶女也。翰，幹也。申伯入謝，徧邦內皆喜曰：女乎，有善君也。相慶之言。」女，汝。參見《小雅・桑扈》三章「之屏之翰，百辟為憲」注。

不顯申伯，王之元舅，文武是憲。

《毛傳》：「不顯申伯，顯矣申伯也。文武是憲，言有文有武也。」是：指代詞，復指前置賓語「文德武功」。《鄭箋》：「憲，表也。言為文武之表式。」又朱熹《集傳》：「憲，法也。言文武之士皆以申伯為法也。或曰，申伯能以文王武王為法也。」不：助詞。參見《文王》三章「世之不顯，厥猶翼翼」注。一說不，通「丕」，大。

—673—

申伯之德，柔惠且直。

德：參見《小雅·賓之初筵》四章「醉而不出，是謂伐德。飲酒孔嘉，
維其令儀」注。

揉此萬邦，聞于四國。

《鄭箋》：「揉，順也。四國，猶言四方也。」又朱熹《集傳》：「揉，治
也。」

吉甫作誦，其詩孔碩。其風肆好，以贈申伯。

《毛傳》：「吉甫，尹吉甫也。作是工師之誦也。肆，長也。」《鄭箋》：
「碩，大也。吉甫爲此誦也，言其詩之意甚美大，風切申伯。」胡承
珙《後箋》：「肆好者，謂其意思深長也。」〔註5〕又朱熹《集傳》：「風，
聲。肆，遂也。」聲，指樂調。遂，達。

〔註 1〕見劉毓慶、郭萬金《從文學到經學——先秦兩漢詩經學史論》。（華
東師範大學出版社，2009 年）

〔註 2〕「四嶽」本地理之四嶽，但在儒家典籍中「四嶽」是上古政治上的
四方部落首領（一人或多人）。後者其實是一種借用前者之形象的概念虛擬，是
儒家爲有利於帝王政治的造說。從手法上講，還不如直接編造「禹敷土，隨山
刊木，奠高山大川」（《禹貢》）而爲夏王來得磊落。（史遷大約覺得《五帝本紀》、
《夏本紀》所言還不夠，《匈奴列傳》的「太史公曰」中又插入一句「堯雖賢，
興事業不成，得禹而九州寧」）並見《思齊》〔註 1〕。

〔註 3〕漢人解「庸（墉）」爲城。《五年琱生簋》（即「召伯虎簋」，西周晚
期）「僕墉土田」，孫詒讓（《名原》、《古摘餘論》）、王國維（《觀堂古金文考釋》）
認爲即《魯頌·閟宮》之「土田附庸」（僕墉、附庸同音假借）和《左傳·定公四
年》之「土田陪敦」（古僕、附、陪音近，通。敦，字誤）。

白壽彝言「庸爲城郭外牆，『附庸』就是城牆外圍從事農業耕作的勞動者」
（《中國通史》第三卷）；趙光賢《論附庸》舉《訇簋》「今余令女嗇司邑人，先
虎臣後庸」、《召伯虎簋》「余考止公僕墉土田」、《魯頌·閟宮》「錫之山川，土
田附庸」、《嵩高》「因是謝人，以作爾庸」、《左傳·定公四年》「分之以土田陪
敦（僕庸）」，言相關文獻中的「庸」當是「隸農或農奴這類的農民」：

「按《爾雅・釋詁》:『庸，勞也。』《說文》用部:『庸，用也。』庸字本有勞動、使用二義。古文能動和受動常不分，因而使用又有被使用之義，後世雇傭即從此義而來。單從附庸或僕庸字面來看，附字與僕字相通，僕庸可能理解為被使用或為他人服役的人；再從它和土田一同被賞賜的情況來看，他們很可能是與土田有關係的人，因而把他們看作隸屬於貴族的農民或農奴，應該說不是牽強附會。當然他們中間，隸屬性有強弱的不同，並非完全一樣；比如在《召伯虎簋》和《詩・閟宮》中所說，他們與土田同被賞賜，可能是被束縛於土地上的農奴，而在《訇簋》和《詩・崧高》中，他們還算是邑人，可能他們是由公社農民變來的，其隸屬性當較弱。」(《周代社會辨析》，p82、p83)

斯維至《關於殷周土地所有制的問題》言《崧高》、《韓奕》描寫宣王時申、韓兩國就封。「『因是謝人，以作爾庸』，『因時百蠻』，『實墉實壑』，與《左傳・定公四年》封魯、衛時說『因商奄之民，命以《伯禽》，而封於少暤之虛』的意義相同。庸、墉就是城，由此可見封建首要的工作就是築城。……『附庸』是古代習見的成語……毫無疑問，是指附屬於城市的被征服者了。因為築城的目的就是為了統治他們，故曰『附庸』。」(《斯維至史學文集》，p65、p66)

裘錫圭《說『僕庸』》:「在西周春秋時代，僕和庸雖然一般都是異族(指跟統治階級不同族)的被奴役者，但是二者的性質仍有明確的區別。庸主要給統治階級提供農業和土木工程等方面的勞役以及各種生產品。僕大部分主要被使用在戰鬥、守衛等工作上，跟土田和庸並提的僕也不能例外。」「《崧高》說王命申伯『因是謝人，以作爾庸』……申伯邑於謝，謝人即申伯所封之地的土著居民……謝人變成了申伯的庸。」(《古代文史研究新探》，p369、p370)

朱鳳瀚《西周封建所造就之周人貴族家族與土著附庸之族》:「……『因是謝人，以作爾庸』，即可意譯為治理這些謝人，以他們作為你的附庸。……當地的土著居民謝人既作附庸，係農業勞役者，故應在謝邑周圍的土田之中居住。貴族家族與土著居民不僅政治、經濟地位不同，在居住空間上亦相分離。在周人貴族封土內，舊有的土著居民變成供周人役使的附庸，此種情況亦見由西周青銅器銘文……」(《商周家族形態研究》，p247)見《井侯簋》(「約康王時」)、《中方鼎》(「昭王時」)、《宜侯夨簋》、《大盂鼎》(「約康王時」)。

「附庸」為「附屬於土地的農業生產者」說，實始於郭沫若。《〈詩〉〈書〉時代的社會變革與其思想上之反映》:「在奴隸制昌盛的時候，人是失掉了他的獨立的存在的，宇宙內的事情一切都是天地作主，社會上的事情一切都是人王

作主。『天子作民父母以爲天下王』，所以一切的人是人王的兒子，是天帝的兒子的兒子。人完全是附屬物，完全是物品。『乃命魯公，俾侯于東，錫之山川，土田附庸。』(《魯頌・閟宮》) 這『附庸』應該就是附屬於土田的農夫。『王命申伯，式是南邦，因是謝人，以作爾庸。王命召伯，徹申伯土田；王命傅御，遷其私人。』(《大雅・崧高》) 這兒的『庸』和『私人』也就是新舊的附庸，新舊的附屬於土田的農夫。『人有土田，汝反有之；人有民人，汝覆奪之。』(《大雅・瞻卬》) 民人和土田一樣的是人的所有物，是支配階級的所有物，這兒更說得明明白白。」(《中國古代社會研究》，人民出版社，1954 年，p130)

郭文作於 1928 年，1930 年其在《附庸土田之另一解》卻又否定前說，言附庸「余曩讀爲『僕傭』，謂指臣僕，今由羅馬制度以推之，則『僕墉土田』當是附墉垣於土田周圍，或周圍附有墉垣之土田」，1952 年《奴隸制時代》重提此說。至 1956 年，其《矢簋銘考釋》復又言「『土田附庸』，金文召伯虎簋作『僕庸土田』。庸與傭通，『僕庸』即耕作奴隸」，近其前「農夫」說。

陳夢家《殷虛卜辭綜述》、楊寬《古史新探》、童書業《春秋左傳研究》等也有類似的認識。陳家夢以爲僕庸之「庸」類《左傳・昭公七年》中的「臺」，僕的身份和地位自然要比庸高一些，「臺與庸都是附於土田的『臣僕』『臣妾』」。

而王人聰《瑚生簋銘「僕墉土田」辨析》「《崧高》的『以作爾庸』，講的是命謝人爲申伯築城，而不是說將謝人作爲申伯的『庸』。《韓奕》的『實墉實壑』，『墉』訓城垣，說的也是築城之事，可與《崧高》互證」；「『錫之山川，土田附庸』這兩句詩，『錫』是動詞，『之』是代詞，『山川』、『土田』是由兩個近義的名詞構成的並列式複合詞，『附庸』是由動詞加名詞構成的偏正式複合詞，這三個複合詞，均作名詞用。『錫』在句中是謂語，而『山川』、『土田』、『附庸』都是『錫』的賓語。『土田』與『附庸』是並列關係，而不是『附庸』的修飾成份。這兩句詩的意思是說：賞賜給魯侯山川、土田和附庸。」認爲「郭沫若等各家對《閟宮》『土田附庸』所作的新解是不能成立的，而孟子以及漢人以來對『附庸』的傳統解釋則是確不可易，瑚生簋銘的『僕墉土田』正可作爲傳統解釋的確證」。(《考古》，1994 年第 5 期)

〔註 4〕井牧，指用井牧之法劃分土地田野。《地官・小司徒》「乃經土地而井牧其田野，九夫爲井，四井爲邑，四邑爲丘，四丘爲甸，四甸爲縣，四縣爲都，以任地事而令貢賦，凡稅斂之事」，鄭玄注：「此謂造都鄙也。埰地制井田⋯⋯鄭司農云：『井牧者，《春秋傳》所謂「井衍沃」、「牧隰皋」者也。』玄謂隰皋

之地，九夫爲牧，二牧而當一井。今造都鄙，授民田，有不易，有一易，有再易，通率二而當一，是之謂井牧……九夫爲井者，方一里，九夫所治之田也。」

《左傳‧襄公二十五年》「町原防，牧隰皋，井衍沃」，杜預注：「廣平曰原。防，隄（堤）也。隰防間地，不得方正如井田，別爲小頃町（tǐng）。隰皋，水岸下濕，爲芻牧之地。衍沃，平美之地。則如《周禮》制以爲井田。六尺爲步，步百爲畝，畝百爲夫，九夫爲井。賈云，下平曰衍，有流曰沃。」町，平坦貌。

都鄙，《天官‧大宰》「以八則治都鄙」，鄭玄注：「都鄙，公卿大夫之采邑，王子弟所食邑。」孫詒讓正義：「凡公卿大夫貴戚有功德，得世祿者，皆頒邑以爲其祿，是謂采邑。唯疏族新進未得世祿者，則賦田斂粟以頒祿，是謂祿田。」「其在王子弟無官者，雖無祿，而得以恩澤食邑。」「采邑、食邑，食其田並主其邑，治以家宰私臣，又子孫得世守之。祿田不世守，且僅食其田之租稅，而不得主其邑，各就近屬鄉遂或公邑王官治之。」

易，《地官‧大司徒》「不易之地家百畝，一易之地家二百畝，再易之地家三百畝」，鄭司農云：「不易之地歲種之，地美，故家百畝。一易之地休一歲乃復種，地薄，故家二百畝。再易之地休二歲乃復種，故家三百畝。」《公羊傳‧宣公十五年》何休注：「司空謹別田之高下善惡，分爲三品：上田一歲一墾，中田二歲一墾，下田三歲一墾。肥饒不得獨樂，墝埆不得獨苦，故三年一換主易居，財均力平……是謂均民力，強國家。」墝埆，指土地瘠薄。參見《小雅‧采芑》一章「薄言采芑，于彼新田，于此菑畝」、《正月》七章「瞻彼阪田，有菀其特」注。

〔註 5〕《烝民》「吉甫作誦，穆如清風」、《小雅‧節南山》「家父作誦，以究王訩」、《巷伯》「寺人孟子，作爲此詩」——「吉甫作誦」式的標注是不可靠的。倘若刻意強調作者，《何人斯》「作此好歌，以極反側」、《四月》「君子作歌，維以告哀」等，完全可以寫成「某某作歌」。託言「××作詩」，既出於「宣傳」之需要，也反映了某種政治環境的險惡——既然「國人莫敢言，道路以目」，那麼，即便允許「大鳴大放」，又豈能沒有「陽謀」之虞？

大雅・烝民

　　《齊太公世家》「二十六年，武公卒，子厲公無忌立。厲公暴虐，故胡公子復入齊，齊人欲立之，乃與攻殺厲公。胡公子亦戰死。齊人乃立厲公子赤爲君，是爲文公，而誅殺厲公者七十人」，據此王質以爲《烝民》「事在宣王之世，築城之命，疑在斯時，蓋出定齊亂也」（《詩總聞》）。〔註1〕

　　西周時的樊國及樊侯仲山甫史載不詳，僅唐宋《元和姓纂》、《通志・氏族略》之類略見。《周本紀》、《魯周公世家》、《周語上》、《晉語四》等散見仲山甫之言行，說明他在周宣王時的確位居顯要，且極具話語權，是朝廷不可或缺之人物。

　　詩中事，仲山甫或已爲，或將爲，或當爲，或冀其爲之，作詩以頌，西周後期的政治流行。《崧高》「申伯之德，柔惠且直」，《烝民》「仲山甫之德，柔嘉維則……」似曾相識句甚多。

　　《詩》中有史，但更多的是政治。有涉召伯、申伯、仲山甫、方叔、南仲者，字句外延頗爲豐富而寬廣的宏大敘事，無論《烝民》「任賢使能，周室中興」，還是《韓奕》「能錫命諸侯」，實際上是想儘量地給宣王時代增加一些亮色，即《毛序》所謂「美宣王」——於衰敗的晚期西周來說，畢竟一時又恢復了在厲王時已失去的「王政」。

天生烝民，有物有則。

　　《毛傳》：「烝，眾。物，事。則，法。」事，指事物。朱熹《集傳》：「言天生眾民，有是物必有是則。」又嚴粲《詩緝》：「天生眾民，具形則有物，稟性則有則。」

民之秉彝，好是懿德。

《毛傳》：「秉，執。彝，常。懿，美也。」常，指常性，常理，常規。
是：代詞。朱熹《集傳》：「……是乃民所執之常性，故其情無不好此
美德者。」馬瑞辰《通釋》：「《說文》：『彝，宗廟常器也。』故引申爲
彝常。……《廣雅》：『常、性，質也。』秉彝爲常，猶云秉性、秉質
耳。」德，參見《小雅·賓之初筵》四章「醉而不出，是謂伐德。飮
酒孔嘉，維其令儀」注。二章「德」同。

天監有周，昭假于下。

有：名詞前助詞。昭假：潔祀。楊琳《「昭假」新解》：「『天監有周昭假
于下』當作一句讀，言上天看到有周在下面潔祀它，所以就祐助周王，
給周王派了一位得力的大臣仲山甫，正如天祐商湯而降之伊尹一樣。」
參見《小雅·楚茨》三章「神保是格，報以介福，萬壽攸酢」、《大雅·
抑》七章「神之格思，不可度思，矧可射思」、《雲漢》八章「大夫君子，
昭假無贏」注。又《鄭箋》：「監，視。假，至也。天視周王之政教，其
光明乃至於下，謂及眾民也。」又朱熹《集傳》：「而況天之監視有周，
能以昭明之德，感格於下，故保祐之。」

保茲天子，生仲山甫。

朱熹《集傳》：「而爲之生此賢佐曰仲山甫焉。則所以鍾其秀氣而全其
美德者，又非特如凡民而已矣。」茲：此。仲山甫：周宣王大臣，封
於樊。樊，一說在今河南濟源之「陽樊」，一說在今湖北襄樊之「樊城」。
《毛傳》：「仲山甫，樊侯也。」《孔疏》：「樊國之君，爵爲侯而字仲山
甫也。」《周語上》稱仲山甫爲「仲山父」、「穆仲」，「穆」當爲死後之
謚。《晉語四》稱「樊仲」，《漢書·古今人表》又稱「中山父」，列召
虎、方叔、南中（仲）、申伯、尹吉父（甫）、韓侯、蹶父間。

仲山甫之德，柔嘉維則。

柔：順。指順乎天意民心。一說柔，溫和。維：唯。朱熹《集傳》：「東
萊呂氏曰：『柔嘉維則，不過其則也。過其則，斯爲弱，不得謂之柔嘉
矣。』」參見《抑》五章「愼爾出話，敬爾威儀，無不柔嘉」注。《周
書·洪範》「次六曰乂用三德……三德，一曰正直，二曰剛克，三曰柔
克」，僞孔傳：「治民必用剛、柔、正直之三德。」

令儀令色，小心翼翼。

令：善。翼翼：《鄭箋》：「翼翼然恭敬。」

古訓是式，威儀是力。

古訓：《毛傳》：「古，故。訓，道。」《鄭箋》：「故訓，先王之遺典也。」
是：指代詞，復指前置賓語。式：《鄭箋》：「法也。」效法。力：《鄭箋》：「力猶勤也，勤威儀者，恪居官次，不解于位也。」解，懈。「儀」、「威儀」參見《小雅・湛露》四章「豈弟君子，莫不令儀」注。

天子是若，明命使賦。

是：乃。若：《毛傳》：「順。」《鄭箋》：「順從行其所爲也。」命：令，指政教。賦：《毛傳》：「布也。」《鄭箋》：「顯明王之政教，使群臣施布之。」

王命仲山甫，式是百辟，纘戎祖考，王躬是保。

式：法，用爲動詞。前一「是」：代詞。後一「是」：指代詞，復指前置賓語「王躬」。辟：指眾諸侯。纘：繼。《鄭箋》：「戎，猶女也。躬，身也。王曰：女施行法度於是百君，繼女先祖先父始見命者之功德，王身是安。使盡心力於王室。」見，被。

出納王命，王之喉舌。賦政于外，四方爰發。

爰：於是。是，指代詞。發，響應，施行。《鄭箋》：「出王命者，王口所自言，承而施之也。納王命者，時之所宜，復於王也。其行之也，皆奉順其意，如王口喉舌親所言也。以布政於畿外，天下諸侯於是莫不發應。」
《孔疏》：「王有出言，出而宣之。下有所爲，納而白之。」

肅肅王命，仲山甫將之。

將：祀。參見《小雅・正月》九章「載輸爾載，將伯助予」、《楚茨》二章「或剝或亨，或肆或將」、六章「爾殽既將，莫怨具慶」、《文王》五章「殷士膚敏，祼將於京」、《既醉》「既醉以酒，爾殽既將」注。此祭祀當是仲山甫受王命而祭告宗廟之祭，類《令方彝》所記明保受命而「命矢告於周公宮」。又《毛傳》：「將，行也。」《鄭箋》：「肅肅，敬也。言王之政教甚嚴敬也，仲山甫則能奉行之。」

邦國若否，仲山甫明之。

　　《鄭箋》：「若，順也。順否，猶臧否，謂善惡也。」又于省吾《新證》：
「若猶惟也。……《廣雅・釋詁》：『否，隔也。』《易・否》釋文：『否，
閉也，塞也。』……《史記・太史公自序》『唯唯否否』，集解引晉灼：
『否否不通也。』《廣雅・釋詁》：『明，通也。』……邦國惟否，仲山
甫明之，言邦國當沈晦之時，仲山甫有以通其閉塞。『若否』乃古人語
例。」（p50）沈晦，亦作「沈晦」，隱而不露。

既明且哲，以保其身。

　　朱熹《集傳》：「明，謂明於理。哲，謂察於事。保身，蓋順理以守身，
非趨利避害偷以全軀之謂也。」

夙夜匪解，以事一人。

　　解：通「懈」。一人：指周王。

人亦有言：柔則茹之，剛則吐之。

　　朱熹《集傳》：「人亦有言，世俗之言也。茹，納也。」《鄭箋》：「剛，堅
強也。剛柔之在口，或茹之，或吐之，喻人之於敵強弱。」

維仲山甫，柔亦不茹，剛亦不吐。不侮矜寡，不畏彊禦。

　　朱熹《集傳》：「不茹柔，故不侮矜寡。不吐剛，故不畏彊禦。以此觀之，
則仲山甫之柔嘉，非軟美之謂，而其保身，未嘗枉道以徇人。」徇，曲
從。侮：欺侮。矜：貧苦。一說矜，通「鰥」，《毛傳》：「矜，古頑反。」
強禦：指強橫者。參見《蕩》二章：「曾是彊禦，曾是掊克」注。

人亦有言：德輶如毛，民鮮克舉之。

　　輶（yóu）：一種輕便的車子，引爲「輕」。《秦風・駟驖》有「輶車鸞
鑣」句。朱熹《集傳》：「言人皆言德甚輕而易舉，然人莫能舉之。」《禮
記・中庸》引《詩》鄭玄注：「輶，輕也。言化民常以德，德之易舉而
用，其輕如毛耳。」顧炎武《日知錄》（卷三）：「『德輶如毛』，言易舉
也。故曰：『一日克己復禮，天下歸仁焉』。又曰：『有能一日用其力於
仁矣乎，我未見力不足者。』」引語自《論語・顏淵》、《里仁》。邢昺
疏：「『一日克己復禮，天下歸仁焉』者，言人君若能一日行克己復禮，

則天下皆歸此仁德之君也。」「『有能一日用其力於仁矣乎』，言世不修仁也，故曰有人能一日之間用其力於仁道矣乎，言人誠能一日用其力修仁者耳。『我未見力不足』者，言德輶如毛，行仁甚易，我欲仁，斯仁至矣，何須用力，故曰我未見欲為仁而力不足者也。」

我儀圖之，維仲山甫舉之，愛莫助之。

朱熹《集傳》：「儀，度。圖，謀也。……我於是謀度其能舉之者，則維仲山甫而已。是以心誠愛之，而恨其不能有以助之。蓋愛之者，秉彝好德之性也。而不能助者，能舉與否，在彼而已。固無待於人之助，而亦非人之所能助也。」維：唯，只。

衮職有闕，維仲山甫補之。

衮：上有卷龍圖案的禮服。《春官‧司服》「享先王則衮冕」，鄭玄引鄭司農曰：「衮，卷龍衣也。」衮衣為天子和上公之禮服。闕：通「缺」。
《鄭箋》：「衮職者，不敢斥王之言也。王之職有闕，輒能補之者，仲山甫也。」

仲山甫出祖，四牡業業。征夫捷捷，每懷靡及。

祖：《毛傳》：「行祭也。」即祭路神。《鄭箋》：「祖者，將行犯軷之祭也。」參見《生民》七章「載謀載惟，取蕭祭脂，取羝以軷」注。業業：《毛傳》：「言高大也。」朱熹《集傳》：「業業，健貌。」捷捷：《毛傳》：「言樂事也。」《孔疏》：「捷捷者，舉動敏疾之貌。行者或苦于役，則舉動遲緩，故言捷捷以見其勸樂於事也。」懷：私懷，私衷。

四牡彭彭，八鸞鏘鏘。

彭彭：《鄭箋》：「行貌。」指馬強壯有容行進之貌。鸞：車鈴。鏘鏘：《鄭箋》：「鳴聲。以此車馬命仲山甫使行，言其盛也。」

王命仲山甫，城彼東方。

城：用為動詞。東方：指諸侯國齊國。《毛傳》：「東方，齊也。古者諸侯之居逼隘，則王者遷其邑而定其居，蓋去薄姑而遷於臨菑（淄）也。」《孔疏》：「時齊居逼隘，故王使仲山甫往城而定之也。……《史記‧齊世家》云：『獻公元年，徙薄姑都治臨菑。』計獻公當夷王之時，與此傳不合，遷之言未必實也。」按：齊國地望大抵今山東中部至東北部，東至於海，西至於河。武王初封太公呂望時其都稱「營丘」。

四牡騤騤，八鸞喈喈。

　　騤騤：馬威武貌。喈喈：指八鸞之聲和諧有節。

仲山甫徂齊，式遄其歸。

　　徂：往。齊：齊國。一說齊，當爲「濟」，濟水。（高享《詩經今注》）式：
　　助詞。遄：《毛傳》：「疾也。言周之望仲山甫也。」參見《崧高》六章「以
　　峙其粻，式遄其行」注。

吉甫作誦，穆如清風。

　　《毛傳》：「清微之風，化養萬物者也。」《鄭箋》：「穆，和也。吉甫作此
　　工歌之誦，其調和人之性，如清風之養萬物然。」朱熹《集傳》：「穆，
　　深長也。」

仲山甫永懷，以慰其心。

　　《鄭箋》：「仲山甫述職，多所思而勞，故述其美以慰安其心。」述職，
　　述其所主方，即履行職責。又朱熹《集傳》：「以其遠行，而有所懷思，
　　故以此詩慰其心焉。」

　　〔註 1〕《今本竹書紀年》宣王七年（前 821 年）「王命樊侯仲山甫城齊」，
朱熹「尹吉甫作詩以送之」（《詩集傳》）。齊武公二十六年爲周宣王三年，即公元
前 825 年，與《紀年》不合。

　　朱熹長王質五歲，但朱熹在《詩集傳》中很少引《史記》，只《邶風・二子
乘舟》、《唐風・無衣》等一、二。他於《毛序》《鄭箋》之懷疑批判，也實爲其「理
學」之下的注說清障。之前北宋《冊府元龜・總錄部・怨刺》，還是原樣因襲《毛
序》關於《詩經》中的「刺詩」說。

大雅・韓奕

　　《孟子・告子下》「一不朝，則貶其爵；再不朝，則削其地；三不朝，則六師移之……」當諸侯眾皆不朝時，即便朝廷真有其「六師」，又還有什麼「移之」的力量呢？

　　《今本竹書紀年》周宣王「四年（前824年）王命蹶父如韓，韓侯來朝」，「八年（前820年），魯武公來朝，錫魯世子戲命」；《魯周公世家》「武公九年春，武公與長子括、少子戲西朝周宣王」。魯武公九年，即周宣王十一年，公元前817年。《周本紀》「十二年，魯武公來朝」。紀年或有正誤，但至少說明晚期的西周王朝在宣王時「諸侯或不朝」的情況有所改變。

　　「西朝周宣王」，所以「西」者，非唯居於東，更是「王」於東——史遷這個「西」字用得意味深長。對朝廷來說魯侯來朝是好事，但在魯君的立廢問題上周宣王曾處理得一塌糊塗。「自是後，諸侯多畔（叛）王命」，所以魯侯來朝之事再不提也罷——《詩經》中沒有《魯奕》！

　　韓為《左傳・僖公二十四年》所言周公「封建親戚以蕃屏周」者「武之穆」四國之一，《今本竹書紀年》周成王十二年「王師、燕師城韓」，「王錫韓侯命」。〔註1〕按說韓國是西周王朝之嫡系，原本只是本分，但這次來朝卻使朝廷上下欣喜不已。

　　一章追憶韓侯祖上初受命，二、三章鋪陳韓侯入覲，宣王及「顯父」賞賜宴餞（像積貧積弱之家忽然有一天來了顯貴的遠房親戚，傾其所有招待，生怕怠慢了惹人家不高興），四、五章敘述「韓侯取妻」之風光，〔註2〕至六章，又小心翼翼地說韓城當初也還是「燕師所完」（不敢提及「王師」），所以這樣，是朝廷希望韓侯能夠「奄受北國，因以其伯……」

　　如果不是「王命蹶父如韓」，蹶父將自己的女兒許給嫁了韓侯且「溥彼韓城，燕師所完」，不知是否還有這次朝廷引以爲榮的「韓侯入覲」？以「汾王」爲厲王言，論輩分，韓侯還應該是宣王的姑表妹夫。朝廷的「筆桿子」們窮盡討好誇飾之辭，內心不知作何眞實感想？

　　如果《今本竹書紀年》所紀不誣，韓侯此次來朝後，至公元前 771 年，西周王朝又苦苦支撐了五十三年。

奕奕梁山，維禹甸之。

　　奕奕：《毛傳》：「大也。」奕奕者梁山，一說在南韓國，即《今本竹書紀年》紀周平王十四年（前 757 年）爲晉國所滅者（戰國時的韓國與其相關）。一說近燕之北韓國。南說以毛、鄭爲代表，北說以清人顧炎武、江永等爲代表。陳奐《傳疏》：「周有二韓。一爲姬姓之韓，襄二十九年《左傳》叔侯曰：『霍、楊、韓、魏，皆姬姓也』是也。一爲武穆之韓，僖二十四年《左傳》富辰曰『邗、晉、應、韓，武之穆也』、《國語‧鄭語》史伯曰『武王之子，應韓不在』是也。武王克商，舉姬姓之國四十人，則姬姓之韓，當受封於武王之世，其後爲晉所滅，以賜大夫韓萬。《續漢書‧郡國志》河東郡河北縣有『韓亭』，即姬姓韓國地。武穆之韓，封自成王之世，至西周之季，尚存其國，在《禹貢》冀州之北。故得總領追、貊北國，載諸《詩》篇，章章可考。」「《鄭箋》據漢志『梁山在夏陽西北』，而誤以梁山爲韓國之山，韓侯爲晉所滅之韓。近儒能辨韓侯爲近燕之韓，復據《水經‧㶟水注》『水逕良鄉縣之北界，歷梁山南，高梁水出焉』，即爲此詩『奕奕梁山』之證，則又誤梁山爲近燕矣。梁自夏陽之梁山，韓自北國之韓侯，解者膠泥一處，齟齬難通。」按㶟（lěi）水即濕水，即後稱桑乾河者。參見顧炎武《日知錄》卷三，又見馬瑞辰《通釋》。維：助語氣。禹：即治水之大禹。甸：《毛傳》：「治也。禹治梁山，除水災。宣王平大亂，命諸侯。」參見《小雅‧信南山》一章「信彼南山，維禹甸之」注。

有倬其道，韓侯受命。

　　《毛傳》：「有倬其道，有倬然之道者也。受命，受命爲侯伯也。」《鄭箋》：「梁山之野，堯時俱遭洪水。禹甸之者，決除其災，使成平田，定貢賦於天子。周有厲王之亂，天下失職。今有倬然者，明復禹之功

者，韓侯受王命爲侯伯。」朱熹《集傳》：「倬，明也。」參見《小雅‧甫田》一章「倬彼甫田，歲取十千」注。又陳奐《傳疏》：「言宣王有知人之明，故韓侯受命也。」

王親命之，纘戎祖考。

纘：繼。朱熹《集傳》：「言王錫命之，使繼世而爲諸侯也。」戎：《鄭箋》：「猶女也。」汝。朱駿聲《說文通訓定聲》：「戎、汝、若、而，皆一聲之轉。」參見《民勞》四章「戎雖小子，而式弘大」注。

無廢朕命，夙夜匪解。

朕：周王自稱。解：通「懈」。

虔共爾位，朕命不易。

虔：朱熹《集傳》：「敬。」共：《鄭箋》：「古字恭字或作『共』。」《三家詩》「共」作「恭」。參見《小雅‧小明》五章「靖共爾位，好是正直」注。朕命不易：《鄭箋》：「我之所命者，勿改易不行。」

榦不庭方，以佐戎辟。

榦：同「幹」。朱熹《集傳》：「榦，正也。」用爲動詞。庭：《毛傳》：「直。」《鄭箋》：「當爲不直、違失法度之方，作楨榦而正之，以佐助女君。汝君，王自謂也。」戎：汝。辟：君。又朱熹《集傳》：「不庭方，不來庭之國也。」楨榦，見《文王》三章「王國克生，維周之楨」注。

四牡奕奕，孔脩且張。

《毛傳》：「脩，長。張，大。」

韓侯入覲，以其介圭，入覲于王。

覲：《毛傳》：「見也。」《鄭箋》：「諸侯秋見天子曰覲。韓侯乘長大之四牡，奕奕然以時覲於宣王。」按：諸侯春見天子曰朝，夏見曰宗，冬見曰遇。見《儀禮‧覲禮》鄭玄、賈公彥注疏。介圭：長尺二寸之大圭，此指諸侯的命圭。朱熹《集傳》：「介圭，封圭，執之爲贄，以合瑞於王也。」贄（zhì），初次朝見時的禮物。瑞，作爲憑信之玉器。《春官‧典瑞》鄭玄注：「人執以見曰瑞。瑞，符信也。」《春秋‧文公元年》杜預注：「諸侯即位，天子錫以命圭，合瑞爲信。」

王錫韓侯，淑旂綏章，簟茀錯衡，玄袞赤舄，鉤膺鏤鍚，鞹
鞃淺幭，鞗革金厄。

淑旂：《毛傳》：「淑，善也。交龍爲旂。」旗之繪有交龍者。綏章：王
引之《述聞》：「綏者，文貌。《荀子・儒效篇》：『綏綏兮其有文章也。』
……所畫於旂，交龍日月之章，綏然有文，故曰綏章。」又于省吾《新
證》：「綏、嘉古通……《左傳》宣十四年『嘉淑而有加貨』疏：『嘉、
淑皆訓爲善。』『淑旂綏章』，應讀作淑旂嘉章。」（p51）簟茀：簟，
方紋竹席。車之蔽曰茀。《小雅・采芑》一章有「簟茀魚服」句。錯衡：
《毛傳》：「文衡也。」指車轅前的橫木上繪有紋飾。參見《小雅・采
芑》二章「方叔率止，約軧錯衡」注。玄袞：玄色的袞衣。赤舄：一
種赤色的厚底鞋。參見《小雅・車攻》四章「赤芾金舄，會同有繹」
注。鉤膺：馬胸前有金飾的革帶，即「樊纓」。鏤鍚（yáng）：《毛傳》：
「有金鏤其鍚也。」《鄭箋》：「眉上曰鍚，刻金飾之，今當盧也。」鍚
即馬額上的金屬飾物，有防護和裝飾作用。鞹鞃：《毛傳》：「鞹，革也。
鞃，軾中也。」軾，設於車廂前供人憑依的橫木。鞹鞃即指用皮革裏
纏軾中。鞹，去毛之革。《齊風・載驅》一章有「載驅薄薄，簟茀朱鞹」
句。淺幭：《毛傳》：「淺，虎皮淺毛也。幭，覆式也。」式即軾。鞗革：
《鄭箋》：「謂轡也。」參見《小雅・蓼蕭》四章「既見君子，鞗革忡
忡」注。金厄：《鄭箋》：「以金爲小環，往往纏搤之。」朱熹《集傳》：
「纏搤轡首也。」搤（è），同「扼」。一說厄，「軶（è）」，固定在馬頸
後兩側受力部分的器具。《孔疏》：「言韓侯有德，見命而受此厚賜也。」
西周之朝覲賞賜禮參見《秋官・大行人》、《小行人》、《儀禮・覲禮》、
《禮記・曲禮》、《王制》經、傳，《禮緯・含文嘉》；並見陳夢家《典
籍中的賞賜》、《西周金文中的賞賜》、《賞賜動詞》、《賞賜器物分釋》。
（《西周銅器斷代》，p415～p442）。

韓侯出祖，出宿于屠。

祖：《鄭箋》：「將去而犯軷也。」即祭祀路神。參見《生民》七章「載
謀載惟，取蕭祭脂，取羝以軷」注。屠：《毛傳》：「地名也。」朱熹《集
傳》：「或曰即杜也。」按：鎬京東南曾有小國杜，其君爲周宣王所殺。

顯父餞之，清酒百壺。

顯父：《毛傳》：「有顯德者也。」《鄭箋》：「周之卿士也。」《孔疏》：「父者，丈夫之稱，以有顯德，故稱顯父。廣言有美德者，非止一人也。」〔註3〕

其殽維何？炰鱉鮮魚。

維：助語氣。炰（fǒu）：烹煮。《鄭箋》：「炰鱉，以火熟之也。」參見《小雅·六月》文章「飲御諸友，炰鱉膾鯉」注。

其蔌維何？維筍及蒲。

《毛傳》：「蔌，菜殽也。筍，竹也。蒲，蒻（ruò）也。」蔌音見《小雅·正月》十三章「佌佌彼有屋，蔌蔌方有穀」注。蒻，即蓮莖入泥的白色部分。

其贈維何？乘馬路車。

乘馬路車：指諸侯所乘之車及其所駕之馬。參見《小雅·采薇》四章「彼路斯何？君子之車」注。

籩豆有且，侯氏燕胥。

籩豆：形似高腳盤的食器，分別用竹、木製成。《爾雅·釋器》：「木豆為之豆，竹豆謂之籩。」且：《鄭箋》：「多貌。」有且，即且且。一說且，語詞。侯氏：朱熹《集傳》：「諸侯來朝者之稱。」按：《儀禮·覲禮》「侯氏亦皮弁迎於帷門之外」，賈公彥疏：「言諸侯則凡之總稱，言侯氏則指一身。」燕：通「宴」，宴飲。胥：朱熹《集傳》：「相也。或曰，語辭。」又馬瑞辰《通釋》：「燕胥與燕喜、燕譽、燕樂相類，胥之言序，序、豫古通用，則燕胥猶燕樂矣。」

韓侯取妻，汾王之甥，蹶父之子。

汾王：《鄭箋》：「厲王也。厲王流於彘，彘在汾水之上，故時人因以號之。」彘地在今山西霍縣東北，厲王死於此。參見《周語上》、《周本紀》。又《毛傳》：「汾，大也。」馬瑞辰《通釋》：「《傳》泛言大王，但以為美稱耳。」甥：《鄭箋》：「姊妹之子為甥。」汾王之甥，指韓姞，即蹶父之女。厥父：即姞蹶父。《毛傳》：「蹶父，卿士也。」《鄭箋》：「王之甥，卿士之女，言尊貴也。」黃焯《平議》引黃侃：「燕為蹶父

之國，蹶父乃諸侯入為卿士。」參見《小雅·十月之交》四章「皇父卿士，番維司徒，家伯維宰，仲允膳夫，棸子內史，蹶維趣馬，楀維師氏，豔妻煽方處」注、〔註2〕相關引說。

韓侯迎止，于蹶之里。

止：之，指代詞，指「汾王之甥，蹶父之子」。里：《毛傳》：「邑也。」「蹶之里」即周卿士蹶父所居之里。〔註4〕

百兩彭彭，八鸞鏘鏘，不顯其光。

《鄭箋》：「百兩，百乘。不顯，顯也。光，猶榮也，氣有榮光也。」兩：通「輛」。不：助詞。參見《崧高》七章「不顯申伯，王之元舅，文武是憲」注。「八鸞鏘鏘」參見《烝民》七章「四牡彭彭，八鸞鏘鏘」注。

諸娣從之，祁祁如雲。

《鄭箋》：「媵（yìng）者必娣姪從之，獨言娣者，舉其貴者。」諸娣：諸，眾。《公羊傳·莊公十九年》：「諸侯娶一國，則二國往媵之，以姪娣從。姪者何，兄之子也；娣者何？女弟也。諸侯一聘九女。」媵，《儀禮·士昏禮》鄭玄注：「古者嫁女，必姪娣從，謂之媵……娣尊姪卑。」祁祁：盛眾貌。

韓侯顧之，爛其盈門。

顧：《孔疏》：「謂既受女揖，以出門及升車授綏之時，當曲顧以導引其妻之禮義。」參見《儀禮·士昏禮》、《禮記·昏義》。爛：《鄭箋》：「粲然鮮明且眾多之貌。」

蹶父孔武，靡國不到。為韓姞相攸，莫如韓樂。

《鄭箋》：「相，視。攸，所也。蹶父甚武健，為王使於天下，國國皆至。為其女韓侯夫人姞氏視其所居，韓國最樂。」朱熹《集傳》：「相攸，擇可嫁之所也。」

孔樂韓土，川澤訏訏，

訏訏：《毛傳》：「大也。」廣大。《鄭風·溱洧（wěi）》一章「洧之外，洵訏且樂」，《毛傳》：「訏，大矣。」參見《抑》二章「訏謨定命，遠猶辰告」注。

魴鱮甫甫，麀鹿噳噳。

> 魴鱮：鯿魚與鰱魚。甫甫：《毛傳》：「甫甫然大也。」麀：母鹿。噳噳：
> 《說文》：「噳，麋鹿群口相聚貌。」《小雅·吉日》二章有「獸之所同，
> 麀鹿麌麌」句。

有熊有羆，有貓有虎。

> 貓：《毛傳》：「似虎淺毛者也。」

慶既令居，韓姞燕譽。

> 朱熹《集傳》：「慶，喜。令，善也。喜其有此善居也。燕，安。譽，樂
> 也。」

溥彼韓城，燕師所完。

> 溥：《鄭箋》：「大。」燕：即姬姓諸侯國北燕。《魯周公世家》「周武王
> 之滅紂，封召公於北燕」。北燕封地大致今河北北部和遼寧西端。都薊
> （ji），今北京西南。清人江永《詩補義》：「武王子封於韓……王肅云：
> 『涿郡方城縣有韓侯城。』《潛夫論》曰：『周宣王時有韓侯，其國近
> 燕。』故《詩》曰：『溥彼韓城，燕師所完。』考《水經注》：『聖水逕
> 方城縣故城北，又東逕韓侯城東方城。』今為順天府，固安縣在府西
> 南百二十里，與《詩》言『奄受北國』者相符。」參見陳夢家《西周
> 銅器總論·西周之燕的考察》。（《西周銅器斷代》，p374～384）商周時
> 另有姞姓國「南燕」，在今河南延津東北。師：《毛傳》：「眾也。」參
> 見《文王》六章「殷之未喪師，克配上帝」注。完：築成。陳奐《傳
> 疏》：「宣王時，燕人為韓築城，燕韓皆在周幽州域內。完者，讀如『繕
> 完葺牆』之完也。」《左傳·襄公三十一年》有「繕完葺（qi）牆，以
> 待賓客」句。參見《崧高》三章「因是謝人，以作爾庸」注。

以先祖受命，因時百蠻。

> 《毛傳》：「韓侯之先祖，武王之子也。因時百蠻，長是蠻服之百國也。」
> 陳奐《傳疏》：「《傳》釋『先祖』云韓侯之先祖武王之子者，謂武王之
> 子為為韓侯始封之先祖。然則韓侯為武穆矣。」《僖公二十四年》孔穎
> 達疏：「文之昭者，自后稷以後一昭一穆，文王於次為穆，故文子為昭，
> 武子為穆。」（《禮記·祭統》「昭穆者，所以別父子、遠近、長幼、親

疏之序而無亂也」）百，泛指多而言之。朱熹《集傳》：「王以韓侯之先因是百蠻而長之。」陳奐《傳疏》：「時，是也。長讀上聲，謂韓侯爲蠻服百國之長。蠻服，北方之蠻服也。《周禮・職方氏》王畿之外有九服：侯、甸、男、采、衛、蠻、夷、鎮、藩。」〔註5〕

王錫韓侯，其追其貊。

追、貊：皆爲周時北部遠方部族。《毛傳》：「追、貊，戎狄國也。」

奄受北國，因以其伯。

奄：盡，全部。伯：諸侯之長，此處當用爲動詞，爲其伯。裘錫圭《說「僕庸」》：「王祥《說虎臣與庸》指出，周王把追、貊之人賜給北國的韓侯，猶如把謝人賜給南國的申伯，『此所謂「因是百蠻」猶常武（當作「崧高」）的「因是謝人」，亦猶《左傳・定公四年》的「因商奄之民」以封魯侯伯禽』（《考古》1960 年 5 期 34 頁）。這個意見是很精闢的。韓侯所因的『百蠻』之民也應該是，至少有一部分應該是給他當庸的。楊寬先生也有跟王祥先生類似的意見，他還指出『實墉實壑，實畝實藉。獻其貔皮，赤豹黃羆』，就是這些庸的主要負擔，『也就是要從事工程勞役和農業勞役，並要納貢生產物』（《古史新探》82 頁）。這也是可信的。」（《古代文史研究新探》，p371）《定公四年》紀祝佗追敘成王分封魯、衛等國的情況。參見《崧高》三章「因是謝人，以作爾庸」注。

實墉實壑，實畝實藉。

實：《鄭箋》：「實、寔同聲。寔，是也。」是，乃。墉：城牆，此處用作動詞。壑：城壕，此用作動詞。《毛傳》：「言高其城，深其壑也。」畝：用爲動詞，治理田畝。藉：《鄭箋》：「稅也。」即「藉田」，徵發受封地民人耕種公田，非後世之直接收斂實物賦稅。（《春秋・宣公十五年》「初稅畝」，《公羊傳》：「初者何？始也。稅畝者何？履畝而稅也。」何休注：「時宣公無恩信於民，民不肯盡力於公田，故履踐案行〔按：指實地踏勘〕，擇其善畝穀最好者，稅取之。」）斯維至《關於殷周土地所有制的問題》「徹申伯土田」對照「實畝實借（藉）」，認爲「畝是私畝，借就是公田了」。（《斯維至史學文集》，p65）「私畝」說待證。

獻其貔皮，赤豹黃羆。

《毛傳》：「貔（pí），猛獸也。追、貊之國來貢，而侯伯總領之。」指向

周室進貢。《陸疏》：「貙似虎，或曰似熊，一名執夷，一名白狐，遼東人謂之白羆。」朱熹《集傳》：「韓初封時，召公爲司空，王命以其眾爲築此城。如召伯營謝，山甫城齊，《春秋》諸侯城邢城、楚丘之類也。王以韓侯之先，因是百蠻而長之，故錫之追、貊，使爲之伯，以修其城池，治其田畝，正其稅法，而貢其所有於王也。」「召伯營謝」，見《崧高》。「山甫城齊」，見《烝民》。「諸侯城邢城、楚丘」，見《春秋》僖公元年、二年。

〔註 1〕周成王十二年約公元前 1031 年前後。燕者，《燕召公世家》「周武王之滅紂，封召公於北燕」之「燕」。參見《魯周公世家》。

〔註 2〕沒有必要試圖以《韓奕》對應《儀禮·覲禮》中的某些環節，一爲西周事，一爲或形成於東周附會增益於兩漢之文。

〔註 3〕《逸周書·成開解》「言父典祭，祭祀昭天，百姓若敬；顯父登德，德降爲則，則信民寧」，盧文弨云：「言父、顯父，如《書·酒誥》之稱圻父、農父、宏父也。父者，尊之之辭。此言父，蓋宗伯之屬；顯父，司徒之官。」陳逢衡云：「此即《曲禮》五官所謂司徒也。《酒浩》謂之農父。以其掌邦教，故又謂之顯父登德也。降德爲則，五教敷也。則信民寧，百姓安也。」

〔註 4〕此「里」並非《地官·遂人》「五家爲鄰，五鄰爲里」之「里」，其規模無論區域面積還是人口數量均要大得多，性質也不同，可能是一種在寫作上追求生動而有意味的借稱。本章場面之描摹堪比「風」詩《衛風·碩人》。宋人魏了翁有「晉秦稱匹國，韓姞爛盈門」句；清初張煌言有「上壽稱爲合卺樽，慈寧宮裏爛盈門。春宮昨進新儀注，大禮恭逢太后婚」詩。（卺〔jǐn〕樽，將匏瓜剖成兩瓢的婚禮用酒器，新娘、新郎各執其一）

〔註 5〕《夏官·大司馬》「方千里曰國畿」所紀與《職方氏》同，唯一言「畿」，一言「服」。賈公彥疏：「云『方千里曰國畿』者，此據王畿內千里而言，非九畿之畿。但九畿以此國畿爲本，向外每五百里加爲一畿也。云『侯』者，候也，爲天子伺候非常也。云『甸』者，爲天子治田，以出賦貢。云『男』者，任也，任王者之職事。云『采』者，採取美物以共天子。云『衛』者，爲天子衛守。云『蠻』者，糜也，以近夷狄，糜繫之以政教。自此已上六服，是中國之九州。自此已外，是夷狄之諸侯……云『夷』者，以夷狄而得夷稱也。云『鎮』

者，去中國稍遠，理須鎮守。云『蕃』者，以其最遠，故得蕃屏之稱。此三服總號蕃服。……唯蠻服以外……不通中國之言也。」又見《秋官・大行人》。所言國畿外九服間五百里，遠大於周朝實際疆域。參見《采菽》四章「樂只君子，殿天子之邦」注。

大雅・江漢

　　東夷之強，商、周皆患。甲骨文、金文有紀帝辛數征夷方，其中「十祀之征」從十祀九月至十一祀五月，歷時二百六十天。(陳夢家《殷虛卜辭綜述》「乙辛時代所征的人方、盂方」)

　　《今本竹書紀年》帝辛四年「大蒐於黎」，《韓非子・十過》「紂爲黎丘之蒐而戎狄叛之」，《呂氏春秋・古樂》「商人服象，爲虐於東夷」，《左傳・昭公四年》「商紂爲黎之蒐，東夷叛之……」帝辛於四年（前 1099 年？）、十年、十五年、二十一年凡四征夷方，〔註1〕終不敵，「紂克東夷，而隕其身」（《昭公十一年》）。大約三十年後，殷商滅亡——周人克商某種程度上借助（重）的是東夷之力。(春秋戰國以及後世歷史之相似情節令人唏噓)

　　及周，東夷也始終不買「新政權」的帳。〔註2〕以金文所紀，《小臣謎簋》、《明公簋》、《班簋》、《保員簋》、《无己簋》、《史密簋》、《十月敔簋》、《師衰簋》、《瘋簋》、《周公東征方鼎》、《旅鼎》、《䜌鼎》、《雪鼎》、《仲偁父鼎》（《集成》02734，非 02529《仲爯父鼎》）、《禹鼎》、《噩侯馭方鼎》、《彔致卣》、《競卣》、《曾伯簠（fǔ）》、《兮甲盤》、《宗周鍾》、《虢仲盨蓋》、《翏生盨》、《駒父盨蓋》等，直接或間接反映了西周各個時期，特別是早、晚期與東夷、東國之戰事。

　　《書序》「武王崩，三監及淮夷叛，周公相成王，將黜殷，作《大誥》」，「成王東伐淮夷，遂踐奄，作《成王政》」；「魯侯伯禽宅曲阜，徐、夷並興，東郊不開，作《費（bì）誓》」（「徂茲淮夷、徐戎並興」，僞孔傳：「今往征此淮浦之夷、徐州之戎，並起爲寇。」《魯周公世家》「管、蔡、武庚等果率淮夷而反。周公乃奉成王命，興師東伐」，「周公卒，子伯禽固已前受封……伯

禽即位之後，有管、蔡等反也，淮夷、徐戎亦並興反。於是伯禽率師伐之於肸，作《肸（bì）誓》」；《今本竹書紀年》成王二年「奄人、徐人及淮夷入於邶以叛」，四年「王師伐淮夷，遂入奄」。周昭王曾於十六年（前980年）、十九年南征荊楚，結果卻是「喪六師於漢……」〔註3〕

周厲王本來是在對付東南勢力方面作過一番努力的，但他終在內外交困和連續的荒災之年「流彘而死」。宣王即位，除戎狄外，「蠢爾蠻荊，大邦為讎」，南蠻東夷依然西周政權的大威脅。但「中興」有了一定的實力（以《兮甲盤》所紀，向富庶的淮夷地區強制徵收賦貢有成效），所以在第六個年頭上（前822年），「召穆公帥師伐淮夷」，即此《江漢》所紀。〔註4〕

前一年的秋八月（前823年），「戎車嘽嘽，嘽嘽焞焞，如霆如雷。顯允方叔，征伐玁狁，蠻荊來威」（《采芑》），此次淮夷既平，宣王「錫召穆公命」的心情也就一時格外宣暢，圭瓚秬鬯土田附庸盡備！

為此後世史學家們顯得很興奮，連李贄也按捺不住，仿《周本紀》：「法文、武、成、康之遺風，王命召公伐平淮夷……」（《史綱評要・宣王》）

江漢浮浮，武夫滔滔。

江、漢：指長江和漢水。《毛傳》：「浮浮，眾強貌。滔滔，廣大貌。」王引之《述聞》認為「滔滔」、「浮浮」互訛，詩當為「江漢滔滔，武夫浮浮」。

匪安匪遊，淮夷來求。

淮夷：朱熹《集傳》：「夷在淮上者也。」指淮河下游一帶的部族。《說文》：「夷，東方之人也。從大、從弓，會意，弓所持也。」來：助詞，是。求：征討。又《鄭箋》：「非敢斯須自安也，非敢斯須遊止也，主為來求淮夷所處。據至其竟（境），故言來。」又于省吾《新證》：「安、宴、燕古通……《新臺》『燕婉之求』傳：『燕，安也。』《書・堯典》『安安』，《考靈曜》作『宴宴』。《左傳》成二年『衡父不忍數年之不宴』注：『宴，樂也。』匪宴匪遊，言非宴樂非遊行也。」（p51）按：《考靈曜》為漢《尚書緯》五種之一。

既出我車，既設我旐。

旐：上繪鳥隼圖案的旗。

匪安匪舒，淮夷來鋪。

鋪：朱熹《集傳》：「陳也，陳師以伐之也。」一說「鋪」當讀「薄」，訓爲「迫」，迫危。（于省吾《新證》，p85）

江漢湯湯，武夫洸洸。

湯湯：水勢浩大貌。《小雅·沔水》二章、《鼓鍾》一章分別有「沔彼流水，其流湯湯」、「鼓鍾將將，淮水湯湯，憂心且傷」句。洸洸：《毛傳》：「武貌。」洸音見《小雅·瞻彼洛矣》〔註2〕。

經營四方，告成于王。

《鄭箋》：「召公既受命伐淮夷，服之。復經營四方之叛國，從而伐之，克勝，則使傳遽（jù）告功於王。」傳遽，《秋官·行夫》「掌邦國傳遽之小事、媺惡而無禮者」，鄭玄注：「傳遽，若今時乘傳騎驛而使也。美，福慶也。惡，喪荒也。此事之小者無禮，行夫主使之。」媺同「美」，音見《小雅·桑扈》讀注。

四方既平，王國庶定。

庶，庶幾。

時靡有爭，王心載寧。

載：則。參見《桑柔》五章「其何能淑，載胥及溺」注。

江漢之滸，王命召虎。式辟四方，徹我疆土。

滸：水涯。召虎：即周宣王大臣召穆公，召康公奭十世後孫，名虎。「江漢之滸，王命召虎」，即王命召虎，自彼江漢之滸而伐，非宣王臨江漢之滸而命召虎。（呂祖謙《讀詩記》引陳氏說）式：助詞。辟：開闢。徹：治理。《鄭箋》：「治我疆界於天下。」又朱熹《集傳》：「徹，井其田也。」參見《公劉》五章「其軍三單，度其隰原，徹田爲糧」、《崧高》三章「王命召伯，徹申伯土田」注。

匪疚匪棘，王國來極。

《鄭箋》：「疚，病。棘，急。極，中也。……使以王法征伐開闢四方，治我疆界於天下，非可以兵病害之也，非可以兵急躁切之也。使來於王國，受政教之中正而已。」極：本指房屋之中棟，引爲中正之意，

此指準則。朱熹《集傳》:「極,中之表也,居中而爲四方所取正也。言江漢既平,王又命召公闢四方之侵地,而治其疆界。非以病之,非以急之也,但使其來取正於王國而已。」參見《抑》九章「溫溫恭人,維德之基」注。

于疆于理,至于南海。

前句于:迺。疆:疆界,用爲動詞。參見《公劉》一章「迺場迺疆,迺積迺倉」注。南海:南指淮夷之南,南海即指今江蘇東南一帶。

王命召虎,來旬來宣。

旬:于省吾《新證》:「順、旬古並與巡通。……『王命召虎,來巡來宣』,言王命召虎,來巡行,來宣示。巡行江漢,宣示王命也。」(p40、p41)參見《公劉》二章「既庶既繁,既順迺宣,而無永歎」注。《今本竹書紀年》周宣王六年(前 822 年)「錫召穆公命」。

文武受命,召公維翰。

文、武:指文王、武王。受命,受於天命。召公:指召康公姬奭,召穆公姬虎先祖。維:爲。翰:朱熹《集傳》:「幹也。」喻中堅,骨幹。《鄭箋》:「昔文王、武王受命,召康公爲之楨幹之臣,以正天下。爲虎之勤勞,故述其祖之功以勸之。」參見《小雅·桑扈》三章「之屏之翰,百辟爲憲」注。

無曰予小子,召公是似。

予小子:朱熹《集傳》:「王自稱也。」陳奐《傳疏》:「言爾無以予小子之故,惟爾祖召公之是嗣也。」王自稱「小子」最初含年少之意。〔註5〕
是:指代詞,復指前置賓語「召公之所爲」。似:《毛傳》:「嗣。」動詞,繼。

肇敏戎公,用錫爾祉。

朱熹《集傳》:「肇,開。戎,汝。公,功也。……能開敏女功,則我當錫女以祉福,如下章所云也。」于省吾《新證》:「《中庸》『人道敏政』注:『敏或爲謀。』『肇謀戎公』謂始謀大事。」(p52)用,以。

釐爾圭瓚，秬鬯一卣。

《毛傳》：「釐，錫也。秬，黑黍也。鬯，香草也。築煮合而鬱之曰鬯。卣，器也。九命錫圭瓚秬鬯。」《鄭箋》：「秬鬯，黑黍酒也。謂之鬯者，芬香條鬯也。」九命，九命之爵者。見《旱麓》〔註4〕。條鬯，《漢書·律曆志上》顏師古注：「條，達也。鬯與『暢』同。」《旱麓》二章「瑟彼玉瓚，黃流在中」，參見其〔註5〕引臧振《玉瓚考辨》說。卣：有蓋和提梁的盛酒之器，口小腹大。卣腹之形有方圓和其他形狀的，其中虎食人之形者較爲特別。

告于文人，錫山土田。

文人：《毛傳》：「文德之人也。」朱熹《集傳》：「文人，先祖之有文德者，謂文王也。」山土田：《毛傳》：「諸侯有大功德，賜之名山土田附庸。」參見《韓奕》六章「王錫韓侯，其追其貊，奄受北國，因以其伯、實墉實壑，實畝實藉」、《崧高》三章「因是謝人，以作爾庸。王命召伯，徹申伯土田」、《小雅·白駒》三章「爾公爾侯，逸豫無期」注。

于周受命，自召祖命。

《鄭箋》：「周，岐周也。自，用也。宣王欲尊顯召虎，故如岐周，使虎受山川土田之賜，命用其祖召康公受封之禮。岐周，周之所起，爲其先祖之靈，故就之。」如，往。岐周，岐山下周之舊邑。朱熹《集傳》：「蓋古爵人必於祖廟，示不敢專也。又使往受命於岐周，從其祖康公受命於文王之所，以寵異之。」

虎拜稽首，天子萬年。

稽（qǐ）首：叩頭至地之禮。《鄭箋》：「拜稽首者，受王命冊書也。臣受恩，無可以報謝者，稱言使君壽考而已。」

虎拜稽首，對揚王休。

對：《鄭箋》：「答。」揚：朱熹《集傳》：「稱。」稱頌。休：《鄭箋》：「美。……虎既拜而答王策命之時，稱揚王之美德，君臣之言宜相成也。」《商書·說命下》「(傳) 說拜稽首，曰：『敢對揚天子之休命』」，僞孔傳：「對，答也。答受美命而稱揚之。」又楊樹達《述林》：「愚疑休當爲賜與之義。《詩》文五章言『釐爾圭瓚，秬鬯一卣』，又云『錫

山土田』，此記天子賞賜召虎之事也。六章云『虎拜稽首，對揚王休』，此記虎答揚王賜之事也。……尋金文『對揚王休』之句，必爲述作器之原因，君上賞賜其臣下，臣下作器紀其事以爲光寵，此所謂揚君賜也。若謂揚君美，賞賜臣下爲人君常事，何美之可言乎！」

作召公考，天子萬壽。

考：《毛傳》：「成。」朱熹《集傳》：「作康公之廟器，而勒策王命之詞，以考其成，且祝天子以萬壽也。」馬瑞辰《通釋》：「古者頌禱之詞，可謂之成，即可謂之考。」又《鄭箋》：「王命召虎用召祖命，故虎對王亦爲召康公受王命之時對成王命之辭，謂如其所言也。如其所言者，『天子萬壽』以下是也。」又于省吾《新證》：「考、孝金文通用。『作召公考』……即『作孝召公』之倒文。上言『錫山土田，于周受命，自召祖命』，故『虎拜稽首，對揚王命』，作孝召公也。……金文通例，每上有所錫，輒以追孝或亯（xiǎng 享）孝其祖考爲言也。」（p52）

明明天子，令聞不已。

明明：偉大明智。一說明明，通勉勉，亹勉。令聞：美的聲譽。

矢其文德，洽此四國。

矢：《毛傳》：「施也。」朱熹《集傳》：「矢，陳也。」文德：相對於「武功」而言，即指制周禮而爲政。朱熹《集傳》：「勸其君以文德，而不欲其極意於武功。」參見《小雅・賓之初筵》四章「醉而不出，是謂伐德。飲酒孔嘉，維其令儀」注。洽：和洽。用爲動詞。參見《小雅・正月》十二章「洽比其鄰，昏姻孔云」、《大雅・板》二章「辭之輯矣，民之洽矣」注。四國：四方之國。

〔註 1〕黃曆鴻、吳晉生《殷王帝辛四征夷方考釋》。（《殷都學刊》，2000年第 3 期）

〔註 2〕淮夷古來富庶之地，《曾伯粟簠》紀其盛產銅、錫，這使至關重要的青銅武器的製造有了來源，因此有宣王時期《兮甲盤》所紀專門針對淮夷的關市之徵。周王朝與淮夷之間的戰爭顯然還沒有上升到礦產資源與武器製造的戰略高度，但相關青銅器銘文數紀伐淮夷「孚吉金」。

〔註 3〕從另一個角度講，這次悲壯的戰爭還是在很大程度上穩定了南部局勢。正是東、南稍安，才騰出了精力對付西戎北狄，也才有了周穆王的西巡之舉。

〔註 4〕參見《師寰簋》。這一年除《江漢》、《常武》事外，另有一件令朝廷高興不起來的事情，那就是「西戎殺秦仲」。《十二諸侯年表》秦仲盡宣王六年。《秦本紀》「周宣王即位，乃以秦仲爲大夫，誅西戎，西戎殺秦仲」；《西羌傳》「及宣王立四年，使秦仲伐戎，爲戎所殺」。

〔註 5〕商、周帝王皆有自稱「予小子」者。以《尚書》爲例，《商書‧湯誓》、僞《湯誥》、《太甲中》、《說命下》，僞《周書‧泰誓上》、《泰誓下》、《武成》、《周官》以及《金縢》、《大誥》、《康誥》、《洛誥》、《君奭》、《畢命》、《文侯之命》等，王皆自稱「予小子」；《毛公鼎》、《宗周鍾》諸銘中王皆自稱「予小子」。《周頌‧閔予小子》一章「閔予小子，遭家不造」，朱熹《詩集傳》：「予小子，成王自稱也。」參見《民勞》四章「戎雖小子，而式弘大」、《抑》八章「彼童而角，實虹小子」注。

大雅・常武

　　宣王初，其父厲王流亡於彘以及一系列的負面影響且不說，獫狁和東南淮夷、荊蠻交相強悍入侵，「大旱既久，廬舍俱焚」下的經濟實力也可想而知。若非皇父、召穆公、尹吉甫、仲山甫、申伯、方叔、南仲、程伯休父、虢公長父之子虢文公等人的鼎力佐助，他扛不過那段艱難時期。

　　《今本竹書紀年》紀其即位的第二年，「錫太師皇父、司馬休父命」；三年（《西羌傳》「及宣王立四年」），「命大夫仲伐西戎」；四年，派卿士蹶父去韓國周旋，在蹶父許嫁其女的情況下韓侯勉強來朝；五年，夏六月，尹吉甫伐獫狁，至太原。秋八月，方叔伐荊蠻；六年，召穆公伐淮夷，宣王親帥師伐徐戎，皇父、休父從——在宣王時期所有西、北、東、南數十次的戰爭中，此次「徐戎」之伐是天子為數不多的親征之一。所以親征，是因為徐為淮夷之最大國，與西周王朝的叫板和抗衡也由來已久。〔註 1〕「擒賊先擒王」，他的戰略是對的。

　　看得出作詩者一片赤誠恭敬之心。他想用有限的文字表現從錫命、備戰、出征的全過程，但除極力鋪陳渲染王師之威和常見的應景性「王旅嘽嘽」、「仍執醜虜」等字句外（《小雅・采芑》中也是「戎車嘽嘽」，《出車》中也是「執訊獲醜」），未見任何於戰爭的立體性過程描述，而是直接反覆強調「徐方既來」、「徐方既同」、「徐方來庭」、「徐方不回」之結果——「頌歌」的寫法。

赫赫明明，王命卿士，南仲大祖，大師皇父。整我六師，以修我戎。既敬既戒，惠此南國。

　　《毛傳》：「赫赫然盛也。明明然察也。王命南仲於大祖，皇甫為大師。」

《孔疏》：「今有赫赫然顯盛，明明然昭察者，宣王也。所以為盛察者，命卿士南仲者於王太祖之廟，使之為元帥親兵。又命為太師之公者皇父，使之監撫軍眾。既使此二人為將為監，乃告之云：當整齊我六軍之眾，以治我甲兵之事，令師嚴器備。既已嚴備，當恭敬臨之。既已恭敬，又當戒懼而處之，施仁愛之心於此南方淮浦之傍國，勿得暴掠為民之害。此是王之顯察也。」南仲：馬瑞辰《通釋》：「《漢書·古今人表》作南中，繫於厲王時。蓋宣王時猶存，即此詩之南仲也。……案《積古齋鐘鼎款識》載《無專鼎銘》曰：『王格於周廟，燔於圖室，司徒南仲右。』其銘詞不類商器，所謂南仲當即宣王時臣，則南仲實為司徒。《周官·大司徒職》：『大軍旅，大田役，以旗致萬民而治其徒庶之政令。』南仲蓋命以治徒庶之事。」參見《小雅·出車》三章「王命南仲，往城于方」注、《吉日》讀注。大師皇父：大師即「太師」，王師最高統帥。《今本竹書紀年》周宣王二年：「錫太師皇父、司馬休父命。」〔註2〕六師：見《小雅·瞻彼洛矣》一章「韎韐有奭，以作六師」注。戎：兵器。《鄭箋》：「整齊六軍之眾，治其兵甲之事。」敬：《鄭箋》：「敬之言警也。」惠：加惠。《鄭箋》：「警戒六軍之眾，以惠淮浦之旁國。」

王謂尹氏，命程伯休父：左右陳行，戒我師旅。

尹氏：內史尹，史官之長。《毛傳》：「尹氏，掌命卿士。」又朱熹《集傳》：「尹氏，尹吉甫也。蓋為內史，掌命卿大夫也。」〔註3〕程：古國名，故址在今河南洛陽。《後漢書·郡國志》「雒陽周時號成周，有狄泉，在城中。有唐聚，有上程聚」，李賢等注：「古程國，《史記》曰重、黎之後，伯休甫之國也。」見《太史公自序》。休父：程伯之名。《毛傳》：「程伯休父始命為大司馬。」《孔疏》：「王謂其內史大夫尹氏，汝當為策書，命此程國之伯字休父者，謂命之為大司馬之卿也。」〔註4〕大司馬，軍事頂層長官。韋昭《辨釋名》：「大司馬，馬，武也，大總武事也。大司馬掌軍，古者兵車一車四馬，故以馬名官。訓馬為武者，取其速行也。」參見《夏官·大司馬》。行（háng）：行列。戒：教戒。《鄭箋》：「王使大夫尹氏策命程伯休父於軍將行治兵之時，使其士眾左右陳列而敕戒之。」敕，告誡。一說戒，備戰。

率彼淮浦，省此徐土。

　　率：《鄭箋》：「循也。」淮：淮水。《小雅·鼓鍾》一章有「鼓鍾將將，淮水湯湯」句。浦：《毛傳》：「涯也。」省：《鄭箋》：「省視徐國之土地叛逆者。」即征討。徐：徐國。周初所建，嬴姓，以今江蘇泗洪一帶為中心，淮夷中最為強大者，曾多次聯合東方諸國抗周。《今本竹書紀年》周宣王六年（前 822 年）：「王帥師伐徐戎，皇父、休父從王伐徐戎，次於淮。」參見《帝王世紀》、《周書·大誥》、《韓非子·五蠹》、《淮南子·人間訓》、《逸周書·作雒解》、《後漢書·東夷傳》等。

不留不處，三事就緒。

　　《毛傳》：「誅其君，弔其民，為之立三有事之臣。」《鄭箋》：「緒，業也。……為其驚怖，先以言安之。」《孔疏》：「又當預告徐上之人，我兵之來也，不久留，不停處，直誅爾叛逆之君，為汝立三有事之臣，使就其事業。當即還師，勿驚怖也。」三事即「三有司」——司徒（土）、司馬、司空（工）三卿。參見《小雅·十月之交》六章「擇三有事，亶侯多藏」、《雨無正》二章「三事大夫，莫肯夙夜」注。又姚際恒《通論》：「謂分主六軍之三事大夫，無一不盡職以就緒也。」屈萬里《詮釋》：「言備戰之事，三卿皆籌備就緒也。王親征，故三卿從王。」

赫赫業業，有嚴天子。

　　業業：朱熹《集傳》：「大也。」當指車馬聲勢浩大。嚴：《毛傳》：「嚴然而威。」有嚴，即嚴嚴。

王舒保作，匪紹匪遊。徐方繹騷，震驚徐方。

　　《毛傳》：「舒，徐也。保，安也。匪紹匪遊，不敢繼以敖遊也。繹，陳（陣）。騷，動也。」陳奐《傳疏》：「『徐方繹騷』，言未戰而徐之軍陣已動亂失次」又《鄭箋》：「作，行也。紹，緩也。繹當作驛。王之軍行，其貌赫赫業業然，有尊嚴於天子之威，謂聞見者莫不憚之。王舒安，謂軍行三十里，亦非解（懈）緩也，亦非敖遊也。徐國傳遽之驛見之，知王兵必克，馳走以相恐動。」《孔疏》：「言其不始而安行，末以敖遊繼之，謂終常敬戒，不惰慢也。故徐土之方，斥候之使見其如此，乃陳說王之此威，往告以恐動之。」傳遽，乘傳驛之使者。斥候，偵察、候望之卒。又嚴粲《詩緝》：「王乃舒徐而安行，依於軍法

日行三十里，進兵不急，人自畏威，徐方之人，皆絡繹騷動矣。」黃
焯《平議》：「詩云『徐方繹騷』者，謂淮夷既平，復以重兵臨徐方，
徐方之人續相恐動耳。」黃意「繹」即接續。按：「軍法日行三十里」
附會《小雅·六月》二章「我服既成，于三十里」，見其注。

如雷如霆，徐方震驚。

《鄭箋》：「如雷震之恐怖人然，徐國則驚動而將服罪。」

王奮厥武，如震如怒。

厥：其。

進厥虎臣，闞如虓虎。

進：朱熹《集傳》：「鼓而進之也。」虎臣：指勇猛之將帥。闞（hǎn）：
朱熹《集傳》：「奮怒之貌。」虓（xiāo）：《毛傳》：「虎之自怒虓然。」

鋪敦淮濆，仍執醜虜。

鋪：朱熹《集傳》：「布也，布其師旅也。」敦：《鄭箋》：「敦當作屯。
……陳屯其兵於淮水大防之上以臨敵，就執其眾之降服者也。」濆
（fén）：《毛傳》：「涯。」仍：陳奐《傳疏》：「《爾雅》：『仍，因也。』
《說文》：『因，就也』。仍、因皆可訓『就』。」又于省吾《新證》：「《廣
雅·釋詁》：『仍，重也。』《漢書·武帝紀》集注：『仍，頻也。』《周
語》『晉仍無道』注：『仍，數也。『仍執醜虜』，謂頻執醜虜也。」（p52）
醜：眾。參見《民勞》四章「無縱詭隨，以謹醜厲」注。于省吾以為
「醜虜」為蔑稱。（《新證》，p99）虜：《毛傳》：「服也。」《鄭箋》：「就
執其眾之降服者也。」

截彼淮浦，王師之所。

截：《毛傳》：「治也。」陳奐《傳疏》：「云截治者，言平治也。」

王旅嘽嘽，如飛如翰，如江如漢，如山之苞，如川之流。

《毛傳》：「嘽嘽然盛也。疾如飛，摯如翰。苞，本也。」摯，通「鷙」。
翰，本義長而堅硬的羽毛，引為禽之猛者。苞，本意草木的根和莖，
引為根本。《鄭箋》：「其行疾，自發舉如鳥之飛也。翰，其中豪俊也。
江漢以喻盛大也。山本以喻不可驚動也。川流以喻不可禦也。」《孔疏》：

「上既克定淮浦之國，此又進而伐徐，言王之師旅雖經淮夷，其師之盛嘽嘽然，間暇而有餘力也。其行動之疾也，如鳥之飛。其赴敵之速也，如摯之翰。其軍之眾多也，如江之廣，如漢之大也。其固守則不可驚動，如山之基本。其往戰則不可禦止，如川之流逝。」

綿綿翼翼，不測不克，濯征徐國。

綿綿：連綿不絕貌。翼翼：朱熹《集傳》：「不可亂也。」參見《小雅・信南山》三章「疆場翼翼，黍稷或或」注。不測不克：《鄭箋》：「其勢不可測度，不可攻勝。」濯：《毛傳》：「大也。」《鄭箋》：「既服淮浦矣，今又以大征徐國，言必勝也。」

王猶允塞，徐方既來。

猶：《毛傳》：「謀也。」允：《鄭箋》：「信也。」副詞，誠然、確實。又朱熹《集傳》：「猶，道。」塞：《孔疏》：「王之謀慮信而誠實。」朱熹《集傳》：「塞，實。」意王之謀慮符合實際。《邶風・燕燕》、《鄘風・定之方中》分別有「仲氏任只，其心塞淵」、「匪直也人，秉心塞淵」句。來：馬瑞辰《通釋》：「猶歸也。……『徐方既來』，猶言徐方既懷歸耳。」陳奐《傳疏》：「言王道甚大，遠方來懷也。」

徐方既同，天子之功。

同：馬瑞辰《通釋》：「集也。謂同集於朝也。」

四方既平，徐方來庭。

《毛傳》：「來王庭也。」

徐方不回，王曰還歸。

《鄭箋》：「回，猶違也。還歸，振旅也。」振旅，即班師回朝。曰：助詞。《今本竹書紀年》宣王六年（前 822 年）「王歸自伐徐」。

〔註 1〕《逸周書・作雒解》：「武王既歸……周公立，相天子，三叔及殷東徐奄及熊盈以略……凡所征熊盈族十有七國，俘維九邑。」畔，叛。陳逢衡：「徐、奄舉其國，熊、盈舉其姓，徐奄之爲國二，熊盈之爲國十有七。」朱右曾：「徐，盈姓國，在安徽泗州東南。奄，熊姓國，今山東曲阜縣。熊盈謂徐奄之同姓國。」

劉師培以爲盈、嬴古通，偃、嬴古通，「古代江淮之間均臯陶後裔所封」；熊、盈、嬴三文通用，「此文熊、盈蓋兼臯、益（稷）後裔言，即下文所云熊、盈族十有七國也」。（黃懷信等《逸周書匯校集注》，上冊 p514～p518）

「東夷」中「徐」爲最強者。以西周早中期周穆王時言，《今本竹書紀年》紀六年春（前 996 年），「徐子誕來朝，錫命爲伯」；不過七、八年的時間，十三年秋七月（前 989 年），「徐戎侵洛」；十四年，「王帥楚子伐徐戎，克之……」

徐君不會滿足於「錫命爲伯」。《東夷列傳》「徐夷僭號，乃率九夷以伐宗周，西至河上。穆王畏其方熾，乃分東方諸侯，命徐偃王主之……」既然「畏其方熾」，主東方諸侯者也就由不得周穆王「命」之。承認，或者不承認，他都是東方霸主。

《五蠹》「徐偃王處漢東，地方五百里，行仁義，割地而朝者三十有六國」，《太平御覽》（卷一百六十）引《宗國都城記》「周穆王末，徐君偃好行仁義，東夷歸之者四十餘國……」無論曾經如何屠戮，如何濫殺，先秦強勝而王者，儒家史筆多敘寫成「行仁義」的結果，目的很簡單：對接當朝政權。

〔註 2〕《孔疏》：「《十月之交》皇父擅恣，若爲厲王則在此之先，若爲幽王則在此之後，皆相接連，與此皇父得爲一人。或皇氏父字，傳世稱之，亦未可知也（按：《節南山》疏「古人以父爲字，或累世同之」）。」郭沫若《兩周金文辭大系圖錄考釋》認爲二「皇父」爲同一人，歷事周厲王、周宣王。

而楊寬《西周王朝的政權機構、社會結構和重要制度》則認爲，「大師即是卿士，皇父即是南仲，他以南爲氏，字仲皇父，可以簡稱南仲，也可稱爲皇父，他以大師之職爲卿事寮的長官，《毛傳》以爲南仲和皇父爲兩人，鄭玄箋以爲南仲是皇父的太祖，都不確」。（《西周史》，p322）並見《十月之交》〔註 2〕「皇父」諸說。

〔註 3〕《今本竹書紀年》幽王元年「王錫太師尹氏皇父命」，宣王時的皇父或也身兼「太師」「尹氏」二職，「尹氏」或即上文之「皇父」。參見《小雅·節南山》〔註 3〕引王國維、斯維至說。

〔註 4〕《楚語下》「觀射父答楚昭王」：「……堯復育重、黎之後，不忘舊者，使復典之。以至於夏、商，故重、黎氏世敘天地，而別其分主者也。其在周，程伯休父其後也，當宣王時，失其官守，而爲司馬氏……」《休盤》（共王）「益公右走馬休入門，立中廷，北向。王呼作冊尹錫休玄衣黹純赤芾朱黃……」，斯維至《兩

周金文所見職官考》：「郭氏疑此銘之『休』即《詩》之『程伯休父』，又以其所錫至豐厚，謂走馬之職其最高者或當於卿，殆是。」（《斯維至史學文集》，p13）參見《小雅・十月之交》〔註6〕。

大雅・瞻卬

　　《周語上》「宣王即位，不藉千畝。虢文公諫曰：『不可。夫民之大事在農，上帝之粢盛於是乎出，民之蕃庶於是乎生，事之供給於是乎在，和協輯睦（韋昭注：「輯，聚也。睦，親也」）於是乎興，財用蕃殖於是乎始……』」結果是「王不聽」。「不藉千畝」之「藉」無論作「借（借民力以爲之）」、「藉禮」解，還是作「耕種」、「整治」解，都說明了宣王治理經濟的不力，經濟政策出現了嚴重偏差。之於政權言，某種意義上還不如厲王時的「專利」。

　　以《周本紀》所紀，「不籍千畝」當於宣王十二年（前 816 年）後，至四十六年（前 782 年）宣王崩，三十多年，西周的「天子經濟」到了崩潰的邊緣。幽王二年，只稍微「初增賦」，還很可能是「涇、渭、洛竭，岐山崩」等嚴重自然災害情況下的不得已舉措（《今本竹書紀年》，又見《周語上》）。不從者，名之以罪而「收之」——畢竟還是「天子」。

　　曾幾何時，「我有嘉賓，鼓瑟吹笙」、「我有旨酒，嘉賓式燕以敖」、「獻醻交錯，禮儀卒度，笑語卒獲」，「爾公爾侯，逸豫無期」，「君子樂胥，受天之祜」，「報以介福，萬壽無疆……」「中興」時也還曾「因是謝人，以作爾庸。王命召伯，徹申伯土田。王命傅御，遷其私人」，「以先祖受命，因時百蠻。王錫韓侯，其追其貊，奄受北國，因以其伯。實墉實壑，實畝實藉……」而如今，眾多擁有「土田」、「民人」者，被「奪削」、被兼併了。於是便組團對焦頭爛額的周王進行攻擊，或親自上陣，或託言於人；時而作正經狀引經據典，時而聲淚俱下，時而仰天疾呼長歎，時而「蟊賊蟊疾」、「婦有長舌，維厲之階」將周王痛罵不休——

　　建立在分封和宗法制基礎之上的西周政權，已日暮途窮快走到了盡頭。

一些階層的與生俱來的「固有利益」也眼看就要失去。一個王朝行將消亡，王氣黯然，百事慘淡，你難，他也難……晚期西周的此種景象，「正史」有謹慎逗漏，「雜史」也以改頭換面的方式，遮遮掩掩記述了一些情況，如《國語》、《逸周書》等。

瞻卬昊天，則不我惠。

> 卬（yǎng）：通「仰」。昊天：《毛傳》：「斥王也。」參見《板》二章「天之方難，無然憲憲」注。惠：《鄭箋》：「愛也。」

孔填不寧，降此大厲。

> 《毛傳》：「填（chén），久。厲，惡也。」《孔疏》：「《釋詁》云：『塵，久也。』古書填與塵同，故以為久。」《鄭箋》：「仰視幽王為政，則不愛我下民甚久矣。天下不安，王乃下此大惡以敗亂之。」朱熹《集傳》：「言昊天不惠而降亂，無所歸咎之詞也。」參見《桑柔》一章「不殄心憂，倉兄填兮」注。

邦靡有定，士民其瘵。

> 《鄭箋》：「邦國無有安定者，士卒與民皆勞病。」〔註1〕瘵：《毛傳》：「病。」勞病。參見《小雅・菀柳》二章「上帝甚蹈，無自瘵焉」注。或曰士民，士子與遠屬族人。參見《文王》五章「殷士膚敏，裸將于京」、《小雅・北山》一章「偕偕士子，朝夕從事」注。

蟊賊蟊疾，靡有夷屆。

> 《孔疏》：「蟊賊者，害禾稼之蟲。『蟊疾』，是害禾稼之狀。言王之害民，如蟲之害稼。」參見《桑柔》七章「降此蟊賊，稼穡卒痒」注。夷：朱熹《集傳》：「平。」屆：《鄭箋》：「極也。」意止，已。

罪罟不收，靡有夷瘳。

> 《毛傳》：「罪罟，設罪以為罟。瘳，愈也。」瘳音見《小雅・南山有臺》讀注。《鄭箋》：「施刑罪以羅網天下而不收斂。」罟，網。參見《小雅・小明》一章「豈不懷歸，畏此罪罟」注。又于省吾《新證》：「罟乃辜的借字，罪罟即《巧言》『無罪無辜』的『罪辜』。……《說文》謂『收，捕也。』此本謂蟊賊為禍之人，有罪辜而不收捕之，即下文『此宜無罪，女反收之，彼宜有罪，女復說之』之義。」（p89）

人有土田，女反有之。

　　人：指有爵之貴族言。「女反有之」之「有」：馬瑞辰《通釋》：「《廣雅・釋詁》：『有，取也。』有之，有取之也。」

人有民人，女覆奪之。

　　民人：裘錫圭《關於商代的宗族組織與貴族和平民兩個階級的初步研究》：「西周康昭時代的宜侯矢簋銘，記周王封宜侯時所賜人民，有『在宜王人□又七里』一項，應指在宜地的周族人。《左傳・僖公二十五年》記周襄王賜晉文公以陽樊、溫、原、攢茅之田，『陽樊不服，圍之。倉葛呼曰：「……此誰非王之親姻，其俘之也。」乃出其民。』可見周王確有把周族人跟土地一起賜給人的情況。（被王賜給人，並不一定意味身份下降爲奴，周初的殷民六族、七族就是例子）簋銘所記的『王人』不以族爲單位而以里爲單位來計算，大概是爲里君所統轄的平民。」（《古代文史研究新探》，p329、p330）里君，里長。〔註2〕人，見《假樂》一章「宜民宜人，受祿于天」注。覆：《鄭箋》：「猶反也。」嚴粲《詩緝》：「諸侯卿大夫有土田人民者女反奪而有之，無故奪削之也。」

此宜無罪，女反收之。彼宜有罪，女覆說之。

　　說（tuō）：通「脫」，開脫。《毛傳》：「說，赦也。」嚴粲《詩緝》：「此當無罪者汝反拘收之，彼當有罪者，汝反脫免之。刑法顛倒如此，皆由褒姒亂政也。」

哲夫成城，哲婦傾城。

　　哲：《毛傳》：「知也。」城：《鄭箋》：「猶國也。」傾：朱熹《集傳》：「覆。」《孔疏》：「謂婦人之言不可所用。若謂智多謀慮之丈夫，則興成人之城國；若謂智多謀慮之婦人，則傾敗人之城國。婦言是用，國必滅亡。王何故用婦人之言，爲此大惡？故疾之也。」

懿厥哲婦，為梟為鴟。

　　懿：歎詞。《鄭箋》：「懿，有所傷痛之聲也。」厥：其。梟鴟：《鄭箋》：「惡聲之鳥，喻褒姒之言無善。」嚴粲《詩緝》：「鴟有二，鳶飛戾天者，鷹類也，亦單名鴟也。惡聲之鳥者，怪鴟也，此配梟言之謂怪鴟也。」

婦有長舌，維厲之階。

　　階：朱熹《集傳》：「梯也。」意途徑、根源。參見《小雅・巧言》六章「無拳無勇，職爲亂階」注。

亂匪降自天，生自婦人。匪教匪誨，時維婦寺。

　　時：通「是」。一說時，以，因爲。參見《蕩》四章「不明爾德，時無背無側」注。寺：《毛傳》：「近也。」《鄭箋》：「今王之有此亂政，非從天而下，但從婦人出耳。又非有人教王爲亂。語王爲惡者，是惟近愛婦人，用其言故也。」《孔疏》：「寺即侍也。侍御者，必近其傍，故以寺爲近。」又朱熹《集傳》：「寺，奄人也。」〔註3〕

鞫人忮忒，譖始竟背。豈曰不極，伊胡爲慝？

　　《毛傳》：「忮（zhì），害。忒，變也。」《鄭箋》：「鞫，窮也。譖（jiàn），不信也。竟，猶終也。胡，何。慝，惡也。婦人之長舌者多謀慮，好窮屈人之語，忮害轉化，其言無常，始於不信，終於背違。人豈謂其是不得中乎？反云維我言何用爲惡不信也？」窮，窮究。何用，何以。鄭意「極」，中正。參見《桑柔》九章「朋友已譖，不胥以穀」注。又朱熹《集傳》：「極，已。……言婦寺能以其智辯窮人之言，其心忮害而變詐無常。既以譖妄倡始於前，而終或不驗於後，則亦不復自謂其言之放恣無所極已，而反曰是何足爲慝乎？」是，此。一說譖，讒毀，音zèn。嚴粲《詩緝》：「始則譖毀之，終則棄背之。」伊：助詞。又于省吾《新證》：「竟、競古通……『譖始竟背』應讀爲譖始競背。上言『鞫人忮忒』，故曰譖言始競相背違也。」（p29）

如賈三倍，君子是識。婦無公事，休其蠶織。

　　朱熹《集傳》：「賈，居貨者也。三倍，獲利之多也。公事，朝廷之事。蠶織，婦人之業。……夫商賈之利，非君子之所宜識，如朝廷之事，非婦人之所宜與也。今賈三倍，而君子識其所以然。婦人無朝廷之事，而捨其蠶織以圖之，則豈不爲慝哉？」「三」爲泛言，「三倍」猶言數倍。慝，姦邪。隱匿其情以飾非。

天何以刺，何神不富？舍爾介狄，維予胥忌。

　　《毛傳》：「刺，責。富，福。狄，遠。忌，怨也。」《孔疏》：「刺譏者，

皆責之辭，故刺爲責也。言『何神不富』，則富是神之所加，故以富爲福也。毛讀狄爲逖，故爲遠也，則介當訓爲大。……忌者，相憎怨之言，故以忌爲怨也。王肅云：『捨爾大道遠慮，反與我賢者怨乎？』」胥：朱熹《集傳》：「相。」一說介，甲。《鄭箋》：「王之爲政，既無過惡，天何以責王見變異乎？神何以不福王而有災害也？王不念此而改修德，乃捨女被甲夷狄來侵犯中國者，反與我相怨。謂其疾怨群臣叛違也。」陳啓源《稽古編》：「《小雅·漸漸之石》、《苕之華》、《何草不黃》三詩皆言四夷交侵，下篇亦言『日蹙國百里』，此介狄之明證也。」〔註4〕

不弔不祥，威儀不類。人之云亡，邦國殄瘁。

朱熹《集傳》：「弔，閔也。夫天之降不祥，庶幾王懼而自修。今王遇災而不恤，又不謹其威儀，又無善人以輔之，則國之殄瘁宜矣。」「威儀」參見《小雅·湛露》四章「豈弟君子，莫不令儀」注。類：《毛傳》：「善。」人：指朝中「賢者」。云：語助詞。亡：無。一說亡，逃亡。《鄭箋》：「賢人皆言奔亡，則天下邦國將盡困病。」殄、瘁：《毛傳》：「殄，盡。瘁，病也。」又王引之《述聞》：「殄、瘁，皆病也。殄瘁之同爲病，猶勞瘁之同爲病。」

天之降罔，維其優矣。

朱熹《集傳》：「罔，罟；憂，多。」又于省吾《新證》：「早期古文字中無『罔』字，罔當係東周以來的後起字……『天之降罔』應讀作『天之降亡』，降亡猶言降喪。《召旻》稱『天篤降喪』；《書·君奭》稱『天降喪於殷』……『維其優矣』之憂本應作憂，今作『憂』爲後人所臆改。此詩本作『天之降亡，維其優矣；人之云亡，心之憂矣』。下文『天之降罔』，亦應改罔爲亡。」（p111）維：助語氣。

人之云亡，心之憂矣。天之降罔，維其幾矣。

《毛傳》：「幾，危也。」又朱熹《集傳》：「幾，近也。」

人之云亡，心之悲矣。

此皆痛徹之詞。

觱沸檻泉，維其深矣。

　　觱（bì）沸：泉湧貌。檻：通「濫」。《鄭箋》：「檻泉正出，湧出也。觱沸，其貌。湧泉之源，所由者深，喻己憂所從來久也。」

心之憂矣，〔註5〕寧自今矣？

　　寧：豈。

不自我先，不自我後。藐藐昊天，無不克鞏。

　　藐藐：《毛傳》：「大貌。」朱熹《集傳》：「藐藐，高遠貌。」于省吾《新證》：「克、肯、可一聲之轉，古每通用。……『無不克鞏』，應讀爲無不可恐。恐、畏同訓。」（p53）

無忝皇祖，式救爾後！

　　忝：有愧於。陳奐《傳疏》：「皇祖，文、武也。」即文王、武王。皇祖，即「偉大的祖先」。式、後：《鄭箋》：「式，用也。後，謂子孫也。」或曰式，以。

　　〔註1〕杜正勝《國人與野人身份地位之異差》認爲「國人參與行伍，稱曰『士』」，「士」的主體是國人——自耕農。「傳統說法，士是最下層的貴族，頗可商榷。士固可來自貴族庶裔，然其主體是國人——自耕農。城邦時代貴族之外無專事作戰的階層，國人因保有氏族社會的傳習，又發展出『里』的社會組織，構成軍隊的基礎，發揮相當大干與政治的力量，但他們平時的生計則依靠農作。（參見楊向奎《試論先秦時代齊國的經濟制度》）衛的國人有土地可以『純其藝黍稷，奔走事厥考厥長』（《尙書・酒誥》）；成周的國人也『尙有爾土』『尙寧幹止』（《尙書・多士》）。周公或呼之曰『庶士』，或呼之曰『多士』，可見士、國人和自耕農三者實一。楊樹達謂士、事、嗇古音並同，說文以『事』釋『士』，東方人以物舀地爲『事』，古書『嗇』亦作『舀』。『蓋耕作始於立苗，所謂插物地中也。……事，今爲職事、事業之義者，人生莫大於食，事莫大於耕。』而甲文『士』作⊥，一象地，｜象苗插入地中之形，與上說合。（楊樹達，《釋士》見積微居小學述林）」（《周代城邦》，p77）

　　楊樹達《積微居小學述林》「釋士」條原文爲：「蓋耕作始立於苗，所謂插物地中也。士、事、嗇古音並同，男字從力田，以形得義，士則以聲得義也。事今爲職事事業之義者，人生莫大於食，事莫重於耕，故舀物地中之事引申爲一切之

事也。」參見趙世超《周代國野制度研究》。

〔註2〕《逸周書・嘗麥解》「邑乃命百姓逐享於富，無思民疾，供百享。歸祭，閭率、裏君以爲之資」，朱右曾釋：「閭率、裏君，《周禮》謂之閭胥，里宰。」「閭胥」、「里宰」爲地官屬，閭胥每閭中士一人，里宰每里下士一人。閭胥「掌其閭之征令」，里宰「掌比其邑之衆寡與其六畜、兵器，治其政令」。

《史頌簋》（西周晚期）有「里君百生（姓）……於成周」銘。陳夢家《西周器銘考釋》：「《逸周書・嘗麥篇》『閭率里君』，《管子・小匡篇》『擇其賢民，使爲里君』。《周語中》及《左傳》襄九之『司里』，《魯語上》之『里人』（注云里宰也），《禮記・雜記》之『里尹』（注云閭胥里宰之屬），可能皆是『里君』之類。」（《西周銅器斷代》，p39）

李宗侗《中國古代圖騰制度及政權的逐漸集中》：「頗疑心各國內部地域組織的開始在春秋以前。周公滅殷踐奄以後新封各國統治者皆係周人，但被統治者仍係舊民，如魯衛之殷民，晉之懷姓，以及其餘各國想亦莫不如是。舊民的團組織若仍舊維持，其團結力不減，則統治者與被統治者對峙的狀態始終不能少止。地域組織是打破團組織的最適當方法，聰明的周人豈有見不及此。他們必一面維持士大夫階級的家族組織以加強周人的力量，另一方面施行民的地域組織以減弱殷人的團結。記載中春秋民間不見家族組織，或即這種政策的結果。《史頌敦》：友里君百姓。《酒誥》：越百姓里居。里居即里君，兩者皆以里君與百姓對文。百姓者按照族姓之分類組織，族各有長；里君者按照鄉里之分類組織，里各有君，即所謂里君。由是觀之，地域組織至少始於周初。」（《中國古代社會新研　歷史的剖面》，p135）

參見《地官・大司徒》、《遂人》。但「閭胥」「里宰」之職責與「五家爲比，五比爲閭」、「五家爲鄰，五鄰爲里」的地域組織規模顯得很不匹配。點滴之處可見得《周禮》的不可靠。

〔註3〕《周禮・天官》序官「寺人，王之正內五人」，鄭玄注：「寺之言侍也。《詩》云『寺人孟子』。正內，路寢。」《小雅・巷伯》鄭玄於「寺人」引《周禮》而未箋；《秦風・車鄰》一章「未見君子，寺人之令」，《毛傳》：「寺人，內小臣也。」《鄭箋》：「欲見國君者，必先令寺人使傳告之。時秦仲又始有此臣。」《天官・內小臣》「掌王后之命……掌王之陰事陰令」，雖據《九嬪》注「陰事，群妃御見之事……陰令，王所求爲於北宮（賈公彥疏「言北宮者，對王六寢在南，以後六宮在北，故云北宮也」）」，但並不言內小臣是奄人。而《天官》序官「內小臣，

奄上士四人，史二人，徒八人」，則注爲「奄稱士者，異其賢」——鄭玄似乎在迴避「寺人」就是奄人。目睹東漢宦官亂政和遭遇「黨錮之禍」的他，寧可相信《詩經》時代有壞的人，而沒有壞的政治。

（路寢即天子治事之大廳。《魯頌・閟宮》九章「松桷（jué）有舄（xì），路寢孔碩」，《毛傳》：「路寢，正寢也。」參見《小雅・巷伯》〔註1〕引顧棟高說）

〔註4〕陳啓源據《毛序》言，不確。《毛序》：「《漸漸之石》，下國刺幽王也。戎狄叛之，荊舒不至，乃命將率東征。役久病於外，故作是詩也。」「《苕之華》，大夫閔時也。幽王之時，西戎東夷交侵中國，師旅並起，因之以飢饉。君子閔周室之將亡，傷己逢之，故作是詩也。」「《何草不黃》，下國刺幽王也。四夷交侵，中國背叛，用兵不息，視民如禽獸。君子憂之，故作是詩也。」

〔註5〕這是今本《詩經》中最後一處「心之憂矣」。一代王朝之下，見得周人心機無比卻又憂思彌漫——周政權最初時的《周頌》沒有「憂」，但中後期的小、大《雅》和東遷後的各國《風》詩中「逢此百憂」（《王風・兔爰》）。《詩經》中至少 78 次出現「憂」字。以《雅》詩之「憂」依次排列（《沔水》及以下者皆爲「變雅」），將出現以下這樣一幅疊累著的心緒圖：

心亦憂之／憂心烈烈／憂心孔疚（《采薇》），

憂心悄悄／憂心忡忡（《出車》）

憂我父母／憂心孔疚（《杕杜》）

心之憂矣（《沔水》）

憂心如惔／憂心如酲（《節南山》）

我心憂傷／憂心京京／瘋憂以痒／憂心愈愈

憂心惸惸／心之憂矣／憂心慘慘／憂心殷殷（《正月》）

我獨居憂（《十月之交》）

我心憂傷（《小宛》）

心之憂矣／我心憂傷／維憂用老

心之憂矣／心之憂矣／心之憂矣

心之憂矣（《小弁》）

憂我父母（《北山》）

　　無思百憂／無思百憂／無思百憂（《無將大車》）

　　　心之憂矣／心之憂矣／心之憂矣（《小明》）

　　　　憂心且傷／憂心且悲／憂心且妯（《鼓鍾》）

憂心弈弈／憂心恔恔（《頍弁》）

　　我是用憂（《角弓》）

　　　心之憂矣（《苕之華》）

　　　　不殄心憂／憂心慇慇（《桑柔》）

憂心如熏（《雲漢》）

　　心之憂矣／心之憂矣（《瞻卬》）

大雅・召旻

　　《左傳・昭公二十六年》「王子朝使告於諸侯」有一段話，大意是說：從前武王克商，成王靖四方，康王息養眾民，分封兄弟，以蕃屏周。康王說：「吾無專享文、武之功，且爲後人之迷敗傾覆，而溺入於難，則振救之。」至夷王，惡疾於身，諸侯莫不遍祭山川、日月、星辰，以祈王身安康。〔註1〕到厲王，其心戾虐，萬民弗忍，終被流放於彘。諸侯離開了封國之位，紛紛前來與治王事。宣王長大後有志氣，王位就授給了他。至於幽王，天不弔周，王昏亂而不順其道，因此失去了王位。攜王違犯天命，被諸侯廢除，從而立天子之嗣，遷都郟鄏。〔註2〕

　　王子朝爲周景王庶子，爲獲取諸侯支持以即位，不惜捏造事實褒諸侯而貶朝廷。康王所言《周書》不見，《周本紀》和「世家」系列也不見。難道政權早期便設想日後之「迷敗傾覆」？

　　然而眞沒有「專享文武之功」。「分封」而「家天下」，封來封去朝廷終被架空——自以爲是的等級秩序之「禮」和履禮之「德」，到後來更像是一種儀式感的存在，一種態度，一種僅僅止於心理上的體驗；周天子又不懂得、也沒有條件和力量去創設專制主義和中央集權。而「四方歸順」的努力也終漸疲弱，直至無以應對，早先的「日辟國百里」終至「日蹙國百里」，一代王朝就此作罷。中國「古典專制主義」的時代結束了。

　　「其亡也忽」！周人將最後的結果歸咎於「維今之人，不尚有舊」，又想起了曾經的「召公」——心智已退化許多，遠不及政權伊始時。

旻天疾威，天篤降喪。

旻天：當爲「昊天」，泛指上天。參見《小雅・小旻》一章「旻天疾威，敷于下土」注。疾威：暴戾。又《鄭箋》：「疾，猶急也。」篤：朱熹《集傳》：「厚。」嚴粲《詩緝》：「威天厚降喪亡之禍。」

瘨我飢饉，民卒流亡。

瘨：《鄭箋》：「病也。病乎幽王之爲政也，急行暴虐之法，厚下喪亂之教，謂重賦稅也。病中國以飢饉，令民盡流移。」參見《雲漢》六章「胡寧瘨我以旱，憯不知其故」注。卒：朱熹《集傳》：「盡也。」

我居圉卒荒。

居：朱熹《集傳》：「國中也。」圉：《毛傳》：「垂也。」即「陲」之假借。荒：《鄭箋》：「虛也。國中至邊竟（境）以此故盡空虛。」朱熹《集傳》：「此刺幽王任用小人，以致飢饉侵削之詩也。」又于省吾《新證》：「居應讀作具……俱、具古同用。……圉《韓詩外傳》作御。圉、御、禦、吾、吳古通……《周書・謚法》：『好樂怠政曰荒。』《廣雅・釋詁》：『敖，戲也。』……『我居圉卒荒』，應讀作我居吳卒荒……《絲衣》『不吳不敖』（《史記・孝武紀》作「不虞不驁」，驁之通敖……《箋》訓「吳」爲讙譁，孔疏：「人自娛樂必讙譁爲聲，故以娛爲譁也。」），吳與敖意相仿也……民卒流亡，我居吳卒荒，言民皆流亡，我俱讙娛而盡荒樂。」（p48、p49）參見《桑柔》七章「哀恫中國，具贅卒荒」注。

天降罪罟，蟊賊內訌。

《毛傳》：「訌（hòng），潰也。」潰亂。《鄭箋》：「訌，爭訟相陷人之言也。王施刑罪，以羅罔天下眾。爲殘酷之人外雖以害人，又自內爭相讒惡。」《孔疏》：「今比天之王者，下此刑罰羅網之法於天下，諂佞之臣又助爲此刑罰殘酷。其害於人，如蟊賊之害禾稼然，又內自潰亂構陷以罪人也。」朱熹《集傳》：「言此蟊賊、昏椓者，皆潰亂邪辟之人。」又于省吾《新證》以爲「罪罟」即「罪辜」。

昏椓靡共，潰潰回遹，實靖夷我邦。

昏椓：馬瑞辰《通釋》：「『昏椓』正言其昏亂椓譖耳。……《釋文》：『椓，

古之與諑（zhuó）通。』《楚辭》『謠諑謂予以善淫』，王逸注：『諑，猶
譖也。』」又《鄭箋》：「昏椓皆奄人也。」《孔疏》：「案《周禮》序官
『閹人』上有內小臣，下有寺人。內小臣之與寺人，皆是奄人爲之，
閹人與之爲類，官居其間，則亦奄人也。」共，通「供」。靡供，指不
供職事。潰潰：《毛傳》「亂也。」昏亂。回遹：朱熹《集傳》：「邪僻
也。」靖、夷：《毛傳》：「靖，謀也。夷，平也。」謀，圖謀。《孔疏》：
「此昏奄椓毀之小人，無供其職事者，皆潰潰然昏亂，其行邪僻，實
謀滅我王之邦國，王何故信任之？」又朱熹《集傳》：「靖，治。夷，
平也。言此蟊賊昏椓者，皆潰亂邪僻之人，而王乃使之治平我邦，所
以致亂也。」

皋皋訿訿，曾不知其玷。

《毛傳》：「皋皋，頑不知道也。訿訿，窳（yǔ）不供事也。」道，指法
則，事理。朱熹《集傳》：「訿訿，務爲謗毀也。」訿訿極言小人讒毀之
狀。訿，參見《小雅・小旻》二章「潝潝訿訿，亦孔之哀」注。窳，本
義物之粗劣，此引爲人之惡劣，卑劣。玷：本意玉斑，引爲缺污。《鄭箋》：
「玷，缺也。王政已大壞，小人在位，曾不知大道之缺。」

兢兢業業，孔填不寧，我位孔貶。

《鄭箋》：「兢兢，戒也。業業，危也。」填（chén）：久。《孔疏》：「臣
既如此，故今時之人皆兢兢而戒懼，業業然而危怖甚久矣。」參見《瞻
卬》一章「孔填不寧，降此大厲」注。貶：《毛傳》：「隊也。」隊通「墜」。
《鄭箋》：「我王之位，又甚隊矣。言見侵侮，政教不行。後犬戎伐之，
而周與諸侯無異。」見，被。

如彼歲旱，草不潰茂，如彼棲苴。

潰：《毛傳》：「遂也。」生長、成長意。《商頌・長發》有「苞有三蘗，
莫遂莫達」句。又《鄭箋》：「潰當作『匯』。匯，茂貌。」王先謙《集
疏》：「《齊》潰作匯。」棲：馬瑞辰《通釋》：「棲蓋草枯之狀。草之生
曰興曰作，則其枯可謂之棲。《釋文》：『棲，謂棲息。』蓋謂枯草偃臥
有似棲息也。」苴：草木枯槁者。《楚辭・九章・悲回風》「草苴比而

不芳」，王逸注：「生曰草，枯曰苢。」《鄭箋》：「天下之人如旱歲之草，皆枯槁無潤澤，如樹上之棲苢。」棲苢音見《雲漢》〔註1〕。

我相此邦，無不潰止。

《鄭箋》：「潰，亂也。無不亂者，言皆亂也。《春秋傳》曰：『國亂曰潰，邑亂曰叛。』」見《公羊傳・僖公四年》。原文為：「潰者何？下叛上也。國曰潰，邑曰叛。」止：語助詞。

維昔之富，不如時。維今之疚，不如茲。

維：助語氣。朱熹《集傳》：「時，是。疚，病也……言昔之富，未嘗若是之疚也。而今之疚，又未有若此之甚也。」參見《雲漢》七章「鞫哉庶正，疚哉冢宰」注。又《毛傳》：「往者富仁賢，今也富讒佞。今則病賢也。」陸德明《釋文》：「疚，字或作㝫。」貧困。曾運乾《毛詩說》：「昔之所富者賢，今之所富者佞；今之所疚者賢，古之所疚者佞。然則昔之所富，今不如是；今之所疚，古亦不如是也。上一句省一今字，下一句省一昔字。」

彼疏斯粺，胡不自替，職兄斯引？

《毛傳》：「彼宜食疏，今反食精粺（bài）。替，廢。兄（kuàng 況），茲（滋）也。引，長也。」《鄭箋》：「疏，粗也，謂糲米也。職，主也。彼賢者祿薄食粗，而此昏椓之黨反食精粺。女小人耳，何不自廢退，使賢者得進，乃茲復主長此為亂之事乎？責之也。」粺：精米。況，滋長，增加。參見《小雅・常棣》三章「每有良朋，況也詠歎」注。

池之竭矣，不云自頻。泉水竭矣，不云自中。

《毛傳》：「頻，厓也。泉水從中以益者也。」厓，同「涯」。朱熹《集傳》：「池之竭，由外之不入。泉之竭，由內之不出。言禍亂有所從起，而今不云然也。」一說云，助詞。中：指地下泉源。又《鄭箋》：「池水之溢，由外灌焉。今池竭，人不言由外無益者與（歟）？言由之也。喻王猶池也，政之亂，由外無賢臣益之。泉者，中水生則益深，水不生則竭。喻王猶泉也，政之亂，又由內無賢妃益之。」「外無賢臣」、「內無賢妃」及下章朱熹「文王之化」皆為附會之說。

溥斯害矣，職兄斯弘，不烖我躬？

　　朱熹《集傳》：「溥，廣。弘，大也。」《鄭箋》：「溥，猶徧（遍）也。今時徧有此內外之害矣，乃茲（滋）復主大此爲亂之事，是不烖（zāi）王之身乎？責王也。烖謂見誅伐。」烖，同災。又《爾雅・釋詁》：「烖，危也。」

昔先王受命，有如召公，日辟國百里。今也日蹙國百里，

　　《毛傳》：「辟，開。蹙，促也。」《鄭箋》：「先王受命，謂文王、武王時也。召公，召康公也。言『有如』者，時賢臣多，非獨召公也。今，今幽王臣。」蹙，指促迫，縮小。朱熹《集傳》：「文王之世，周公治內，召公治外……所謂日辟國百里云者，言文王之化，自北而南，至於江漢之間。服從之國日以益眾。及虞芮質成，而其旁諸侯聞之相帥歸周者，四十餘國焉。今謂幽王之時，促國，蓋犬戎內侵，諸侯外畔（叛）也。」又陳奐《傳疏》：「先王，謂宣王也。召公，謂召穆公也。……昔者宣命中興，覆文、武之竟（境）土，輔祐之者，有如此召公之臣，是以日辟國百里。」

於乎哀哉！維今之人，不尚有舊。

　　於：歎詞。維：助語氣。尚：尊。《鄭箋》：「哀其不高尚賢者，尊任有舊德之臣，將以喪亡其國。」又朱熹《集傳》：「又歎息哀痛而言，今世雖亂，豈不猶有舊德可用之人哉？言有之而不用耳。」又于省吾《新證》：「金文常通作『尙』。『不尚有舊』，不常有舊也。」（p53）

　　〔註1〕夷王時「王室微，諸侯或不朝，相伐」，楚國的熊渠「不與中國之號諡」而立三子爲王（《楚世家》），「夷王衰弱，荒服不朝」（《西羌傳》），「烹齊哀公於鼎」（《今本竹書紀年》夷王三年，又見《齊太公世家》），何來「諸侯莫不並走其望，以祈王身」？

　　〔註2〕關於「攜王」，杜預注：「幽王少子伯服也。」孔穎達疏：「得呼爲攜王者，或幽王死後，褒姒之黨立之爲王也。《汲冢書紀年》云：平王奔西申，而立伯盤（服）以爲大子，與幽王俱死於戲。先是申侯、魯侯及許文公立平王於申，

以本大子，故稱天王。幽王既死，而虢公翰又立王子餘臣於攜，周二王並立。二十一年，攜王爲晉文公所殺。以本非適（嫡），故稱攜王。」《今本竹書紀年》幽王十一年有紀。「二十一年」當爲晉文侯二十一年，即公元前 760 年。郟鄏，即平王所遷東都者洛邑之地名。《周書》又謂「新邑」、「新邑洛」、「大邑洛」、「新大邑」等。

後　記

　　書稿的基本完成是在 2015 年的「五一」前，時令已近立夏，乾旱的黃土高原也終於有了些許綠意。動筆已整整五個年頭，但實際上利用的是五年的業餘時間，一個人只有履行某種職事和勞動才能夠有飯吃，這是一個正常社會的基本規則，我必須遵循。

　　三天的小長假是一次難得的機會，從榆林自駕出發，向西往寧夏和甘肅蘭州的方向駛去——沒有目的，完全是為了尋找一種在速度中的放鬆。越野車在車輛很少的高速公路上疾馳，我看到了遼遠而起伏的大地，心中竟莫名湧起一種久違的感動。如果一直前行，過青海、新疆，再穿過歐亞大陸直至西歐，便穿過從黃河流域到地中海幾個不同的文明板塊。想起一年前在西北大學校園裏看到的巨大的硅化木，遠古的樹木被沉積物所掩埋，植物成分雖被硅酸鹽類礦物微粒替代，但其細胞形態卻完好地保存下來了，今天人們依然可以看到它清晰的年輪。世界之大，歷史裏有太多的不確和未知。縱深某一地帶探看之，情景又常常使人驚異並深思；而太多的東西又總是有意無意地被忽略了。

　　我的職業與歷史、文學皆無關。包括已經出版的《先民生存的艱難與悲喜——〈國風〉讀注》（中國社會科學出版社），於我自身來說，不但毫無功利價值，而且應該說付出了很高的「機會成本」，這些寶貴的時間用來做些什麼現實的事情不好呢？寫幾本書既不漲工資，也不評職稱、分房子，更不會被提拔升遷。因為是在「體制」之外，所以出版也就自然沒有各種「基金」的資助（雖然那國家財政之「基金」裏有我納的稅。寫至此突然想起了上世紀八十年代大學校園裏自費印刷「詩刊」的「詩人」們），遑論稿酬版稅——

尷尬和難堪的不是我，而是當今之學術！持續的伏案甚至使自己的身體付出了代價，腰椎間盤突出和腰肌勞損越發有些嚴重了，用來緩解症狀而頂在腰部與椅靠之間的硬物，將厚厚的牛皮磨破了一大塊；晚飯每每是在九點甚至十點以後才糊弄幾口。常常想如此自找苦吃，爲的是什麼？又究竟有何必要和意義？這些我不能作答，也解釋不了。但在備嘗艱辛的同時，我體會到了穿越先秦、兩漢語言文化藩籬和思想迷障的愉悅與快意，也體會到了觀照和思考中國早期「文學」之現象的樂趣——《詩經》和漢以降關於《詩經》的解讀在中國文化、思想史中的陳述價值是巨大的，這應該是唯一的理由！

　　人類歷史的星空令人著迷，也令人興歎——中國歷史之寫作遠比「意識形態統治」要複雜，中國的「經學」因素更使《詩經》的閱讀遠比古希臘史詩等要複雜得多。而無取俸祿、無受「培養」與「使用」，不靠文章傳道吃飯，也就少了「立場」、「觀點」、「方法」和某些鐵板一塊「官學」結論的掣制，少了「疑古」之虞，少了學術之政治與人情世故的苦惱——「課題」是我自己向自己「申請」的，也不用分配這「期」那「段」，這部分那章節；既不向國家要「經費」（那「經費課題」之研究眞是天下第一等好事），也不和誰爭名額；既無結題驗收之憂，也無需煎熬如何託關係，或送錢送禮在什麼級別刊物上發表，是否能獲「領先水平」、「首次提出」或「顛覆性創新」之評價，會評幾等獎；更無需考慮這樣寫會挑戰某某權威，那樣說又擔心「院」領導、「所」領導、「室」領導或某「師」、某「長」不高興，或被周圍遠近各色人等「緝緝翩翩」「潝潝訿訿」論長道短——在一個權力通吃而潛規則盛行的社會裏，豈但官場，便是學問，也會時時受到卑鄙與無恥之侵凌傷害——所以，我又感受到了「自由學術」之快樂，哈哈！便是「時尚」的「獨立學者」、「自由學者」（而非「自由知識分子」）之頭銜也非我所需，想必也不夠資格。何爲「獨立」，「自由」的內涵又是什麼？如果信非功利炒作而眞正「獨立之精神，自由之思想」，那麼，又有多大的空間和市場呢？我只是一個史學和「文學」愛好者，一個民間「思想者」，個體戶。蠻好！

　　著名先秦史研究專家、陝西師範大學歷史文化學院教授、博士生導師臧振先生，是我三十多年前中學時的老師。他北大歷史系畢業後，在我的故鄉窮鄉僻壤的陝北農村中學執教十年，一九八〇年考上了南京大學先秦思想史方向研究生——季夏的那個早晨，我和一大群學生、老師們目送他坐著突突冒著黑煙的手扶拖拉機遠去，而這一年我也考上了大學——那時的天空還很

藍，還是一個洋溢著理想主義的年代；我從飢餓的黃土地上走來，對遠方和未來滿懷憧憬與希望！多年後他知道我在工作之餘做這些無任何裨益於功名利祿的不合時宜之傻事，又曾寫信冀望和鼓勵我：「超越只從文學角度欣賞的人和只從歷史需要解詩的人。」老師的話我謹記於心。而以我有限的「民間」水平與學養（單就閱讀路徑和經驗而言，我希望我和「學在官府」者相同、至少是相近的），身處江湖漠野之遠「僻處自說」，芻蕘之言，又如何能夠達到如此高度的「超越」呢？

但我是朝此目標努力的。學術的高山大河始終使我景仰並無限心儀。現在，我像是北方初秋裏豔陽高照下的莊稼地裏的農夫，往日的勞苦已然忘卻，依然還在這裡那裡的打理著，期待著能有好的成色和收成。

二〇一五年十二月十三日塞上大雪紛揚

白鳳鳴，1961 年生，高級經濟師。著有《荒原獨語》、《先民生存的艱難與悲喜——〈國風〉讀注》等。